青海藏族简史

青海世居少数民族简史丛书

先巴 著

青海人民出版社

图书在版编目（CIP）数据

青海藏族简史/先巴著. -- 西宁：青海人民出版社，2013.12（2021.12重印）
ISBN 978-7-225-04700-3

Ⅰ.①青… Ⅱ.①先… Ⅲ.①藏族—民族历史—青海省 Ⅳ.①K281.4

中国版本图书馆 CIP 数据核字（2013）第 301576 号

青海藏族简史

先 巴 著

出 版 人	樊原成
出版发行	青海人民出版社有限责任公司
	西宁市五四西路71号 邮政编码:810023 电话:(0971)6143426（总编室）
发行热线	(0971)6143516/6137730
网　　址	http://www.qhrmcbs.com
印　　刷	西宁东宝印务有限责任公司
经　　销	新华书店
开　　本	890mm×1240mm　1/32
印　　张	11.5
字　　数	260 千
版　　次	2014 年 4 月第 1 版　2021 年 12 月第 3 次印刷
书　　号	ISBN 978-7-225-04700-3
定　　价	42.00 元

版权所有　侵权必究

目 录

导　言 ………………………………………………………… (1)

第一章　青海藏族地区地理环境 ………………………… (7)

　第一节　藏族传统地理区划概述 ………………………… (7)

　　一、上部阿里三围 ………………………………………… (7)

　　二、中部卫藏四如 ………………………………………… (8)

　　三、下部多康六岗 ………………………………………… (8)

　第二节　青海藏族地区地理与山川河流 ………………… (11)

　　一、青海地理地貌概况 …………………………………… (11)

　　二、山系山脉 ……………………………………………… (11)

　　三、河流和湖泊 …………………………………………… (14)

第二章　青海藏族族源 …………………………………… (18)

　第一节　藏族族源诸说 …………………………………… (19)

　第二节　藏族土著说与藏族地区远古文化 ……………… (23)

　　一、远古时期青藏高原的自然环境与旧石器

　　　　时代文化 ……………………………………………… (23)

　　二、新石器时代文化遗址与藏族先民 …………………… (27)

三、考古文化反映出的藏族属性 ……………………… (35)
　第三节　古代"诸羌"和藏族原始氏族与青海藏族 …… (37)
　　一、羌藏关系述略 ……………………………………… (37)
　　二、藏族古史中的"原始氏族"与青海藏族 ………… (41)

第三章　原始"小邦"时代的终结与吐蕃的兴起 ………… (53)
　第一节　"小邦"时代 …………………………………… (53)
　第二节　象雄、苏毗和吐蕃三大部落联盟 …………… (57)
　　一、象雄部落联盟 ……………………………………… (57)
　　二、苏毗部落联盟 ……………………………………… (59)
　　三、雅隆悉补野吐蕃联盟 ……………………………… (62)

第四章　吐蕃王朝的建立及其对青海地区的经营 ……… (67)
　第一节　吐蕃王朝的建立 ……………………………… (67)
　　一、囊日松赞开启吐蕃统一青藏高原的进程 ………… (68)
　　二、松赞干布建立吐蕃王朝 …………………………… (69)
　第二节　吐蕃王朝统一青藏高原诸部 ………………… (74)
　　一、吐蕃王朝建立之初的周边形势 …………………… (74)
　　二、吐蕃王朝统一青藏高原诸部及其与
　　　　唐朝的接触 ………………………………………… (76)
　第三节　吐蕃王朝的巩固、强盛和对外扩张 ………… (81)
　第四节　吐蕃王朝的衰落 ……………………………… (96)
　第五节　吐蕃王朝的崩溃 ……………………………… (100)
　　一、达磨灭佛与吐蕃内战的爆发 ……………………… (100)
　　二、吐蕃边将在河陇等地的混战 ……………………… (102)
　　三、张义潮起义、嗢末起义与河陇地区
　　　　复归唐朝 …………………………………………… (105)

第五章　吐蕃王朝时期青海藏族经济与文化 …………… (110)

目 录

  第一节 农牧经济与手工业 …………………………… (110)

  第二节 商贸与交通 ………………………………………… (117)

  第三节 "汉藏黄金桥"——唐蕃古道 ………………… (120)

    一、古道东段路线 ………………………………………… (120)

    二、古道西段路线 ………………………………………… (122)

    三、唐蕃古道在藏族历史上的意义 ………………… (123)

  第四节 吐蕃佛教文化 ………………………………………… (125)

第六章 分裂时期的青海藏族及青唐政权 ………………… (131)

  第一节 宋夏时期青海吐蕃部落及分布 ………………… (132)

    一、宋夏时期西北吐蕃部落的分布 ………………… (132)

    二、宋夏时期青海的吐蕃部落 ………………………… (135)

  第二节 凉州六谷部政权 ……………………………………… (143)

  第三节 青唐政权 ………………………………………………… (147)

    一、宗哥族与青唐政权 ………………………………… (147)

    二、唃厮啰其人与青唐政权的建立 ………………… (149)

    三、唃厮啰时期的青唐政权 …………………………… (150)

    四、北宋开边与青唐政权的衰落解体 ……………… (156)

    五、青唐政权解体后的河湟吐蕃及其与

      宋、金、夏的关系 ………………………………… (175)

  第四节 分裂时期的青海藏族经济与文化 ……………… (181)

    一、农牧业 ………………………………………………… (181)

    二、手工业 ………………………………………………… (183)

    三、商贸和交通 ………………………………………… (186)

    四、青唐佛教文化 ……………………………………… (188)

第七章 元代青海藏族及其地方行政机构的设置 ……… (192)

  第一节 蒙古汗国与藏族地区的早期接触 ……………… (192)

第二节　凉州会晤与蒙古统一吐蕃 …………… (197)
　　一、阔端对吐蕃的经略与青海藏族地区
　　　　归于蒙古 ………………………………… (197)
　　二、帝师制度及宣政院的建立 ……………… (204)
第三节　元朝对青海藏族地区的"双轨"统治 …… (208)
　　一、宗王出镇 ………………………………… (208)
　　二、吐蕃等处宣慰使司都元帅府 …………… (210)
第四节　元代青海藏族社会经济与文化 ………… (215)
　　一、农牧业 …………………………………… (216)
　　二、交通与商业 ……………………………… (218)
　　三、元代藏传佛教在青海的发展 …………… (221)

第八章　明代青海藏族及藏传佛教的鼎盛 ……… (226)
第一节　明朝"西番诸卫"的建立 ……………… (226)
　　一、明代青海藏族部落 ……………………… (226)
　　二、明朝推行卫所制度与"西番诸卫"的设立 …… (229)
第二节　明朝"多封众建"政策与僧官
　　　　制度的推行 …………………………… (235)
　　一、明初藏族地区僧司机构的创设及
　　　　在藏族地区的推行 …………………… (235)
　　二、明朝藏族地区僧官制度的调整与完善 …… (238)
第三节　明代青海藏族经济社会发展 …………… (243)
　　一、明朝官营茶马贸易体制与金牌
　　　　信符制的推行 ………………………… (243)
　　二、官营茶马制度的调整与汉藏
　　　　茶马互市的发展 ……………………… (248)
第四节　藏传佛教格鲁派的盛行 ………………… (253)

目 录

  一、宗喀巴创立格鲁派 …………………………………… (253)

  二、格鲁派在青海的传播和发展 ………………………… (260)

第九章　清代青海藏族 ………………………………………… (269)

 第一节　清朝对青海藏族地区的施政 ………………………… (269)

  一、册封五世达赖与和硕特汗王,确立管理

   藏族地区的大政方针 ………………………………… (270)

  二、平定罗卜藏丹津之乱与西宁办事

   大臣的设置 …………………………………………… (272)

  三、西宁府的设立和千百户制度的推行 ………………… (280)

 第二节　清朝优崇格鲁派与政教合一

   制度的完善 …………………………………………… (284)

  一、整顿藏传佛教寺院 …………………………………… (284)

  二、三世章嘉呼图克图与六世班禅东行 ………………… (286)

  三、政教合一制度的发展与完善 ………………………… (290)

 第三节　清代青海藏族的经济社会发展 ……………………… (297)

  一、农业与畜牧业 ………………………………………… (298)

  二、手工业 ………………………………………………… (304)

  三、商业贸易 ……………………………………………… (306)

  四、交通驿站 ……………………………………………… (309)

 第四节　清代青海藏族文化 …………………………………… (312)

  一、寺院教育 ……………………………………………… (313)

  二、民族艺术、文学 ……………………………………… (315)

  三、历史、科技等论著 …………………………………… (317)

第十章　民国时期青海藏族 …………………………………… (319)

 第一节　清末至辛亥革命前的青海藏族社会 ………………… (319)

  一、千百户制度和政教合一的延续 ……………………… (319)

二、西方帝国主义势力的渗透 …………………… (321)
第二节　马氏军阀坐镇青海及其对藏族的镇压 …… (323)
　　一、马氏军阀坐镇青海 …………………………… (323)
　　二、马氏地方军阀统治 …………………………… (325)
第三节　青海建省及国民政府的治藏
　　　　法规与制度 ……………………………… (333)
　　一、青海建省 ……………………………………… (333)
　　二、国民政府的治藏法规与制度 ………………… (335)
第四节　青藏内战与九世班禅返藏受阻 …………… (341)
　　一、青藏内战 ……………………………………… (342)
　　二、九世班禅返藏受阻滞留青海 ………………… (344)
　　三、寻访十三世达赖喇嘛和九世班禅的
　　　　转世灵童 ………………………………… (348)
第五节　马氏军阀统治的结束与青海
　　　　藏族的解放 ……………………………… (353)
　　一、马步芳在青南地区阻截红军 ………………… (353)
　　二、青海藏族支援抗日与争取解放 ……………… (357)

导 言

青海和西藏、甘肃、四川、云南藏族地区同属青藏高原,是中国第二大藏族聚居区,按藏族传统地理区划青海藏族分为安多和康巴两大区域,即黄南、果洛、海南、海西、海北、海东和西宁等地属于安多,玉树属于康巴。

从现代地理学上说,青海位于青藏高原的东北部,连接我国西北和西南两大地区。这里是长江、黄河、澜沧江的发源地,素有"三江源"、"江河源"和"中华水塔"之称。长江、黄河、澜沧江的众多支流在青海纵横交错,每条支流两岸和其汇入"三江"时两水相交而形成的三角地带成为青海藏族文化的摇篮,也是青海藏族赖以生存、繁衍和发展的地理基础。

在藏族历史上,地处青、甘、川三省的青海藏族地区具有极其重要的意义,它是藏族形成、发展、壮大的重要历史舞台。但是,从整个藏学界来看,对于青海在内的青海藏族地区的研究一直比较薄弱,这与这一地区在藏族历史上所具有的重要地位很不相称。当然,青海藏族历史研究在学术界的这种状况与青海藏族历史所具有的多元性、复杂性是分不开的。从青海藏族历史来看，其历史研究所面临的困难主要有以下几个方面：

第一，关于青海藏族地区的远古文化与藏族古代文化之间的关系问题。迄今为止，学术界对这一问题深入系统的研究较为缺乏，但是，这一问题对于青海藏族族源的探寻和廓清有着直接的理论指导意义。以马家窑文化、齐家文化、宗日文化、卡约文化为代表的青海古代文化与以拉萨曲贡文化和昌都卡若文化为代表的西藏古代文化早在新石器时代就已经存在着许多相同的文化因素和较明显的相互影响之痕迹，这种文化上的共同因素和相互影响的历史事实，应当为我们探讨青海藏族以及整个藏族的族源问题给予有益的历史启示。

第二，关于青海藏族的族源问题。这在藏学界是一个长期受研究者关注的问题，但直到目前尚没有取得一致的看法。历史上，青海地区一直是一个多民族相互竞争、相互交流的民族走廊地带。西羌、氐、月氏、匈奴、鲜卑、吐蕃、党项、回鹘、汉族和蒙古族都曾经在这里留下了各自丰富多彩的历史过程。在长期的历史过程中，各民族通过和平交往以及相互战争，对彼此产生了极其深刻的影响，由此形成"你中有我，我中有你"的双向式的相互同化过程，而这一历史过程所具有的长期性和复杂性，给我们研究青海藏族的族源问题带来了很大的困难。

青海藏族地区是古代西羌之地，尽管热贡、华热、卓仓、卓尼等地的许多藏族部落中都广泛流传着其祖先来自西藏的历史传说，但是，其主体人口应当是古代西羌之裔属，则应是不争的历史事实。藏族历史传说和史籍文献中都说的藏族远古时期的"四大氏族"之一的"董氏"，据现代学者们的研究，就是"党项"。汉文史籍中的"党项"、"宕昌"等，实际上皆为藏语"董"的音转，抑或是古代羌语在藏语中的保留。被誉为"史地之权舆，神话之渊府"的《山海经》中,所载的"沃民"、"白民"大致分布在青海及周邻地区,这"沃民"、"白民"可能就是汉文史籍中关于藏族先民最早的记录。

第三,青海藏族社会结构问题。近几年来,对青海藏族社会结构的研究出现了较可喜的局面,已经从原来的社会性质探讨转向了对社会结构的研究。目前已公开出版的主要成果有陈庆英主编的《中国藏族部落》(中国藏学出版社1991年版)、洲塔著《甘肃藏族部落的社会与历史研究》(甘肃民族出版社1996年版)、何峰著《格萨尔与藏族部落》(青海民族出版社1996年版)、邢海宁著《果洛藏族社会》(青海人民出版社1999年版)等。但是,青海藏族社会结构问题仍然存在许多尚待研究的课题,例如部落社会政治制度、经济制度、军事制度及文化制度等,虽然已有不少著作和文章进行过研究,可是尚无大家都能接受的一致性结论。

第四,藏族文化中心的形成和最终确认问题。这个问题直接关系到青海藏族文化的源流。从藏族文化的历史来看,整个藏族文化的定型在吐蕃王朝时期是可以肯定的。由于吐蕃王朝的空前统一和强盛,最终使拉萨成为藏族政治、经济和文化的中心,包括青海地区在内的整个藏族地区的政治、经济和文化都倾向于拉萨。但是,有一个历史事实是不可否认的,这就是前吐蕃时期的象雄、苏毗和雅隆等部落联盟阶段,藏族文化基本上是以本教文化为主导的。而具体联系到青海地区,情况又是怎样的呢?从文献资料和研究现状来看,都存在着较大的空白。

但是,到吐蕃王朝后期和分裂时期,特别是藏传佛教后弘期"下路弘法"时期,青海、甘肃河湟地区(即藏语中所谓的"多麦"地区)已成为藏族文化的重要中心之一。多麦藏族文化中心的形成、发展，这是青海藏族文化史研究中值得深入研究和探索的重大历史课题。在承认青海藏族文化的正源——吐蕃文化的同时，还应该注意青海藏族文化的地域特点和历史特点，应从方言、习惯、服饰、民居、宗教文化及岁时节日等诸多方面，进行全方位的探究。这其中，吐蕃王朝中后期和分裂时期藏传佛教文化的主导地位的确立与藏族其他地区一样，也经历了一个从初传到立足，再到发展，进而跃居主导地位的历史过程。这一历史过程的实现，与吐蕃王朝和青唐政权的文化政策之间的关系，也应是青海藏族文化史研究中值得注意的一个重要内容。

第五，青海藏族与周边民族的关系问题。青海地区在吐蕃王朝之前，为西羌之地，以河湟谷地和青海湖环湖地带为中心，分布着许多古代羌人部落，较为著名的有烧当、先零、罕开、勒姐、烧何、钟羌、发羌、滇零、卑禾、党项、宕昌等。在《后汉书·西羌传》中称："大者万余人，小者数千人，更相钞盗，盛衰无常。"到魏晋南北朝时期，鲜卑族吐谷浑、秃发等部迁居到青海地区。这些民族经过魏晋南北朝至隋唐时期的发展，有相当一部分融合到了藏族之中。

吐蕃王朝时期，青海地区是藏族同唐朝、吐谷浑、突厥、回鹘等民族相互接触、交流的地理枢纽区域，在这里，演出了一幕又一幕既有相互战争又有相互融合的历史剧。通过这种又战争又融合的民族交往，藏族族体得到了较大的发展，并通过吸收其他民族的文化因素，大大促进和丰富了藏族文化。这一时期正是青海藏族形成、发展的重要历史时期，发生在青海地区的一系列历史事件，不仅影响到青海，也影响到整个藏族的历史发展进程。尤其是吐蕃与唐朝、吐谷浑、回鹘之间的相互关系，对于青海藏族的形成具有深远的历史意义。通过征服、融合，青海藏族族体

导 言

中当有不少唐朝、吐谷浑、回鹘等政权的成员。这些新的成员被容纳进来后，成为青海藏族的新鲜血液，使青海藏族族体得到了较大的发展。

同时，由于吐蕃和唐朝的对立，青海地区成为双方战争的前线地带。当时，双方围绕争夺、控制西域四镇和南诏的许多战略性军事活动多发生在青海地区。其中有战争，也有会盟、交聘，这为双方之间的政治、经济、文化及人口互动创造了历史条件。在这种互动过程中，唐蕃双方不断交流、磨合，实现了两大民族间的融合。在双方战争中，吐蕃俘虏、容纳了许多唐朝边疆居民，唐朝亦俘虏、招纳了大量吐蕃边境居民。这当中既有痛苦的强迫同化，也有顺乎历史的自然同化。正因为有了这种民族同化，藏族族体在吐蕃王朝时期才有了大的发展。青海藏族的形成与唐蕃双方之间的这种民族同化和民族融合有着极其密切的关系。

青海地区是唐朝和吐蕃相互接触最频繁的地方，著名的"唐蕃古道"横穿青海地区，成为唐蕃交通的枢纽。在这条横贯青藏高原的古代交通线上，有频繁往来的唐蕃使者，有奔赴战场的将士，有从事贸易活动的商贾，还有取经弘法的唐蕃僧侣。双方使者的往来促进了唐蕃之间民族文化的交流，相互间的战争则导致了复杂的民族互动，商贾的贸易活动促成了彼此经济的交流，所有这一切，对青海藏族的形成、发展有着非常深刻的影响。尤其值得注意的是，青海地区不仅是中国西部农耕文明和游牧文明的交汇地带，而且是中西文化相互接触、交汇的地方。不同的民族文化在这片土地上相互碰撞、交流、竞争、融合，在这一多元文化相互碰撞、交流、竞争、融合的历史过程中，藏汉两大民族的文化交流最具生命力，相互交流的历史最持久、最深刻，是中国西北地区民族关系上十分引人注目的。整个吐蕃王朝时期，青海藏族与周边诸民族的关系中,唐蕃关系占有主导地位,成为研究青海藏族和其他民族关系的一条主线。通过对唐蕃关系的梳理、研究,使我们能够比较清晰地透视藏族发展中同其他民族在政治、经济、文化等方面的交流过程。

第六,"青海"这一历史地理概念的形成问题。青海作为藏族生息、繁衍、发展的发祥地之一,其地理概念形成的确切时代难以考证,但从唐人留下的大量边塞诗和史书记载看,"青海"这一地名大致形成于唐朝和吐蕃王朝时期则是可以肯定的。但作为行政区划名称则到了清朝中期,以"青海办事大臣"设立为标志,作为省名则直到民国时期青海建省议成的1928年。

第一章　青海藏族地区地理环境

藏族是中国多民族大家庭中的重要成员之一，具有悠久的历史和灿烂的文化。青藏高原自古是藏族生存、繁衍、发展的家园，这里"雪山犹如水晶之宝塔，低湖犹如碧玉之曼遮"，正是青藏高原特殊的地理生态环境孕育了藏族独特的民族性格和文化特点。

第一节　藏族传统地理区划概述

藏族传统地理学中，藏族地区被划分为上、中、下三部，即上部阿里三围、中部卫藏四如、下部多康六岗。

一、上部阿里三围

上部阿里三围又分为：布让（普兰县）、芒域（今普兰至后藏昂仁、吉隆等县地区之古名，亦有指今拉达克地区者）、桑噶尔（今普兰县境内一地名，亦译作桑迦）等三部为一围；黎（吐蕃时期新疆南部于阗之古名）、祝夏（即唐代大、小勃律）、罢蒂等三部为一围；象雄（即唐代之羊同，其地在今西藏阿里地区札达县)、上赤代、下赤代等三部为一围。

二、中部卫藏四如

元明时期，卫地（今拉萨）译作"乌斯"，藏地（今日喀则）译作"藏"，两地合称为"乌斯藏"。卫地分为伍如、约如两个如；藏地分为冶如、如拉两个如。

在赤松德赞时代，曾有五如，即在四如之外增加了一个孙波如，为苏毗故地，其地大约在拉萨以北及以东的地区。到固始汗征服西藏十三万户后，将其献于达赖喇嘛，并将卫藏四如（翼）分为冶如、云如、贝日（即伍如之新名，也写作贝如，伍如亦译作"布如"）、贡日（即约如之新名，也译作"贡如"）四如（翼）。

三、下部多康六岗

元明时称作朵甘或朵甘思。这是藏语"朵"和"康"两个地区的合称。

"康"（也译作"喀木"）指西藏欧丹达山以东的昌都地区和四川省甘孜州、青海玉树州和云南迪庆州等地区。"康"在藏语中有"边地"、"外地"的意思。当代著名藏族学者更敦群培在《白史》一书中研究认为："包括'康'及'安多'在内的东部地区统称'康'。所谓'康'是指边地而言。所谓'安多'的'多'字，其前加字一经明确念读，首先会自然发出一'阿'字音，昔日整个安多地区被称作'宗喀德康'。当今的西宁一带地区称作'宗喀'，其余地区则被叫作'大宗喀'，布达拉宫脚下的石碑上也有宗喀的名称。"[①]格勒推测，"康"这个地名大约形成于唐代。吐蕃王朝之初，其政治、经济、文化中心在以拉萨为中

---

① 格桑曲批译：《更敦群培文集精要》，中国藏学出版社1996年版，第130页。

第一章 青海藏族地区地理环境

心的卫藏,当时"康"区刚刚被并入吐蕃,其文化与卫藏地区当有较大差异,因而针对卫藏地区而产生了意为边地的"康"区。"在藏族传统地理学中,康区又分为上部康区和下部康区。康区河流多自北而南,故古代藏文典籍称康区南部由桑昂曲县东行至滇西一带为下部康区;康区北部接近青海之地为上部康区。"①"朵"又称"安多"。对于安多的地望及其名称的由来,各种藏文史籍中的解释基本上是相同的安多系藏语音译,"多"意为下部。历史上甘肃、青海(玉树州除外)和四川西北部地区的藏族因其居住地域处于整个藏族聚居地的下部,故称为"安多"。又谓"安多"是取阿庆冈嘉雪山和多拉山两座山名之首字而得名。②安多地区又分为"多堆"与"多麦"两大区域,"多堆"即安多上部;"多麦"即安多下部。

在藏族传统的地理学中,把安多与康并称为"多康",即《元史》中所说的"朵甘思",这是一个地域面积很广大的传统地理概念。藏族历史上所谓的"多康六岗"是一个非常古老的藏族地理概念。根据《安多政教史》记述,多康六岗,即:

1. 色莫岗(也译为撒茂岗),即金沙江和雅砻江上游的中间地带,今白玉、德格、邓柯、石渠等县的古地名;元朝曾设置剌马儿刚等处招讨使司,归宣政院管辖。

2. 察瓦岗(亦译作察哇岗),泛指澜沧江和怒江中上游之间的察雅、察隅、八宿、左贡等地。历史上这一地区以盛产盐而闻名,史称该地区的藏族为"察瓦"。"察"即盐,"瓦"即人。

3. 玛尔康岗(亦译作马康岗、芒康岗),即金沙江和澜沧江

---

① 张怡荪主编:《藏汉大辞典》,民族出版社1993年版,第225~226页。
② 色多·罗桑崔臣嘉措著,郭和卿译:《塔尔寺志》,青海人民出版社1986年版,第28~29页。参阅《青海历史》、《安多政教史》。

上游的中间地带，今昌都、察雅、芒康等县的古地名；元朝曾设置亦思马儿甘万户府，归宣政院管辖。

4. 玛尔扎岗（亦译作玛察岗），"玛"即黄河，藏语叫做"玛曲"；"扎"即雅砻江上游。黄河和雅砻江上游两水之间的地区即"玛尔扎岗"，包括大渡河以西，黄河以南、雅砻江上游以东的广大地区。从现在的行政区划来看，包括青海果洛南部和四川阿坝州的大部。

5. 包柏尔岗（亦译作绷波岗），即金沙江、雅砻江下游中间地带，今四川省甘孜州南部和云南省西部地区；元朝曾在此置奔不儿亦思刚百姓达鲁花赤二员，归宣政院管辖。

6. 木雅岗（又作木雅热岗），即雅砻江中游东部地区，以康定地区为中心，包括雅安、青衣江、越西河以西、大渡河上游以东的古代藏族地区。

多康六岗又称"四水六岗"（Chu-bz-hi-sgang-drug），其中心地区在横断山区。所谓"四水"，是指雅砻江、金沙江、澜沧江和怒江这四条南北流向的河流。"四水六岗"基本上包括了"多康"的大部分地区。

除上述种种地理区划之外，在藏族传统地理学中对"多康"地区还有另一种区域划分法，即将多康"又划分为三岗，即原多康区域，被称为玛尔康；多麦被称为野摩塘；宗喀被称为吉塘"。① "吉塘"是藏语中宗喀的古地名。宋时，唃厮啰在青海东部河湟地区建立青唐政权，并在西宁建青唐城，汉文史籍中的"青唐"即藏语"吉塘"的音译。

---

① 智观巴·贡却乎丹巴绕吉著，吴均等译：《安多政教史》，甘肃民族出版社1989年版，第4页。

第二节 青海藏族地区地理与山川河流

青藏高原地处我国三阶地势的最高阶,素有地球"第三极"之誉,在中华民族传统文化中是"山宗水源"之地。

一、青海地理地貌概况

整个高原的宏观地貌格局,呈现出边缘高山环绕、峡谷深切,内部则由辽阔的高原、高耸的山脉、棋布的湖泊、宽广的盆地等大的地貌单元排列和组合而成;高原的主体部分是以高原面为基础,随着总的地势从西北向东南逐渐倾斜,海拔由5 000米以上渐次递降到4 000米左右,由低山、丘陵和宽谷、盆地组合而成。高原面以上,纵横延展着许多高耸的巨大山系,构成了高原地貌的骨架;在高原面中间,镶嵌着众多的盆地和湖泊;而高原面之下,交织着性质不同的内外流水系。就青海省境来看,其地貌大格局基本上沿纬线方向带状分布,"自北向南依次为祁连山—阿尔金山、柴达木盆地—共和盆地—河湟谷地及黄南低地、东昆仑山脉、青南高原、唐古拉山脉。总的表现为北部山地,中部盆地、谷地和低地,南部高原,使高大山脉、山间盆地、高原相间排列,呈现马鞍型地貌格局"。①

二、山系山脉

青藏高原平均海拔在4 000米以上,四周环绕着高大山系,在如此高峻的地势再加上以地球之巅——珠穆朗玛峰为代表的无数雪山,广布于高原内部,高低起伏,连绵不绝,这一切使青藏高

---

① 张忠孝编著:《青海地理》,青海人民出版社2004年版,第10页。

原成为一个举世无双的山原。《安多政教史》称："藏族地区,特别是西藏雪域之所以得名,乃由于'雪山犹如水晶之宝塔,低湖犹如碧玉之曼遮'之说,这里是在说自冈底斯山至玛沁雪山之间,有称为'护佑藏地的八大雪峰'。若以圣教之水流源来自何处?蓄集于何地?形象地加以说明其缘起时,则所谓'雪山犹如水晶塔'者,乃指冈底斯雪山和玛沁雪山的雪峰,而所谓'低湖犹如碧玉之曼遮'者,乃指嘉地区之拉摩神湖和青海湖以及东方之大海等。"①

青海藏族地区位于青藏高原东北部,是一个多山地区,境内山脉绵延,雪峰林立,连绵起伏的群山千姿百态,构成一副壮美奇丽的高原景观。青藏高原北部的阿尔金山脉—祁连山脉从塔里木盆地东南缘向东绵延到河西走廊,成为青海与新疆和甘肃的界山;南部的唐古拉自西向东横亘在青海与西藏之间;西起帕米尔高原的昆仑山脉—巴颜喀拉山脉自西向东贯穿青海中部,成为长江、黄河的分水岭。这些山脉不仅是重要的自然地理分界线和行政区划的界山,也是藏族历史上各部落的神山或界山。

在藏族传统地理中,根据山的地貌特征分为六大类:"一是岗日,即终年不化的雪山;二是杂日,片状石山或乱石山岭;三是扎日,全由岩石构成的大山或岩山;四是亚日,由青色天然石板所构成的山;五是缠日,即生有树木的山;六是邦日,由青草覆蔽的山岭,即草坪山。"②

青海境内的山脉主要有三大山系组成,即祁连山—阿尔金山

---

① 智观巴·贡却乎丹巴绕吉著,吴均等译:《安多政教史》,甘肃民族出版社1989年版,第4页。

② 得荣·泽仁邓珠:《藏族通史·吉祥宝瓶》,西藏人民出版社2001年版,第6页。

第一章 青海藏族地区地理环境

系、东昆仑山系和唐古拉山系。

"祁连山—阿尔金山系位于青海省北部和东北部，当金山口为这两大山系分界处。它们共同组成了分隔塔里木盆地—河西走廊与柴达木盆地—共和盆地的界山。"①祁连山脉由一系列大致平行的西北—东南走向的山脉组成，其间以盆地、谷地或河流分开。由北向南分为走廊南山、冷龙岭、托来山、托来南山、疏勒南山、大通山、党河南山、青海南山、拉脊山和柴达木盆地北缘诸山。

昆仑山系西起帕米尔高原，横亘于我国新疆、西藏、青海、四川等省区，全长2 500公里，分为东西两段，进入青海境内称之为东昆仑山。东昆仑山系横亘于青海的中部和中南部，是青海境内重要的南北自然地理分界线。整个东昆仑山系呈西北—东南走向，从北向南由北、中、南三列近乎平行的山脉组成：北支为阿喀祁曼塔格山、祁曼塔格山、楚拉克塔格山、沙松乌拉山、布尔汗布兰量山、鄂拉山；中支为阿尔格山、博卡雷克塔格山、唐格乌拉山、布青山、阿尼玛卿山；南列为可可西里山、巴颜喀拉山，向东延伸至在四川边境与岷山及邛崃山等相接。昆仑山在中华民族古代文化中被视为"万山之宗"，认为"天下山脉，祖于昆仑"，在古代文献中留下了大量关于昆仑山的传说。②

唐古拉山系位于青海西南部。唐古拉山，藏语意为"台阶形的山"，又称"当拉山"、"当拉岭"，是青海与西藏的界山。西起赤布张湖，沿青海、西藏交界地带向东延伸，大

---

① 张忠孝编著：《青海地理》，青海人民出版社2004年版，第13页。
② 林徽因等著：《风生水起：风水方家谭》，团结出版社2007年版，第65页。

致呈西北—东南走向，至囊谦县境与横断山脉相接。祖尔肯乌拉山是其在青海境内的主要支脉。唐古拉山主峰格拉丹冬雪山，藏语意为"高高尖尖的山峰"，山中雪峰起伏，冰塔林立，犹如水晶塔。

可以说，雪山是整个藏族地区最突出、最常见的地理景观，如同其他藏族地区一样，山在青海藏族文化中也占有极为神圣的地位，成为藏族文化中最普遍的崇拜对象。在藏族看来，任何一座山都有神灵居住于其上，而且每个山神还有众多的伴神或侍神及眷属，如安多地区最大的神山阿尼玛卿山神就有称作"三百六十玛日"的三百六十个伴神。①

藏族认为，世间有九尊山神，即"世界形成之九神"。传说世间山神之祖沃代贡甲生有八子，即八座雪山，统称世间九尊神。这八座雪山分别为：雅拉香波、念青唐古拉、阿尼玛卿（又称"玛卿伯姆热"）、觉瓦觉钦冬热、干布拉吉、吉雪雪拉却波、觉吾域杰和协沃卡热八大神山。②这八座神山犹如八座水晶宝塔分布在上部阿里三围、中部卫藏四翼、下部多康六岗，日夜护佑雪域高原。其中，位于黄河源头的阿尼玛卿山是青海藏族地区声名远播，影响最大、信仰最广的神山。之外，还有许多著名的神山如尕朵觉沃、年保玉则、阿米夏琼、阿米杰日、阿米达力加、阿米巴燕等，遍布青海藏族地区。

三、河流和湖泊

---

① ［奥地利］勒内·德·内贝斯基·沃杰科维茨著，谢继胜译：《西藏的神灵和鬼怪》，西藏人民出版社1993年版，第240页。

② "世界形成之九神"，藏族史籍和民间有不同说法，参见上引《西藏的神灵和鬼怪》、《藏族通史·吉祥宝瓶》的有关章节。

第一章 青海藏族地区地理环境

在雪域高原连绵的雪山孕育了无数高原湖泊和江河。青海地区位于长江、黄河、澜沧江源头地区，境内河流纵横、湖泊遍布，其中最主要的河流是黄河、通天河和澜沧江。除柴达木盆地、青海湖环湖地区的内陆河之外，青海地区的其他河流都是长江、黄河、澜沧江上游的支流。

（一）黄河水系：黄河是我国第二大河流，是青海第一大河流。历史上被誉为中华民族的"母亲河"，中国古代文献中称为"河"或"河水"，"黄河"之名始于《汉书》，藏族称黄河为"玛曲"，藏语意为"孔雀河"。

黄河发源于青海省玉树藏族自治州曲麻莱县境东北部巴颜喀拉山脉卡日扎穷山北麓的约古宗列（盆地）西南隅，源头分水岭名为玛曲曲果日，藏语意为"孔雀河源头山"。顺山谷向北，汇集山坡及山前的众多泉流。藏族牧民称这一泉群为"玛曲曲果"，意为"孔雀河源泉"。泉水汇流成三条溪流，其主流北经泉群约两公里进入约古宗列盆地。穿过约古宗列盆地的这段黄河因而被称为约古宗列曲。约古宗列曲流至茫尕峡口进入玛涌塘，即称为玛曲。"黄河在青海省果洛藏族自治州玛多县境黄河沿（地名）的玛多黄河桥以上的河段称河源段，其流域即为黄河源地区，简称河源区。"①黄河在青海境内支流众多，北部有浩门河，中部有湟水，南部有隆务河、洮河、白河、黑河、泽曲、巴水、茫拉沟河、曲什安河、切木曲、东科曲、西科曲、热曲和多曲等诸水。

（二）长江水系：长江是我国第一大河，古称"江"。汉、魏、六朝后始称"大江"或"长江"。长江发源于唐古拉山主峰

---

① 青海省地方志编纂委员会编：《长江黄河澜沧江源志》，黄河水利出版社2000年版，第217页。

格拉丹冬雪山西南麓姜根迪如冰川，正源为沱沱河。

沱沱河流至囊极巴陇与当曲汇合后进入玉树藏族自治州境内，始称通天河。通天河大致呈西南—东北流向，至口前曲支流汇入处以下转向东南流，接纳楚玛尔河，至玉树县附近接纳巴塘河后称金沙江，出省境流入川、藏省（区）。沱沱河至楚玛尔河汇入处被称为江源段，支流众多，广布现代冰川和湖泊沼泽，河道宽阔，水流缓慢，多散流、漫流、叉流，主要的支流有扎木曲、勒玛曲、楚玛尔河、当曲、莫曲、口前曲等；楚玛尔河口至登艾龙曲汇入处为中源段，较大支流有色吾曲、宁恰曲、登艾龙曲等；登艾龙曲以下至出省处为下源段，干流穿流于高山峡谷之中，河谷迂回曲折，落差巨大，主要支流有德曲、曼宗曲、叶曲、巴塘河等。之外，还有雅砻江上游之扎曲、大渡河上游之玛柯河等。

（三）澜沧江水系：澜沧江是一条国际性河流，为亚洲第六大河。其源头扎曲发源于唐古拉山北麓杂多县西北部的查加日玛山西侧，从西北向东南流经杂多、囊谦县，在娘拉附近流入西藏，经云南省流出国境，流入中南半岛，称为湄公河，注入南海。在青海境内主要支流有扎曲、吉曲、子曲、巴日曲等。

（四）内陆水系：青海内陆水系发育于封闭盆地和祁连山地，主要有青海湖盆地水系、柴达木盆地水系、祁连山地水系和可可西里水系等。

分布在上述内陆水系的河流围绕湖泊形成众多水系，主要的湖泊有青海湖、哈拉湖、冬给措纳湖、岗纳格玛措和苦海等。其中，青海湖是我国最大的内陆咸水湖，藏语称"措温波"。

关于青海湖的形成，松巴·益西班觉在其《青海历史》中，记述了一则盛传于青海藏族地区的古代神话，"说在现在的（青

第一章 青海藏族地区地理环境

海湖）海心山下面平坦的湖底里，很早以前有一口井或说有一眼水汪汪的小泉，在这眼小泉的池壁周围箍着木头框架，不打水的时候就用盖子盖起来。有一天，一位背水的姑娘忘记了盖上盖子，结果泉水汹涌而出，顿时淹没了平滩，卷走了上万户人家，形成了著名的青海湖。这时莲花生大师来到这里，用一座小山压住了喷水的泉眼，这座山就是现在的海心山玛哈德哇"。①

内陆水系主要河流有青海湖盆地水系的布哈河、倒淌河，祁连山水系的黑河、疏勒河、托莱河，可可西里水系的曾松曲、库赛河、跑牛河、切尔恰藏布等。

总之，长江、黄河、澜沧江与青海湖、祁连山水系诸河及其支流，浇灌哺育了青海地区的草原和农田。世代生活在这里的古代羌人和青海多康藏族等民族就是流淌在祁连山、昆仑山和唐古拉山之间的长江、黄河、澜沧江和青海湖的儿女。他们热爱、崇敬这些养育他们的江河湖泊，许多江河湖泊被视为圣湖圣水，受到虔诚的敬仰和崇拜。青海湖更是名扬世界的大湖，不仅深受藏族人民的敬奉、崇拜，也受到蒙古族、土族等其他民族的崇拜。

---

① 松巴·益西班觉：《青海历史》，载《青海民族学院学报》，1983年第4期。

第二章　青海藏族族源

藏族族源是藏族历史研究中的一个古老话题，随着藏族历史研究的不断深入和发展，特别是自20世纪50年代以来，由于新中国考古工作的迅速发展，青藏高原地区的考古研究成果取得了前所未有的进展；同时，藏、汉、蒙古等史籍文献也被大量整理出版。这一切大大丰富了藏族族源研究的新资料，因而使藏族族源问题的研究呈现出前所未有的新局面，研究者根据这些新资料提出了许多新的观点、新的理论，从而使藏族族源研究成为一个全新的历史问题。

青海藏族是藏族的重要组成部分，其族源与整个藏族的族源是密切相关的，同时又有其特殊的地域和历史特点。大致说，今日之青海藏族由源于青藏高原新石器时代马家窑、齐家、卡约、卡若、曲贡等文化的吐蕃"原始四氏族"（或"原始六氏族"）后裔，与古代青海"诸羌"、月氏、鲜卑、回鹘、蒙古及汉等民族经过长期融合而成，其融合的历史复杂而曲折。

第一节 藏族族源诸说

关于藏族族源问题的讨论在中国汉文史籍中可以追溯到唐代;在藏族历史文献和民间传说中则可以上溯到更遥远的远古神话时代。藏族族源问题在学术上是一个牵涉面很广的问题,历来就有许多不同的说法。现将历史上有关藏族族源诸说列举如下:

(一)鲜卑说。唐代史学家杜佑在其《通典·边防典》中说:"吐蕃在吐谷浑西南,不知国之所由,或云吐发利鹿孤子樊尼,其主傉檀为乞伏炽盘所灭,樊尼率余种投沮渠蒙逊,其后子孙西魏时为临松郡丞与主簿,皆得众心。因魏末中华扰乱,招抚群羌,日以强大,遂改姓为勃野。"这里杜佑在承认吐蕃"不知国之所由"的同时,又提出"或云"为鲜卑拓跋氏(秃发——吐发氏)的可能性。其后,刘昫在《旧唐书·吐蕃传》基本采纳了杜佑《通典》中的说法,并作了进一步的发挥,称:"吐蕃,在长安之西八千里,本汉西羌之地也。其种落莫知所出也。或云南凉秃发利鹿孤有子曰樊尼,及利鹿孤卒,樊尼尚幼,弟傉檀嗣位,以樊尼为安西将军。后魏神瑞元年,傉檀为西秦乞佛炽盘所灭,樊尼招集余众,以投沮渠蒙逊,蒙逊以为临松太守。及蒙逊灭,樊尼乃率众西奔,济黄河,逾积石,于羌中建国,开地千里,遂改姓为窣勃野,以秃发为国号,语讹谓之吐蕃。"①

(二)西羌说。五代后晋时,刘昫在《旧唐书·吐蕃传》中说:"吐蕃在长安之西八千里,本汉西羌之地也。其种落莫知所出也。"到了宋代,宋祁、欧阳修在《新唐书·吐蕃传》中则明确

---

① 《旧唐书》,卷一九六《吐蕃传上》。

提出:"吐蕃本西羌属,盖百有五十种,散处河、湟、江、岷间;有发羌、唐旄等,然未始与中国通。居析支水西。"①而且进一步确定吐蕃来源于西羌中的一支——"发羌"。此说在顾颉刚、黄奋生的论著中又有新的发展。

(三)土著说。藏族史籍中有"猕猴种"之说,较为完整地记载藏族"猕猴变人"神话的是萨迦派僧人索南坚赞所著的《王统世系明鉴》一书,其概要如下:

最初,有一只受观音菩萨点化的猕猴去西藏一处岩洞中潜修慈悲菩提心,正当其对佛法性空生起胜解之时,有一岩罗刹女来到猕猴修行处,并哀求与其结为夫妇。猕猴征得观音许可后,与岩罗刹女结为夫妇。婚后生下六个猴崽,他们把六个猴崽送到森林中生活。过了三年,猴崽们已增至五百,森林中果实业已吃尽,又无其他食物,猴崽们便问其父母以何为食。父猴到观音处求教,观音自须弥山隙取青稞、小麦、豆类、荞麦、大麦,撒到大地上,使那里满生不种自生的谷物。父猴遂引领众猴儿至此地,并授予不种自生之谷物为食。由此之故,遂名此地为梭当贡保山(意为命令取食山)。众猴因饱食谷物,毛转短,尾渐缩,且能言语,因此渐渐变成了人。如是雪域之人,因父猴与母岩罗刹女而分为二类:"父猴菩萨传出的一类,性情宽和,信仰虔诚,心地慈悲,勤奋努力,爱做善业,出语和柔,长于辞令,这是父猴的遗种也。岩妖魔女传出的一类,贪欲好怒,经商谋利,好盘算,喜争执,嘻笑无度,身强勇敢,行无恒毅,动作敏捷,五毒炽盛,喜闻人过,愤怒暴急,这是

---

① 《新唐书》,卷二一六《吐蕃传上》。

第二章 青海藏族族源

魔女的遗种也。"①传说的"猕猴洞"遗迹，在西藏雅砻河谷的泽当（意为"猴子玩耍的坝"）。②

这则在藏族各地广为流传的传说，在青海黄南地区又有略微不同的版本。相传，在那充满神话的古老年代，西藏还是一个没有人烟的地方。那时仅有一只猴子，住在上部阿里三围、中部卫藏四如及下部多康六岗三个地方，与一位名叫哲塞嫫的女子同居，生下六个崽子，生活于当地，吃的是树叶、树皮和野菜。后来，学会吃食物，天长日久，身上的毛与尾巴渐渐脱落，变成了人。他们就是藏族的祖先。

据说兴海县大河坝河流域的智噶尔拜宗（意为白岩猴堡）是神猴居住之地，当地还有一系列与西藏雅隆地区相对应的神猴传说故事和地名。③

这则藏族古代神话的内容也许是藏族远古时期原始氏族图腾的一种反映，其中闪现着古代藏族的朴素唯物主义思想，若除去其中的宗教色彩，可为藏族土著说提供印证。

另外，汉文史籍中记载，分布于今天甘青地区的党项、邓至、宕昌羌等，也自称是猕猴的后裔。据王昆吾先生的研究，猴祖神话是在图腾信仰的基础上发展起来的一类神话母题，流传于我国汉藏语系的彝族、白族、羌族、纳西族等18个民族当中。王

---

① 萨迦·索南坚赞著，陈庆英等译：《王统世系明鉴》，辽宁民族出版社1985年版，第34~43页。

② 参见丹珠昂奔：《谈藏族神话"猕猴变人"》，载《中央民族学院学报》1986年第1期。这一传说在藏文史籍《红喜宴》、《青史》、《西藏王统记》、《西藏王臣记》、《贤者史》、《五部遗教》等中都有详略不同的记载。据称布达拉宫、罗布尔卡的壁画中亦有此传说的内容。

③ 黄奋生：《藏族史略》，吴均："前言"，民族出版社1985年版，第5页。智噶尔拜宗，即今赛宗寺。

昆吾先生在《汉藏语猴祖神话的谱系》一文中，从发生学的角度，对目前我国所见的45例猴祖神话进行了分类论述，并依据相关的语言学资料构拟出5种共同母语形式。在《中国早期思想与符号研究》一书中，他又进一步将这一神话纳入中华民族文化的大历史背景中，"依靠文献学证据，来重新确认古代羌文化和藏文化的同源关系；依靠考古学证据，来确认藏族文化作为高地文化、作为新石器时代半月形传播带之产物的性质；依靠语言学和宗教学证据，来确认汉藏民族的先民曾经共有同一种史前文化、在父系社会前期分离。"①

（四）印度说。《红史》称："喜饶郭恰大师所著的《殊胜天神礼赞》的注释和拉萨大昭寺发现的《柱间史》中说，释迦种族的释迦钦波、释迦黎扎比、释迦日扎巴三支传到最后有名叫杰桑的国王，他的小儿子领着军队穿女人服装逃往雪山之中，后来世代为西藏的国王。《霞鲁教法史》中说，印度国王白沙拉恰切的儿子为聂墀赞普。"②《汉藏史集》载："有的人认为吐蕃的王统乃是印度众敬王后裔之分支。释迦族分为释迦钦波、释迦日札巴、释迦里札希三支，其中日札巴一支在乌仗那国，该家族有一轮辋王，其中为猛光王，他与释迦牟尼同年同月同日时出生。猛光王的后裔中有一护狮王，护狮王之子当了吐蕃之王。"③

---

① 王昆吾：《汉藏语猴祖神话的谱系》，见《中国艺术与宗教》，东方出版社1998年版，第179~212页。王小盾：《中国早期思想与符号研究——关于四神的起源及其体系形成》，上海人民出版社2008年版，第39页。

② 蔡巴·贡噶多吉：《红史》（汉译本），西藏人民出版社1988年版，第31页。

③ 达仓宗巴·班觉桑布著，陈庆英译：《汉藏史集》，西藏人民出版社1986年版，第78页。

除上述诸说外，有关藏族族源之说还有三苗说、马来说、缅甸说、大食说（伊朗说）等，但现在大多已被否定。

第二节 藏族土著说与藏族地区远古文化

上世纪50年代之前，在关于远古时代青藏高原是否有人类生存的问题上，大多数人持否定的看法，认为青藏高原是"生命的禁区"，不可能有人类生活。藏族族源诸说中的各种"外来说"正是上述这种思想和看法在藏族族源问题上的一种反映。

但是，随着考古发现、科学考察和历史研究的不断拓展、深入，在藏族族源问题的研究上取得了重大的突破，从而使藏族土著说越来越得到研究者们的注意和认同。特别是新中国建立后，我国的考古工作者在西藏、青海等藏族地区进行了大量的考古发掘和科学研究，获得了大量的考古研究成果。这些丰富的考古研究成果，与藏族古代传说和藏文史籍中关于雪域蕃地形成和人类起源的记载相互参照，为藏族族源研究提供了重要的历史线索。

一、远古时期青藏高原的自然环境与旧石器时代文化

（一）远古时期青藏高原的自然环境

藏族史籍和古史传说中普遍认为，在远古时代，青藏高原是一片汪洋大海。后来，海水渐渐退去，随之陆地显露出来，并最终形成上部阿里三围、中部卫藏四如、下部多康六岗三大地区。这与现代地质科学研究的结论大致吻合。现代地质科学研究表明，喜马拉雅山地，直至4 000万年前的第三纪初期，还是一片汪

洋大海。①现代地质科学研究表明，在距今1 000万年的上新世晚期，青藏高原地区海拔为1 000米左右，而且是温暖而湿润的亚热带气候。当时高原上不少地方都是山地亚热带气候，在茂密的山地常绿阔叶林和灌丛中生活着三趾马动物群。此后在距今1 000万年前到200万年前，青藏高原发生剧烈隆起，大面积、大幅度地抬升至现在的高度。

1956年，中国科学院地质研究所曾在青藏高原进行地质普查时，在柴达木盆地的沱沱河沿、可可西里、三叉口等地采集了十几件打制石器。由于这次重要的发现，从而揭开了这个地区考古学研究的序幕。

1959年，青海省地质局水文地质工程队在共和县恰卜恰河岸阶地的砂砾石层中，采集到一批哺乳动物化石。采集的标本有中国鬣狗、三门马、犀牛及象类的骨骼等。其中，中国鬣狗和三门马的标本较多，意义也较重要。从化石产地的岩相分析比较上推断，这个化石产地的层位应属于下、中更新世时期。1977年，中国科学院古脊椎动物与古人类研究所和青海省文物管理处考古队共同组成考察组，在青海海南藏族自治州贵德等县进行古生物考察，发掘清理了一批新生代的古脊椎动物化石。这批古脊椎动物化石的发现和清理研究，对于黄河的发育历史，青海地区新生代地质、地层的划分和古地理环境等方面的研究，提供了确凿的古生物实物依据。

上述科学考察资料证明，青藏高原的自然环境和地理条件并非自古就高天地寒，不适宜人类生存。由此可见，藏族"猕猴变

---

① 格勒：《论藏族文化的起源形成与周围民族的关系》，中山大学出版社1988年版，第44~45页。

人"的神话并非虚构。

现代地质科学研究结果还向我们提供了一个重要的启示,即青藏高原隆起的年代(约1 000万年前到200万年前)恰好与人类形成的年代大体相当。到目前,古人类学界一般认为人类出现于大约300万年前,即地质年代第四纪更新世早期。而人类演化的历史可以追溯到800万年前的上新世晚期。现在,越来越多的研究者认为,人类始祖——猿人是在第三纪上新世时开始从腊玛古猿中分化出来,逐渐向人类进化的。

青藏高原剧烈变化,不断隆起的年代,正好是从猿向人类转变的时期。这就暗示一种可能性,即青藏高原有可能是人类最早的起源地之一。

(二)旧石器时代的考古文化发现

除上述在青海玉树藏族自治州的通天河上游及其支流河谷两岸的阶地上曾发现的三个属于旧石器时代的地点,即沱沱河沿、可可西里、三叉口之外,后来,特别是小柴达木湖遗址的发现,在青海旧石器时代考古上具有重要意义。此外,在龙羊峡地区的黄河阶地上也发现了旧石器时代的文化遗物。

1982年7月,由中国科学院盐湖研究所、地质研究所、地球化学研究所和澳大利亚国立大学生物地理与地貌系组成的盐湖与风成沉积联合考察队在柴达木盆地工作时,于小柴达木湖(巴嘎柴达木湖)东南岸的湖滨阶地上发现了一些石制品,并采集了一批标本。1984年6月,为了弄清这批石制品的原生层位和取得对该地点更多的了解,中国古脊椎动物与古人类研究所派黄慰文到小柴达木湖进行考察,并找到了石器的原生层位。这是目前为止,青藏高原地区发现的唯一的一处有明确地层关系的旧石器遗址。

1998年夏，由中国社会科学院考古研究所和青海考古研究所共同组成考察队，对小柴达木湖遗址进行科学考察与发掘，采集到更新世晚期人类活动遗留下的石制品标本700余件，取得了大量田野地质、地貌、环境、地层等方面的第一手资料，从而对小柴达木湖遗址的时代及性质有了一些新的认识。

"根据C14测定和地层对比，这批石制品的年代距今大约3万年。它的出现表明在更新世气候条件较为有利的时期，今日不宜人类生存的青藏高原同样有人类活动。"①

"从地理环境和气候特征分析，今天的小柴旦盆地是典型的大陆性高原气候。"从其生态环境特点看，它不适合人类生活居住，"但是，根据地质学家们的考察，小柴达木湖由于气候的变迁，在晚更新世时期，曾经出现过多次咸水与淡水交替的现象。每当气候转暖，降雨增多，高山上的积雪增加并大量融化，湖中给水量大于蒸发量，湖水淡化时，这一地区就植被丰茂，动物大量繁殖，动物种群增多。古人类也由它处迁入这一地区，他们依山傍水而居，采集野生植物，猎取山上和草原中的动物为食。而当这一地区气候环境恶化，不适合人类生存时，他们又迁往别处。我们今天在小柴旦湖边发现的旧石器时代人类文化遗物，就是当时生态环境变化的具体写照。"②它为我们研究这一地区人类的远古文化提供了重要资料。

---

① 贾兰坡、黄慰文：《三十六年来的中国旧石器时代的石器考古》，载《文物与考古论集》，文物出版社1986年版，第10页。

② 刘景芝、王国道、胡少军：《1998年青海柴达木盆地小柴旦湖遗址考察的主要收获》，见《青海考古五十年文集》，青海人民出版社1999年版，第35页。

第二章 青海藏族族源

综观上述旧石器时代的文化面貌和特征，可以肯定：

第一，在远古时代，青藏高原并不是空无人烟的"生命禁区"。相反，大量的考古发现有力地证明，至少在3万年至1万年以前的旧石器时代中、晚期，今天的藏族地区的大部分地区（包括高海拔地区）就已有古代人类的活动。他们无疑是目前所知的青藏高原最早的土著居民，既然青藏高原在数万年前就有人类居住和生活，那么历史潮流上任何一个进入高原的民族或部落便不是去开拓一个无人之境，相反，他们最终只能是依附或融合于当地自旧石器时代就生活在那里的土著居民。

第二，青藏高原的旧石器文明已经不是一种孤立的文明。尤其值得注意的是西藏的旧石器在文化面貌上与甘、青黄河流域旧石器传统具有较显著的相同文化因素。旧石器时代是人类历史上人种形成、氏族萌芽的重要阶段，西藏地区与甘、青黄河流域在旧石器时代文化上所呈现的共同文化因素，说明两地的远古居民在文化或种族上有某种历史联系。新的考古发现越来越表明，地处青藏高原东北缘的青海地区是藏族重要的发祥地之一。

二、新石器时代文化遗址与藏族先民

新中国成立以后，青海、西藏、四川等藏族地区发现了丰富的新石器时代文化遗址，为研究藏族古代原始社会面貌提供了珍贵的考古资料。从目前已发现的考古资料来看，在整个新石器时代，青藏高原藏族地区存在着多种文化类型，其中最具代表性的是：以藏东河谷区卡若遗址为代表的卡若文化；以雅鲁藏布江流域拉萨曲贡村遗址为代表的曲贡文化；甘青黄河上游的马家窑文化；分布于青藏高原东缘的石棺葬文化等。

(一) 卡若文化

卡若文化是因具有这种考古文化的代表性遗址最早发现于西藏昌都地区的卡若村而得名。

卡若遗址最初是1977年昌都水泥厂建厂房时发现的。随后，1978年、1979年对遗址进行了发掘，这是西藏地区首次进行的大规模科学考古发掘，发掘面积约18 000平方米。2002年，为了制定"昌都卡若遗址保护规划"，确定遗址分布范围、重要遗迹区位置及遗址的保存现状，对遗址又进行了新的发掘。① 经过历次发掘，出土了大量的建筑遗址和大型打制石器、细石器、磨制石器、骨器以及各种动物骨骼、粮食等。其中房屋遗址27座，房屋分为两种类型，即半地穴式和地上房屋。

卡若遗址的年代，根据地层出土物特征，可分为早、晚两期，距今约为4000~5000年。

卡若文化是西藏地区目前发现的最具地域特点的考古文化之一。以卡若遗址为代表的卡若文化，从其文化内容来看，是一个具有复合性的文化类型，它既有本土地方特色，又包含黄河流域氐羌文化因素和长江中下游的百越文化的某些因素，另外亦有北方细石器文化的因素。

童恩正认为，"卡若文化中显示出的强烈的地方特点，应该就是从本土的旧石器时代一脉相承下来的"。② 而且，越来越多的

---

① 夏格旺堆、普智：《西藏考古工作40年》，《中国藏学》，2005年第3期。

② 格勒：《论藏族文化的起源形成与周围民族的关系》，中山大学出版社1988年版，第98~99页。参见童恩正：《西藏考古新发现》，载《新考察》，1980年第1期；童恩正等：《西藏昌都卡若新石器时代遗址的发掘其及相关问题》，载《民族研究》，1983年第1期。

考古资料和研究表明,以横断山、岷山为中心的藏彝走廊地带是黄河上游地区氐羌系统民族与雅鲁藏布江流域早期藏族先民相互往来交流的重要通道。

根据越来越丰富的考古学资料所反映出的文化现象,西藏考古学界新近明确提出了"卡若人从黄河走来"的观点,称:"有理由认为:卡若文化渊源于黄河流域新石器时代原始文化。卡若文化源自黄河流域。卡若人从黄河走来。"①

(二) 曲贡文化

曲贡文化因具有这种考古文化的代表性遗址最先发现于西藏拉萨市北郊的曲贡村而得名。属于这一文化类型的遗址或地点均处于雅鲁藏布江中、下游地区。

曲贡遗址是在1984年西藏文物普查中发现的。1990年,由中国社科院考古所、西藏文管会再度联合,对遗址进行了大规模的清理发掘工作,发掘面积达500多平方米。从遗址出土的遗物,包括石器、陶片、骨器等几个大类。其中,出土石器近万件,分为打制和磨制两类。器种有石锤、砍砸器、刮削器、切割器、雕刻器、锥状器等,可用于砍、砸、削、锥、刺、磨等各种用途;骨器有针、锥、笄、镞等;陶器器形主要有单耳罐、双耳罐、圆底钵、高颈罐(高颈鼓腹罐)等,陶质多为泥质陶,陶色以灰色、黑色为主,多见磨光黑陶,器表打磨光滑,并压划有丰富的几何纹饰;装饰品有骨笄、耳坠、陶环、石环等。

遗址内发现了两座早期墓葬,系迄今为止西藏发掘出的年代最早的墓葬。墓室结构为石板墓,死者采用屈肢葬式,以陶器为主要随葬品,并出现了专门的冥器。另外,还发现了一具猴面陶塑,

---

① 侯石柱:《卡若人从黄河走来》,载《中国西藏》,2001年第1期。

尤其引人注目，它或许与藏族猕猴变人说的神话有一定的联系。

曲贡文化是卡若文化之后西藏发现的又一具有明显地方特点的新石器时代文化。曲贡遗址中双肩石铲、石磨盘、石刀的出现，无疑是农业经济的一种反映。少量的网坠、骨镞存在和灰坑中出土的兽骨，又说明渔猎经济也占有一定的比例。由此推断，曲贡文化大体构成了西藏境内新石器时代晚期的一种有别于卡若文化的独特文化类型。①

格勒在考察上述曲贡和卡若文化的考古资料的基础上认为，雅鲁藏布江流域的曲贡文化与澜沧江流域的昌都卡若文化的创造者，是两个关系十分密切，来往频繁的氏族部落群体，其中，一个把鱼作为"禁忌食物"，即卡若文化地处渔产丰富的澜沧江畔，而出土文物中不见渔网坠、鱼钩、鱼标等捕鱼工具；另一个则捕鱼、食鱼，即曲贡文化的遗址中均有网坠发现。这种不同的文化习俗可能与当时两个氏族部落群体的不同信仰和观念有关。②这种原始文化习俗在藏文史籍记载和民间传说中可以找到印证。

藏文史籍《贤者喜宴》中记载：吐蕃第28代赞普"墀年松赞与妃没庐陵莫杜扬娴（vbro-za-mo-dur-yang-bzhan）之子为仲年代如（vbrong-gnyan-lde-ru）。此子因疑虑之病致使身受懒病之苦，俟后，他自达布（dwags-po）娶一名为琛萨路杰（mchims-za-klu-rgal）之美女，此女后来变丑，（赞普）问其原因，美妃回答：我家乡有一种食物，因无此物，是否由此之故？于是赞普遣人取之。

---

① 霍巍：《西藏考古新发现及其意义》，载《四川大学学报》，1991年第5期；童恩正：《西藏考古综述》，载《文物》，1985年第9期。

② 格勒：《论藏族文化起源形成与周围民族的关系》，中山大学出版社1988年版，第97页。

随后女仆取回众多油烹青蛙,并置于库中。琛萨路杰因食蛙而复变美。仲年代如想到:我也食之!遂以钥匙打开仓库之门,因见蛙尸,而生疑虑,遂之染疾。其时,吐蕃其它地方不食鱼,而称达布为'蛙食之乡'(sbal-zan-gyi-yul)。据谓,该地食鱼,并称鱼为蛙"。①

这个故事反映出,墀年松赞(不食鱼的部落)之子从有食鱼习俗的达布地方娶妻。而墀年松赞之部落兴起于雅隆河谷,以猕猴为祖先图腾,不食鱼。值得注意的是,上述史籍中提到的达布地方的居民食鱼,并"称鱼为蛙"。根据格勒的调查,藏族古代本教中有一种神称为"龙"(klu),而作为龙神类的动物有鱼、蛇、蛙、蝌蚪等,统称为龙神。王忠先生在《新唐书·吐蕃传笺证》中引用敦煌"吐蕃历史文书"的资料说:"至托托日弄赞,在此之前皆与神和龙女婚配,自此王起才与臣民通婚。"由此来看,古代藏族雅隆部落赞普固定地娶龙族之女为王后,而龙族是食鱼的。《贤者喜宴》中所载的故事正是这一史实的曲折反映。

因此,一般认为,曲贡文化与卡若文化虽有较明显的文化差异,但这两种文化之间的差异,只是古代藏族社会内部在婚姻和经济文化方面具有密切联系的两大氏族部落群体之间的信仰和风俗差异,而这种文化差异并不妨碍将二者划入同一文化系统——土著文化系统。这种土著文化的创造者就是藏族先民。

(三)马家窑文化

苏秉琦先生在其著名的"中国考古学文化区系类型学说"中,以六盘山—陇山和淆山为界限,把中原地区划分为东、中、西三个区系(支),并认为:"陇山东西两侧古文化的发展道路

---

① 巴卧·祖拉陈瓦著,黄颢、周润年译注:《贤者喜宴——吐蕃史译注》,中央民族大学出版社2010年版,第13~14页。

是有差的：在东侧，从仰韶文化之后发展起来的，是以客省庄二期为代表的新石器晚期文化；在西侧，从仰韶文化之后发展起来的，则是马家窑文化和有关诸类型以及齐家文化。这一地区青铜文化的类型更加复杂。……因此，在考虑陇山两侧古文化的渊源时，如果简单地归为同源并不妥当。"①也就是说，马家窑文化和齐家文化另有其渊源。

1945年，夏鼐先生发掘临洮寺洼山墓地时发现马家窑文化遗存。他在《临洮寺洼山发掘记》中称："马家窑文化便是安特生所谓'甘肃仰韶文化'，但是它和河南的仰韶文化颇有不同，所以我以为不若将临洮的马家窑遗址作为代表，另定一名称。"②这是首次提出以马家窑作为一个自具特征的典型遗址的代表，并命名为马家窑文化，以与中原的仰韶文化相区别。其分布范围，东起甘肃泾水、渭水上游，西至黄河上游青海境内的兴海县、同德县境内，北至宁夏回族自治区的清水河域，南抵四川省阿坝藏族自治州北部地区；其中心区域在甘肃的洮河、大夏河和青海的湟水流域，而这一区域在历史上正是羌人活动的中心，也是后来安多藏族活动的中心之一。据碳14测定，马家窑文化的年代大约为公元前3800～前2000年。目前考古学界依据有关遗址的地层关系和出土器物类型，将马家窑文化分为石岭下、马家窑、半山、马厂四个类型。

马家窑文化的人们大体以氏族为单位过着定居的生活，其聚落分布在河流两岸的台地上。其房屋多为半地穴式，平面呈圆形

---

① 苏秉琦：《中国文明起源新探》，辽宁人民出版社2009年版，第23、51页。

② 谢端琚：《甘青地区史前考古》，文物出版社2002年版，第63页。

第二章 青海藏族族源

或方形，房内有灶，房屋周围有储藏东西的窖穴。如青海民和转导乡阳洼坡遗址的第3号房子，据房址可复原成方形四面坡的房屋。这种在竖穴之上构筑屋顶的房屋建筑形式，应是土木结合的中国古典建筑的始祖。①

马家窑文化最突出的特征是彩陶十分发达，彩陶在陶器中占20%~50%，在墓葬的随葬品中有时可达80%以上。彩陶纹饰繁缛细腻、富丽堂皇，结构严谨均衡，线条流畅生动，给人以强烈的艺术感染力。许多彩陶从器物造型到图案纹样设计、描绘都达到了很高的艺术水平。如1973年青海大通县上孙家寨出土的舞蹈纹彩陶盆，盆的内壁绘有3组共15人集体舞蹈的图案，生动地反映了先民们欢乐的歌舞景象；1995年在同德县宗日遗址中又发现一件舞蹈纹彩陶盆，绘有2组24人集体舞蹈的画面。这两件马家窑文化时代的彩陶盆是马家窑文化的艺术珍品。另外，彩陶上各种常见的彩绘符号有"+"、"-"、"×"、"丨"、"〇"、"≠"、"卍"等，这些符号已被学者视为我国最原始的文字的雏形，是研究我国古文字的起源珍贵实物资料，②也为探索包括藏族在内的中华民族文化史提供了重要线索。③

（四）石棺葬文化

石棺葬是分布于中国东北、华北、西北和西南广大地区的一

---

① 赵生琛、谢端琚、赵信：《青海古代文化》，青海人民出版社1986年版，第27页。

② 崔永红等主编：《青海通史》，青海人民出版社1999年版，第7~9页。赵生琛、谢端琚、赵信：《青海古代文化》，青海人民出版社1986年版，第35~41页。

③ 参见吴均：《论甘青彩陶纹饰中卍形等符号的演变》，《吴均藏学文集》（上），中国藏学出版社2007版，第23~47页。

种独特的墓葬现象，其时代跨度上起于新石器时代，下至秦汉时期乃至更晚，文化内涵极其丰富。1938年，著名考古学家、四川大学考古专业创始人冯汉骥先生在青藏高原岷江上游羌族地区做民族调查时，曾对石棺墓的分布做过一些初步调查，并在汶川县雁门乡萝卜寨清理了1座石棺葬残墓，这是首次运用近代考古学方法对西南地区石棺墓进行清理，也是中国学者涉足这一领域的开端，由此开启了中国西南石棺葬文化发掘与研究的序幕。①

1951年，冯汉骥先生根据其1938年在汶川调查材料，在成都《工商导报》的《学林》副刊上发表简报，认为："石棺葬文化在岷江上游区域内是一种突入文化，是西北文化南下的一种余波，所以我想我们要追求这一文化的来源，必当在西北区域内求之。"

之后，随着我国西南地区考古工作的不断推进，石棺葬的发现越来越多，从岷江上游流域逐渐扩展到大渡河流域、雅砻江流域、金沙江流域，几乎遍及整个横断山区。特别是上世纪80年代前后随着藏彝走廊文化研究的兴起和发展，石棺葬文化随之在我国考古学和史学界公认为存在于整个走廊地区最重要的考古文化，受到越来越多的研究者的关注，对石棺葬的发现、发掘、形制、分布、年代、内涵、族属、渊源等，进行全面的研究，形成一大批优秀的研究成果，其中格勒所著的《论藏族文化的起源形成与周围民族的关系》、《藏族早期历史与文化》和石硕所著的《藏族族源与藏东古文明》皆有专门的章节介绍石棺葬文化。2008

---

① 格勒：《藏族早期历史与文化》，商务印书馆2006年版，第171页。阿坝藏族羌族自治州文物管理所、成都文物考古研究所编：《中国西南地区石棺葬文化调查与发现（1938~2008）》，"前言"，四川大学出版社2009年版。

年,为纪念中国西南地区石棺葬文化发现70周年,由阿坝藏族羌族自治州文物管理所、成都文物考古研究所选编出版了《中国西南地区石棺葬文化调查与发现(1938~2008)》一书,对已发表和披露的石棺葬调查、发掘的原始材料进行广泛收集,并分类编排,将石棺葬分布地区分为:"岷江上游地区"、"大渡河、青衣江流域"、"金沙江流域"、"雅砻江流域"、"澜沧江流域"、"西藏自治区"、"西北地区(甘肃、青海、陕西)"等七个区域,作了全面介绍,成为目前关于石棺葬研究的一部集大成之作。

从目前现已发掘的石棺葬遗址看,石棺葬的分布从甘青地区的河湟地区沿青藏高原东缘向南到川、滇、藏等地的长江、澜沧江上游地带,其分布的地区以藏族地区最为集中。"除了藏族还有彝、纳西、羌、普米、傈僳、独龙、怒等民族,而且,石棺葬的主人主体民族'牦牛种'羌与彝、纳西、普米、傈僳等的先民有密切的关系。"①

由上可见,青藏高原上的上述古代文化无论是西藏地区和甘青地区,还是高原东缘地区,相互之间的密切联系得到了考古学资料的有力证明。特别是青藏高原东缘的石棺葬文化与其周边的甘青、川滇乃至北方草原和华北地区的古代文化有着千丝万缕的联系,并且随着历史的发展逐渐形成具有独特高原色彩的地域民族文化,成为后来的羌藏文化的重要渊源。

三、考古文化反映出的藏族属性

民族学、人类学认为,民族是在原始社会晚期由部落——部落联盟(国家)而逐渐形成的,所以,新石器时代晚期的考古文化具有一定的民族属性。有学者认为,中国各地"按地区及文化遗物来

---

① 格勒:《藏族早期历史与文化》,商务印书馆2006年版,第114页。

推测,新石器时代的人,就是后来构成中华民族的各族的祖先"。①研究目前所知的青藏高原地区的新石器时代文化——卡若文化、曲贡文化、马家窑文化和石棺葬文化等,大多属于新石器时代晚期,因此,上述这些新石器文化具有民族属性是具有历史根据的。

第一,经济方式。原始的定居家庭以农耕经济为主,公元前1世纪,同时狩猎业和畜牧业占有一定的地位。藏史记载:早在吐蕃第九代赞普布岱恭杰时,就能"烧火为炭",炼矿石而成金银铜铁,钻木为孔做成犁及牛轭,开掘土地,引河水灌溉,犁地耦耕,垦草原平滩而为耕地。②

第二,居住方式。卡若文化遗址中的房屋遗址可分为早、中、晚三期建筑,其中晚期建筑F30、F5、F12主要以石墙砌筑和干栏建筑为主,出现组合和楼居建筑。这种建筑传统迄今仍流行于藏族地区。因而被称为"西藏高原独特的结构方式"。③

第三,禁忌习俗。两大部落集团经过长期的相互交往、融合,在文化整合过程中,最后,禁忌食鱼的习惯占了上风。

第四,体质特征。雅鲁藏布江流域发现的新石器时代的人骨——"林芝人",经科学测量的结果表明:其"族源关系接近于汉族和藏族"。虽经几千年,而变化不大。林芝人的大人种属蒙古人种,小人种与西藏组A组藏人关系密切。A组型又称为"僧侣

---

① 范文澜:《中华民族的发展》,转引自黄奋生:《藏族史略》,民族出版社1985年版,第1页。

② 参见《贤者喜宴》、《汉藏史集》、《雅隆尊者教法史》等藏文史籍的相关记载。

③ 江道元:《西藏卡若文化的居住建筑初探》,载《西藏研究》,1982年第3期。

型",主要特征是:头颅较宽,短头型,而且趋向于圆头型,泛称圆头型;身材矮小,平均值约1.59米。卫藏地区是这种体质特征的分布中心。这说明,早在新石器时代晚期,藏族的体质特征就已基本定型。①

第三节　古代"诸羌"和藏族原始氏族与青海藏族

青海藏族地区古为"西羌之地"。吐蕃王朝统一青藏高原之前,高原上生活着大大小小众多的"羌部",史称"诸羌"。吐蕃王朝建立后,他们随着吐蕃的统一进程而逐渐融入吐蕃之中。越来越多的研究者认为,古羌人是藏族先民的重要组成部分,而且早在新石器时代,藏族地区的原始文化与甘青地区的氐羌原始文化有着不可分割的密切联系。因此,探讨古羌人与青海藏族的关系是研究青海藏族历史无法回避的课题。

一、羌藏关系述略

从青藏高原上人类活动的历史看,"青藏高原境内出土的旧石器和新石器时代的遗址,即应当属于青藏高原古人类在蒙昧时期中级阶段及其以后的迁移分布的结果"。而且,考古界普遍认为,西藏昌都卡若文化等遗址明显受到黄河上游马家窑文化等氐羌系统文化的影响。②

当代著名藏族学者毛尔盖·桑木旦认为,汉文史籍中的"羌"

---

① 格勒:《论藏族文化起源形成与周围民族的关系》,中山大学出版社1988年版,第100~104页。

② 洲塔:《甘肃藏族部落的社会与历史研究》,甘肃民族出版社1996年版,第5~6页。

或"西羌",乃是依据藏族先民四大族姓之一的"姜氏"而取名的。① "依照毛尔盖·桑木旦先生的看法,古代安多地区被汉文史籍称为羌或西羌的部落实际上是藏族先民的一部分,他们与后来在西藏兴起的吐蕃是同源的,是藏族先民中以游牧为业的和以农耕为业的两个组成部分,因此吐蕃的突然崛起和强盛有其统一游牧各部落的内在便利因素,吐蕃统一西羌部落并不存在西羌被吐蕃同化,或者是西羌文化被吐蕃文化所同化的问题。"②

这种羌藏同源异流说,近年来随着藏文古籍史料的挖掘整理而兴起的探讨吐蕃与西羌氏族的姓氏关系的研究成果所证实,同时也被学术界所展开的关于古藏语(以嘉绒方言和安多方言为代表)与西夏(党项羌)语之间的共性研究的成果所肯定。③ "依据雅鲁藏布江流域的考古发现和藏族关于人类起源的古代传说及文献记载,我们认为藏族先民起源于雅鲁藏布江中下游的森林地带,并经过了与人类古代社会发展规律相符合的原始群(前氏族部落)、母系氏族公社、父系氏族公社的发展阶段,在数千年或上万年以前在雅鲁藏布江和拉萨河、年楚河、尼羊河、雅砻河流域发展起定居农业和家畜驯化饲养,逐渐形成了若干较为强大的

---

① 毛尔盖·桑木旦:《藏族族源及有关称谓辨析》,载《西藏研究》,1990年第4期。

② 洲塔:《甘肃藏族部落的社会与历史研究》,甘肃民族出版社1996年版,第9页。

③ 参见陈庆英:《西夏与藏族的历史、文化、宗教关系试探》,见《陈庆英论文集》(上),中国藏学出版社2006年版,第107~162页;《西夏族源探讨》,载《民族学报》,第22期。黎宗华:《"西羌"与多康藏族》,载《青海民族研究》,1991年第3期。毛尔盖·桑木旦:《藏族族源及有关称谓辨析》,载《西藏研究》,1990年第4期。

第二章　青海藏族族源

亲族部落联盟，建立和发展了一套部落及氏族制度，与之相应出现了古代藏族部落姓氏。"①

《新唐书·吐蕃传》中认为"吐蕃本西羌属"，并明确提出吐蕃源于西羌的一支——"发羌"。此说在之后的中国传统史学中一直居于主流地位，到近现代，顾颉刚、黄奋生等学者对此作了进一步的发展。如黄奋生的《藏族史略》，第二章中附有"羌人部落源流表"，表中即将"无弋爰剑—卬—发羌、唐旄—吐蕃"一系作为羌人部落源流之一。②顾颉刚先生在《从古籍中探索我国的西部民族——西羌》一文中称：到隋唐时期，"羌人再在西陲建立了一个大国，那就是'吐蕃'"。又援引近人姚薇元所著《藏族考源》之说："要言之，今藏族即古之羌人，部落繁多。约当东晋时，其中一部分名'发'羌者统一诸部建立大国。诸羌因皆号发族，而对异族则称'大发'（TueBod）。《唐书》之'吐蕃'，蒙古语之'土伯特'，阿拉伯语之"Tubbot"，英语之'Tibet'，皆'大发'（古读'杜拨'）一名之译音或转呼也。"③

范文澜先生亦采纳《新唐书·吐蕃传》之说，称："《新唐书·吐蕃传》以为蕃、发声近，发羌是吐蕃的祖先。"并进一步提出："羌族一部分自青海进入西藏，一部分迁徙到蜀边境内外，也陆续进入西藏，广阔遥远的中国西部，从此逐渐得到开发，羌族对中国历史的贡献是巨大的。唐时吐蕃国勃兴，分立的诸国合

---

① 洲塔：《甘肃藏族部落的社会与历史研究》，甘肃民族出版社1996年版，第10页。

② 黄奋生：《藏族史略》，民族出版社1985年版，第38页。

③ 姚薇元：《藏族考源》，载《边政论丛》，1944年第3卷第1期，见顾颉刚：《从古籍中探索我国的西部民族——西羌》，载《社会科学战线》，1980年第1期。

并成为统一的大国,尤其是社会发展中一个更光辉的标志。中国西部出现吐蕃国,无疑是历史上的大事件。""原来寂寞无所闻见的中国广大西部,因强有力的吐蕃国出现,变得有声有色了。"①

但也有学者认为:"发羌为吐蕃的祖源之说,绝不可信。"并根据藏文文献、藏族古史传说和印度古代梵文佛教经典中资料,"从此可知藏族的历史和出现于殷、周之际氐、羌的历史同样的悠久,我们之不能说吐蕃的世系由于羌,亦等于不能说羌族的渊源始于藏,羌与藏的历史应该说在公元前六世纪更早之时,就已经分道扬镳了。发羌之出现于汉文史籍,是在二世纪初,而吐蕃及其所在地的雪国在公元前六世纪已为释迦佛所闻知。《新唐书·吐蕃传》竟谓吐蕃为发羌之子孙,没有什么可靠的依据。清代中叶的蒙古松巴(Sem-ba)法师曾著《汉、藏、蒙三族历史》,内引明代初年达格钦罗泽渥(da-ge-ts'inlo-Tsa-wa,与宗喀巴同时)大师的史论云:'印度人、尼泊尔人、蒙古人、藏人在同曩古的时代同时存在。'此言可信。……说明西藏地区从远古时起就有了人类居住最有力的证据,乃是自解放后,我国科学工作者在青藏高原不断发现了古人类遗骸和石器时代的遗物。……吐蕃尽管与羌有密切的关系,但吐蕃并不是羌,羌、藏在中国历史上是两个不同的部族。"②近年,仍有学者认为:"藏族族源'西羌说'从根本上是不能成立的。"③

---

① 范文澜:《中国通史》(第四册),人民出版社1965年版,第4、5、58页。

② 马长寿:《氐与羌》,广西师范大学出版社2006年版,第26~28页。

③ 石硕:《藏族族源"西羌说"的缘起及其不成立性》,原载《西藏民族学院学报》,1994年第2期。石硕:《青藏高原的历史与文明》,中国藏学出版社2007年版,第39页。

第二章　青海藏族族源

二、藏族古史中的"原始氏族"与青海藏族

藏族历史上留下了大量而丰富的有关藏族部落的历史传说和神话。研究者发现，在藏族传统的历史叙述中，"每个大贵族家族都有他们自己特有的传统，每个家庭都竭力想与某一个'原始部族'续上家谱，而这些原始部落都统统要追溯到远古的神祖"。而且，"西藏中部和西部的贵族家庭一般都与东北部的部族有着系谱沿革关系"。①

古代文献和历史传说中一般认为，藏族最初有塞、穆、冬、敦"四氏族"。《汉藏史集》载："吐蕃之人源自猴与岩魔女，故讲阿巴支达魔之语言。内部四族系，为东氏、冬氏、塞氏、穆氏等。据说由此四族分出大部分吐蕃之人。""吐蕃人的族系又分为六支的说法是，最初，在玛卡秀雅秀地方的上部有什巴之王子，名叫丁格，生有三子，分为汉、吐蕃、蒙古。吐蕃人名叫赤多钦波，他生有六个儿子，即查（dbra）、祝（vgru）、冬（或译董，ldong）、噶（lga）四位兄长及韦（dbas）、达（brdav）两位弟弟，共计六人。"②这吐蕃六人又在不同的区域繁衍出自己的支系。

《安多政教史》载，藏族原始"四氏族"中的董氏（或译为党氏）在多康地区又繁衍发展为十八个支系，被称为"董氏十八大树"。书中称：

在多康（朵甘）地区，称为董氏十八大树者有阿树、柔合树、息树等。其中阿树的来源是这样的：在董·华钦嘉卜的氏族

---

①　[法] 石泰安著，耿昇、王尧译：《川甘青藏走廊古部落》，四川民族出版社1992年版，第2~3页。

②　达仓宗巴·班觉桑布著，陈庆英译：《汉藏史集》，西藏人民出版社1986年版，第12~13页。

中，有一段时期，有一位叫做阿树甫哇塔者，肤色黝黑，身体高大而驼背，声音酷似山叫，因而被起了个别名，叫董·木那格苟热革。他的牧地在玛科拉加曲卡等处。当董、珠两氏族争战时，玛沁大山神护佑董姓黑汉，赐予了称为如意能断的九股利剑，作为悉地，因而董氏在战争中取胜了。但是董黑汉和他的儿子格力，另外还有阿树宦族阿嘉和其小儿子吾穹和属民等一起到玛绕戎地区的丝合督地方居住。格力的儿子为格则、格槃、格嘉、完第嘉卜等四人，于黑汉死后，遵循他的遗嘱，请一位本教师在帕德杂嘉山下火化，由华钦噶洛以法力将如意能断九股利剑团为三刃剑，连同遗骨和盔甲等各种兵器作为内藏，修建了灵塔。据说这座灵塔至今尚存。当为了相地卜卦求问因缘时，父亲格力献了颈饰璁玉，被称为格力璁玉之王权势大；孩子格则献了一滴鼻血，称为格则之血染红一切；格盘献了一支箭，称为格盘之箭能克敌；格嘉献了一寻长的红褐子，称为格嘉之马比众劣；完夏日（意瞎眼完第）献了一条哈达，称为完夏日哈达盖太空。①

在别的历史记载里，甫哇塔有儿子格力、格则、格盘三人。格力和格则的后裔是本嘉雅和乔科；格盘的后裔是阿树完本，这个家族里诞生了一切知喇嘛。另外，格盘的另一支后裔又迁移到拉加河滨，以后向蒙古和青海地区发展，成为许多阿树系统。这个系统的一部分向南发展，占据了玉科、臧科和盖科地区，因而称为格盘玉臧盖三部。在赛多和尼多定居的有格盘宽哇、扎果玛两部，称为上格盘洒仓。现在格盘的后裔在川康地区比较多。格则的后裔，称为格则玛拉塘等三部，颇有声名。雅砻江上游德格部所属的官吏们也是格则的后裔，格则官人格则朝树也是由此繁

---

① 原文中"盖太空"三字疑为衍文。

第二章 青海藏族族源

衍分出。在朝树家族里，诞生了噶妥寺的格则活佛。格嘉的后裔虽然也在川康地区，但由于相土的因缘，没有出现作官员者。甫哇塔这个家族原先繁衍在青海，由于癸卯事变之故，又返回理塘附近，形成云如玛和德扬玛官人家族，还有称为阿树朝塔玛的。

格力的小儿子完夏日的后裔阿树达嘉卜从道多杰达果洛要了地方，建筑了城堡。他有两个儿子，长子达拉盘，其子在徐科驻牧，其后裔是赛塔官人。完夏日传了数代，后来到了乔科的长子，在玛尔地区的木囊地方以牧为生，称为木它部落，小儿子在开多地方以牧为生，其后裔是开塔官人，称为阿树乔科的就是他们。

阿树吾穹的后裔是吾穹、达雅、曲、盘等四支。曲树一支里诞生了多珠钦喇嘛；阿嘉卜一系，在赛塔玛部落属下居住。阿树桑吉本的儿子本嘉卜雅有三个儿子，在多麦地区的儿子，名叫贡保龙珠，在道多地区的儿子，名叫额尔克台吉南卡才让，在孜盉达地区的儿子，名叫南嘉扎西。台吉受济农王的照顾，恩德较大。司徒的施主贡保龙司徒班钦，在多麦地区修建了达丹曲林寺，桑吉本的后裔，现在还住在孜盖哇芝果、斯达、道多吉拉、道麦噶达等处。曲雅之后的曲树和息树是现在的息察氏族的。噶妥寺的息察活佛，就出生在这个氏族里。

著名的多察、莫察、果察、布察、岗察等十八个察钦都属于董氏。[1]

从藏文、西夏文史籍记载和羌、藏等民族中的传说看，党项羌与古代藏族的关系甚为密切。

关于党项人的先祖及其与吐蕃之间的关系，在西夏文史料中

---

[1] 智观巴·贡却乎丹巴绕吉著，吴均等译：《安多政教史》，甘肃民族出版社1989年版，第229~230页。

有许多记载,可与上述藏文史籍中的记载相互印证。如成书于1187年的西夏文史籍《新集锦成对谚语》第150条称:"(勒没)天婿,婚仪盛茂,天女民妇,族威增高。"

陈炳应先生认为,这条谚语的"意思是说,党项人的祖先与仙女结婚,繁衍了党项民族,提高了这个民族的威望。这是有关西夏主体民族来源的极其珍贵的神话传说"。并称:"谚语第343条:'白霄亲舅心软,黑土爱甥声柔。'在我看来,它与上述第150条的内容相同。"①而且,在西夏文诗歌和谚语中有一个非常耐人寻味的现象,这就是其中总把"黑头"或"黔首"与"赤面"或"红脸"相对而言。有一首西夏文诗歌中说:"皇天下千黑头福高低,国土上万赤面智不同。"在"凉州重修护国寺感通塔碑"的西夏文碑铭中也有类似的两句,说:"天下黑头,苦乐二者可求福;地上赤面,尽呼而为是柱根。"②

苏联西夏学者克恰诺夫研究认为:"'黑头'和'赤面'二词总是成对。'赤面'名称的来源也可以试探着与涂脸的地方传统作某种联系。这种习俗保存到今天。Г.Д.茨必科夫报导,西藏妇女用暗红色的东西涂脸。H.A.聂力山认为,总被成对使用的'黑头'和'赤面'名称,是整个地被用作唐古特民族的同一语的反映,在历史上这是建立国家的唐古特民族的某两个主要部落的通俗名称。"③

---

① 陈炳应:《西夏谚语·新集锦成对谚语》,山西人民出版社1993年版,第157页。

② 陈炳应:《西夏谚语·新集锦成对谚语》,山西人民出版社1993年版,第78~79页。

③ [苏联]克恰诺夫:《论唐古特格言的性质和文艺特征问题》,引自陈炳应:《西夏谚语·新集锦成对谚语》,山西人民出版社1993年版,第157页。

第二章 青海藏族族源

对于西夏语文献中"黑头"和"赤面"究竟是哪两个部落，陈炳应先生依据《新集锦成对谚语》中的第218条进行了新的探究。谚语云："西天黑可消除，祖公黑色不可除；赤铜铫破又破，岳母赤口不肯破。"

"在这里，'黑色'与'赤口'相对应，可能是黑头与赤面对应的变体。如果真是这样的话，问题就可迎刃而解了。黑头，指西夏主体民族来源中的男子及其部落，后裔；赤面，指其来源中的女子及其部落，后裔。即最早的，后来比较固定的两个通婚集团。由这两个人，两个部落繁衍出如今兴旺发达的西夏统治民族。"①

如将上述研究成果，与西夏文诗歌《夫子巧歌》联系起来，对于进一步了解党项与吐蕃的关系则会带来新的参照。《夫子巧歌》称：

"蕃汉弥药同一母，
语言不同地乃分。
西方高地蕃人国，
蕃人国中用蕃文。
东方低地汉人国，
汉人国中用汉文。
各有语言各珍爱，
一切文字人人尊。
吾国野利贤夫子，
天上文星出东方，

---

① 陈炳应：《西夏谚语·新集锦成对谚语》，山西人民出版社1993年版，第77~78页。

带来文字照西方。"①

可见，西夏党项人认为，吐蕃、汉和弥药（党项）是同源的。

在藏汉文史籍和民间传说中，也有许多羌汉、羌藏同源的说法。不同民族中的这种相同的历史记忆，当不是纯粹的偶然，值得我们引起注意，并作进一步的对比研究。

藏文史籍《汉藏史集》载："还有另一种说法是，外部四系草山沟里的鼠、有皮膜保护的青蛙、猿、猴等四种，内部四族系是格襄汉人、金尚蒙古人、卡勒门巴人、悉补野吐蕃人等四种。其中，汉人又分为两系，即穆氏和格拉氏，蒙古人又分为两系，即森察和拉察。门巴人生出三支，一是门巴本身的族系，还有汉藏交界处的木雅及工布人。吐蕃人的族系又分为六支的说法是，最初，玛卡雅秀的地方的上部有什巴之王子，名叫丁格，生有三子，分为汉、吐蕃、蒙古（霍尔）。"②这虽然与上述西夏文诗歌中"蕃汉弥药同一母"的记载略有差异，但却肯定汉、蒙古与吐蕃是同源的。而"霍尔"一词，在藏语中泛指北方的回鹘、蒙古等民族，也指四川甘孜、炉霍、道孚一带的藏族，称之为"霍尔巴"。据有的学者研究，藏族的"霍尔"是汉文"胡"的直接音译；汉文史籍中被称为"胡"的我国古代民族大部分都是居住在西北的游牧民族，这同藏语中称为"霍尔"的对象基本一致。陈炳应先生曾认为，上述西夏文中的这种蕃、汉、弥药同源说，可能与我国的传说时代有关，并认为党项人可能接受了《史记》等

---

① 陈炳应：《西夏谚语·新集锦成对谚语》，山西人民出版社1993年版，第82~83页。

② 达仓宗巴·班觉桑布：《汉藏史集》（陈庆英译），西藏人民出版社1986年版，第12页。

第二章 青海藏族族源

汉文史籍中有关这方面的记载。同时又说，这"或许是党项人自己的传说，那就更珍贵了。不管什么样，这是一个很值得重视的材料，也是很值得研究的课题"。①

之外，还有一首西夏文诗歌中说，西夏皇族的始祖"刺都"曾娶"吐蕃姑娘"为妻，后生七子，繁衍为整个西夏王族。因而这位"吐蕃姑娘"被称为西夏王族的始祖母。②诗歌称：

"母亲阿妈起（祖）源，

银白肚子金乳房，

取姓嵬名俊裔传。

繁裔崛出'弥瑟逢'，

出生就有两颗牙，

长大簇立十次功，

七骑护送当国王。"③

由上述藏文和西夏文两方面的史籍资料，结合汉文史料来看，吐蕃与党项羌的关系是很悠久的。

藏文史籍中记载，早在松赞干布时代，吐蕃就与弥药（党项）互通婚姻。以通婚为纽带，在政治、经济、文化等方面的相互交往、相互影响就是必然的。这可从党项与古代藏族有许多文化上的共性因素得到印证。对此，格勒在《论藏族文化的起源形成与周围民族的关系》中列举了六个方面：1.两个民族都有猕猴祖先说。2.两个民

---

① 陈炳应：《西夏谚语·新集锦成对谚语》，山西人民出版社1993年版，第80页。

② "吐蕃姑娘"一词，在陈炳应《西夏文物》中曾被译为"西羌姑娘"，这里仍以其《西夏谚语·新集锦成对谚》中的译文为准。

③ 陈炳应：《西夏文物研究》，宁夏人民出版社1985年版，第346页。

族皆崇拜"龙"神（Klu）。3.两个民族都崇拜羊神。据甘州方志记载，甘州城南的忠武王庙乃西夏所祀之神，为西夏土王，并称"祷无不应"。这尊神是一羊首人面，戴羊头冠，状皆羊身。汤开建《党项风俗述略》中认为，甘州西夏所祀之神，就是西夏《文海》中所载的"守羊神"，即"羊中守护神也"。《新唐书·吐蕃传》载："其俗重鬼右巫，事羝为神。"4.两个民族都崇拜天神。《旧唐书·党项传》载："（党项每）三年一相聚，杀牛羊以祭天。"党项最高领袖自称"兀卒"，《长编》释其义为"青天子"，这与吐蕃赞普称为天神之子是一样的。5.两个民族"畜牧逐水草"，"联毳帐以居"。6.两个民族衣皮裘、食奶酪、好饮酒，畜牦牛、马、羊。①

这些文化上的共性因素恰好为吐蕃"吞并"党项提供了社会文化条件。党项被吐蕃征服后，除拓跋部中的平夏部等之外，能够较快地接受吐蕃文化并融合于吐蕃之中，其重要原因之一就是彼此在文化上的相同或相近。

藏、汉、羌同源的这一历史信息，在今四川茂汶羌族的《修房造屋歌》中也可略见一斑。歌中道：

"打起羊皮鼓，

群山都在回响。

唱起古老的歌，

心中无比欢畅。

白色的云，

红色的云，

彩色的云，

---

① 格勒：《论藏族文化的起源形成与周围民族的关系》，中山大学出版社1988年版，第400~406页。

第二章 青海藏族族源

为何相聚在蓝天上?
羌族人,
汉族人,
藏族人,
为啥相聚在羌山上?
三色云在蓝天上相聚,
是为了把蓝天点缀得更美;
羌汉藏三兄弟相聚在羌山上,
要为羌人修房造屋。
……
新楼落成,
羌家主人宴宾客,
汉藏弟兄请上方坐。
火塘燃起熊熊火,
九年的陈猪膘煮在锅里,
要感谢汉藏弟兄的帮助。
一坛咂酒堂屋里搁,
请汉藏弟兄吃开坛酒,
酒香飘过了九匹坡,
舞步震动了九匹坡。"①

上述藏、汉、羌(党项、木雅、西夏)等民族的传说和文献资料表明,藏、羌、汉之间的历史渊源是极为密切的,无论是"羌汉藏三兄弟"还是"蕃汉弥药同一母",都表达了三个民族在

---

① 引自中央民族学院少数民族文艺研究所编:《中国民族民间文学》(下册),第551~553页。

族源上的历史认同。

羌藏同源在白兰羌与吐蕃的关系中亦可得到印证。白兰羌初居青海柴达木盆地之南,魏晋时期逐渐向南移徙,到隋唐时,白兰羌已活动于青海南部至川西北地区,与党项、宕昌等羌杂处错居,后被吐蕃征服。白兰羌被吐蕃征服后,其首领姓"董",叫"董占庭"。除白兰外,古羌人部落首领中姓"董"的尚有很多,列于"西山八国"之首的"哥岭"国的国王即姓"董",叫董卧庭,弱水国的国王叫董避和,咄坝国国王叫董逸蓬。之外,维州有一个生羌首领叫董屈占,保州有一个羌人首领名"董嘉俊",等等。① 可见,"董"氏是古羌人之大姓,白兰羌即是其中之一。现代民族学资料称,川西色达草原上的藏族"阿虚"(Wa-shul)部落自称其祖先最早居住在巴颜喀拉山一带。第一个男性祖先是藏族只有本教时代的人,姓"董"(Gdung,疑是Dung的变音)。

《新唐书·党项传》载:"龙朔(661~663年)后,白兰、春桑及白狗羌为吐蕃所臣,籍其兵为前驱。"到唐天宝年间(742~755年),白兰已被称为"吐蕃白兰"。《册府元龟·外臣部·降附》中说:天宝十三年闰十一月,"吐蕃白兰二品笼官司董占庭等二十一人来降"。《唐会要》卷九八《白兰羌》条载:"显庆(656~661年)中,白兰为吐蕃所并,收其兵锋。"《新唐书·党项传》记载:"白兰羌,吐蕃谓之丁零。"

有学者研究认为,"丁零"疑是藏语"东林"(Dung-gling,藏语意思是白海螺)的译音。"东"即"海螺",有"白"的意思。藏语"gling"与汉文"白兰"的"兰"音相近。因此,"丁零"与"白兰"同义,指一个民族。或许藏文将"白"义译为

---

① 《旧唐书》,卷四十一《地理志四》。

第二章 青海藏族族源

"丁"(dung),或许汉文把"丁"或"滇"(滇零羌为汉代羌之一种)义译为"白"。在古代藏文文献中,苏毗称为"松巴"(Sum-po),羊同称为"象雄"(Zhang-ahung),党项称为"木雅"(Mi-nyag),唯独白兰不见明载。由此推论,藏族史诗《格萨尔王传》中格萨尔的故乡"白林"或"白岭"就是白兰。① 格勒则提出了另一种看法,他认为:首先,白兰与"白岭"不可等同;其次,《格萨尔王传》中的"白岭"是以被藏族同化的白兰羌在"多康"地区崛起而形成的一个强大的牧民部落集团为素材的,其中贯穿融合了吐蕃统一事业和宋元明清时期"多康"地区蒙藏等民族的历史逐步完成的。因此,对《格萨尔王传》既要看到其"史"的成分,又要看到其"诗"的部分。"白兰"与"白岭"的关系主要是白兰羌被吐蕃征服以后发生的,由此认为把史诗中的"白岭国当作吐蕃征服和同化白兰羌后的变异部落群体是基本可以的"。②

石泰安在《格萨尔史诗和说唱艺人的研究》中认为:"当'岭'始终被定为'白色的'(Dung)和冬(董)族的'原始部落'相联系时,某些非常古老的文献则把这一切与南人(Nam 朗)、苏毗人(Sum-pa)和木雅(弥药 Mi-nag)人有关的冬族人的地望确定于青海,同时又把一个意为'白色的'形容词'冲木'(Phrom)与之联系了起来。稍后不久,当岭地的首领在康区出现(约为1400年左右)之后,他们又与一个明显是位于同一地区的冲木中心政权建立了关系。无论是这部史诗还是某些编年史都向我们证明了其它一些带有

---

① 陈宗祥:《试论格萨尔与不弄(白兰)部落的关系》,载《西南民族学院学报》,1981年第4期。

② 格勒:《论藏族文化的起源形成与周围民族的关系》,中山大学出版社1988年版,第391页。

'冲木'之组成部分的地名，它们全部位于西藏东部。"同时还指出："冬（董）族（Gdon'、ldon'、don）曾在吐蕃东部起过重要作用。他们特别是形成了弥药和岭王国的基础。"①

近年来，许多学者研究认为，格萨尔王的故国"岭国"，即汉文史籍中的"白兰"。有的学者认为，"白岭"是唐代被吐蕃征服和同化后的"白兰"所建立之"国"；二者确有历史关联，但不可等同。任乃强先生在《多康的自然区划》中认为："西康之石渠、邓柯、德格、甘孜、道孚等县，……此带地方，为格萨尔后裔所建立之林国。"而在《"吐蕃传"地名考释》中又说："白兰，……今四川甘孜州的康北石渠、色达、甘孜、炉霍、道孚诸县的草原，皆其故地。"同一地区既是"岭国"之地，又是"白兰"的故地。这似乎是相矛盾的，但从历史上来看，其实并不矛盾。这一地区在隋唐时期为白兰羌之故地，唐代为吐蕃征服，使白兰羌逐渐吐蕃化。吐蕃王朝崩溃之后，"岭国"崛起于这个地区。他们本为"白兰"之后裔，所以便以"白岭"自称，而以"董"氏为骨系。②

总之，在藏族形成、发展的历史过程中，经历了同中华民族大致相同的历史轨迹，也有一个古代"六牦牛部"、诸羌及其他原始部落长期交往、互动、汇聚和融合的"多元一体"进程。

---

① ［法］石泰安著，耿昇译：《格萨尔史诗和说唱艺人的研究》，西藏人民出版社1993年版，第335~336页，第276~277页。俄木地区：六岗划分中的色莫岗（包括德格），位于扎曲河（雅砻江）和俄木楚河（湄公河的支流）之间。俄木（鄂穆）地区就位于那里。

② 格勒：《论藏族文化的起源形成与周围民族的关系》，中山大学出版社1988年版，第394~395页。

第三章 原始"小邦"时代的终结与吐蕃的兴起

近年来,随着大批藏文古籍的整理、出版和研究的不断深入,使得吐蕃王朝以前的藏族历史轮廓逐渐清晰起来。以往,新石器时代以后至吐蕃王朝建立时的历史,人们一般从聂墀赞普降世做"六牦牛部"首领谈起。事实上,从大量藏文古籍提供的资料来看,在新石器时代结束后,藏族历史上曾经历了一个"小邦时代",各小邦在不断地兼并过程中逐渐实现局部统一,形成了象雄、苏毗、吐蕃三大部落联盟。

第一节 "小邦"时代

藏文史籍《五部遗教》、《四洲之源》和《贤者喜宴》等都记载,吐蕃"王政"统治以前曾经历过"十个时代"或"七个时代",并都曾谈到金属工具的运用(出现)。值得注意的是,这恰好与考古发现相吻合。一般而言,新石器时代的繁荣时期大体属于母系氏族时代,父系氏族时代大致与新石器时代晚期金属工具的出现相对应。据童恩正先生推测西藏的金属时代大致开始于公元前1000年左右。①但是，从拉萨曲贡遗址中已发现青铜器来看，西藏青铜时代还应提前。就是说，从那时起西藏高原的有些地区已开始进入了父系氏族公社。②《国王遗教》中说，在第六个统治时代，统治权是由"十二位小国王"行使的。他们肯定就相当于迎接聂墀赞普的十二位圣贤、祭司或头人。第七个统治时代实际上是第一位赞普掌权的时代。③

在藏文史籍《贤者喜宴》和《汉藏史集》中，把藏族原始社会演变序列叙述为：首先是猕猴变人，然后由于争夺谷物产生不和而分成"四氏族"、"六氏族"以及"四种人"等。传说这些最早的原始人类居住在今西藏雅鲁藏布江南岸的泽当一带的雅隆地区。四氏族即东、冬、塞、穆四个氏族，六氏族即查、祝、冬、噶、韦、达，由此四氏族或六氏族繁衍为藏族。《汉藏史集》"吐蕃之王统"篇中称："从猴崽变成人类，并且数量增多以后，据说统治吐蕃地方的依次为玛桑九兄弟、二十五小邦、十二小邦、四十小邦。此后，有天种下降而为人主。"④

一般认为，"玛桑九兄弟"时，藏族社会已进入了父系氏族时代。藏文史籍中记载的藏族最早的"四氏族"或"六氏族"即是以血缘为基础的四个或六个父系氏族集团。氏族在藏文中写作

---

① 童恩正：《西藏考古综述》，载《文物》，1985年第9期。
② 褚俊杰：《试论吐蕃从部落制向国家制的过渡》，载《西藏研究》，1987年第3期。
③ [法] 石泰安著，耿昇译：《西藏的文明》，西藏社会科学院西藏学汉文文献编辑室1985年（内部版），第35页。
④ 达仓宗巴·班觉桑布著，陈庆英译：《汉藏史集》，西藏人民出版社1986年版，第81页。

第三章 原始"小邦"时代的终结与吐蕃的兴起

"如"（Rus），意为骨系。进入父系氏族时代后，藏族社会出现了一个延续很长时间的"小邦"时代。"小邦"是继"如"之后的以地缘为基础的部落组织。①

藏文史籍中的"十二小邦"、"四十小邦"等，实际上就是分散的、不相统属的氏族或部落。据《贤者喜宴》载："其时有十二小邦（rgyal-phran-sil-ma-bcu-gnyis），然而，最后则有四十小邦（rgyal-phran-bzhi-bcu）割据。"其十二小邦分别为：1.琛地。2.香雄。3.娘若琼嘎。4.努域陵古。5.娘若香波。6.吉日群云。7.昂雪查纳。8.约甫邦卡。9.芝显瑞莫贡。10.工域芝纳地区。11.娘域纳松。12.达域楚奚。上述诸小邦喜争战格杀，不计善恶，定罪之后遂即投入监牢。四边诸王（mthav-bzhivi-rgyal-po）向里面压迫而伤害，据谓：汉地之王如缠树之蛇；天竺之王如恶狼窥羊；大食之王如鹰扑鸟群；格萨尔王（ge-sar-rgyal-po）如系树之马，暴躁不安。如是，西藏无法同彼等作战，欲往别地，然而诸小邦不肯通融，以致兵员日减，于是失去平原，唯依坚硬岩山而居，饮食不济，饥饿干渴，西藏苍生极为痛苦。"②《敦煌本吐蕃历史文书》载："古昔各地小邦王子及其家臣应世而出后，众人之主宰，掌一大地面之首领，王者威猛相臣贤明，谋略深沉者相互剿灭，并入治下收为编氓。最终，以鹘提悉补野之位势莫敌最为崇高。神灵降罪民庶为诸侯混战彼此争夺矣！"③

---

① 格勒：《论藏族文化的起源形成与周围民族的关系》，中山大学出版社1988年版，第250页。

② 巴卧·祖拉陈瓦著，黄颢、周润年译注：《贤者喜宴——吐蕃史译注》，中央民族大学出版社2010年版，第5页。

③ 王尧、陈践译注：《敦煌本吐蕃历史文书》，"小邦邦伯家臣"，民族出版社1992年版，第173页。

这个时期出现了两个值得注意的社会现象,一是各小邦都已有了自己的"王"和王的"家臣"。《敦煌本吐蕃历史文书》"小邦邦伯家臣"中所列"小邦"共十三个,家臣共二十五家,并有所谓"十大王"和"十大家臣"。二是各小邦都有"堡塞"。这反映出各小邦不仅已出现了与大众"相分离的公共权力",而且开始有了各自的地域中心——堡塞。这些堡塞最初或为战争之用,后来便发展成为城镇、都邑一类的地域组织中心。《敦煌本吐蕃历史文书》中称,"堡塞十二,加上崇高中央牙帐共为十三"。所谓"崇高中央牙帐"可能是当时诸小邦中已有一定号召力的权力中心,亦可能十三小邦已有松散的部落联盟雏形。我们知道,公共权力的确立和血缘组织转向地缘组织是区别于氏族社会的两大标志。从这个意义上来说,小邦时代无疑已将藏族社会推进到了文明时代的边缘,有些小邦则可能已经出现了国家政权的雏形。

藏族历史上的小邦时代延续时间很长,若以金属工具的出现作为藏族父系氏族阶段军事民主制的开端,那么小邦时代则有四五百年的延续历史,即大约从公元前1000年以前到公元前6至前5世纪。"如果说西藏由原始社会向小邦时代的发展,其原有氏族部落组织主要呈现了一种不断蘖变与分化的趋势,那么从小邦时代的鼎盛期起,各小邦则开始逐渐呈现了'合'的趋势。这种趋势一方面在客观上是由小邦之间的激烈兼并战争所促成,另一方面一些小邦为了在战争中不被敌手所兼并主观上也产生了彼此联合的需要。因此,在小邦时代后期,由于兼并战争与小邦间的联合,逐渐出现了一些较大的部落联盟组织。随着小邦向部落联盟组织的转化,小邦原有的政权雏形显然已无法与之相适应,于是

第三章 原始"小邦"时代的终结与吐蕃的兴起

一种更为完善的政权形式'王政'也就应运而生。"①至迟在公元4世纪，在西藏高原上逐渐形成了三个势力较大的部落联盟，即象雄（Zhang-ahung）、苏毗（Sun-pa）和吐蕃。

第二节 象雄、苏毗和吐蕃三大部落联盟

象雄、苏毗和吐蕃这三大部落联盟是在不断征服和兼并各小邦的基础上逐步形成和发展起来的。其中，象雄的形成年代最早，历史最悠久。

一、象雄部落联盟

象雄在《敦煌本吐蕃历史文书》和《贤者喜宴》等藏文史籍所记载的"十二小邦"中即已出现。象雄就是在原"象雄小邦"的基础上，不断兼并征服周边其他小邦而发展起来的一个部落联盟。据藏文史籍《玛法木错湖历史》（Mtsho-ma-pnam-gyi-lo-rgyus）记载：古代象雄分为十八部，并出现过"象雄十八王"。《敦煌本吐蕃历史文书》所载十二小邦与家臣表中，第一个小邦就是"象雄阿尔巴"，王为李聂秀。由此看来，"李"（Lig）氏家族统治的象雄仅是象雄的一部分，当是象雄十八王之一。

藏文史籍《世界地理概说》记载，象雄又分为内、中、外三部。内象雄有大小32个部族，主要居于冈底斯山西面，接近波斯，即今天的阿里、拉达克等地，可能相当于汉籍中的小羊同。中象雄为十八国之王所统治，"东面和吐蕃接壤"，相当于汉籍中的"大羊同国"，今天西藏的卫藏等地即在中象雄范围。外象雄包括39个部族和甲得族（Rgya-sde-nyer-lnga），其位置在上安

---

① 石硕：《吐蕃政教关系史》，四川人民出版社2000年版，第28页。

多(Mdo-stod 朵堆）地区，可能是指后来西藏东北部的霍尔三十九族和那曲安多八族，其先民在隋唐时期可能是象雄属部。①

由此看来，象雄的范围包括了今天西藏的大部分地区。象雄最初的势力范围可能包括了后来吐蕃雅隆部落的部分地区，吐蕃兴起后，这些地区遂为吐蕃所统一，使象雄的疆域随之缩小。苏毗崛起后，又切断了东部外象雄与象雄王室的联系，这样，后来的象雄就主要是内象雄和中象雄，汉文史籍中称为大羊同、小羊同。《册府元龟》中载："大羊同国东接吐蕃，西接小羊同，北直于阗，东西千余里，胜兵八、九万。"②这里记载的象雄疆域显然是吐蕃兴起后的情况。"大量的象雄语存在于现在的拉达克、库纳瓦里以及旧西藏西部地区。"这也与吐蕃王朝兴起后的象雄疆域大体吻合。③

象雄最初是一个地域辽阔而较松散的部落联盟。《五部遗教》中称："一切象雄部落"，即说明象雄是由众多部落组成的。《玛法木错湖历史》记载，当时除象雄王室外，还有象雄十八王，并对每个王及其部落首府都有详细记载。象雄王辛饶（Gshen-rad）的弟子辛唐玛俄杰（Gshen-chang-ma-vad-rgyal）曾做过十八王之一的赤怀拉杰（Khri-wer-la-rje）的古辛（Khri-gshen，意护身臣）。据说这十八王室，彼此不相统属，但他们都臣服于象雄王室。

据本教传说，象雄的都城在琼隆银城，即今西藏阿里札达县

---

① 格勒：《藏族早期历史与文化》，商务印书馆2006年版，第251~252页。
② 《册府元龟》，卷九五八《外臣部·国邑一》。
③ 卡尔梅著，向红笳、陈庆英译：《本教历史及教义概述》，中央民院藏族研究所《藏族研究译文集》，第1集第47页。

第三章 原始"小邦"时代的终结与吐蕃的兴起

境内的琼隆。在苏毗和吐蕃两大部落联盟兴起以前，古老的象雄曾一度拥有以西藏西部和北部为中心的广阔疆域，并产生过极高的文明，不仅形成了自己的文字——象雄文，而且还成为藏族传统的土著宗教——本教的发源地和发展中心。第一代象雄王赤维色吉希饶坚（Khri-vod-zir-gyi-shes-rad-can）要比悉补野（吐蕃）的第一代王聂墀赞普早500年左右。因而，可以说象雄是小邦时代之后，在青藏高原最早形成的古代文明中心之一。象雄的文化和宗教对后来的苏毗和吐蕃都产生了极深的影响。

二、苏毗部落联盟

苏毗是小邦时代的"十二小邦"之一，①但在公元4世纪以前，长期受象雄统治。大约在公元4世纪，苏毗作为青藏高原早期诸部中独立的一支，出现于藏族历史的舞台上。苏毗的地理位置向来有不同的说法。据有人考证，苏毗位于雅隆吐蕃部落的北部，其早期的地域在襄曲河流域。②根据《敦煌本吐蕃历史文书》的记载，约在公元6世纪中叶时，几曲（即拉萨河）流域上、下部分别由森波达甲吾（Zing-po-rie-stag-skyabo）和森波墀邦松（Zing-po-rje-bgng-sum）占据。王忠先生在《新唐书吐蕃笺证》中说，此时苏毗"有两王"。但苏毗何时由襄曲河流域向东进入几曲河流域，目前尚不清楚。

约在公元6世纪末，即悉补野吐蕃达日年色赞普在位时，以

---

① 关于苏毗，参见虞明英：《新疆所出土佉卢文中的supi人》，见《魏晋隋唐史论集》，第2辑；托马斯：《敦煌西域古藏文社会历史文献》第三章，一、萨毗（Tshal-byi）;杨铭：《藏文史料中关于萨毗的记载》，《西北史地》，1993年第4期。

② 杨正刚：《苏毗初探》（内部油印本）。

今拉萨迤北的彭波（Vphan-po）为中心的墀邦松，将居于今拉萨河下游一带的达甲吾乘其内讧而征服，从而实现了苏毗的空前统一。汉文史籍中称为"女国"，其统治中心在今天的彭波地区，建有宇那堡塞（Mkhar-yusna-spur-buvl-yusna），苏毗王赤邦和王子芒波杰苏吾（Mang-po-rji-sum-bu，意"众人所举的苏毗王子"）均住于此。

苏毗东与附国接壤，北值突厥，西境可能在玛旁湖一带与象雄相连，南部以雅鲁藏布江和悉补野吐蕃为界。当时的西藏高原上，苏毗与象雄、悉补野吐蕃三足而立。

苏毗"俗轻男子……子从母姓"。"国代以女为王"，"贫有小女王，共知国政。""女王号'宾就'，有女官，曰'高霸'，平议国事。""在外官僚，并男夫为之。"看来苏毗早期的政治统治以女性为中心。这种以女性为中心的政治统治是苏毗狩猎经济和母系社会生活的综合反映。

根据《旧唐书》、《新唐书》中对迁到西北地区的苏毗人的记述，约在公元8世纪初，以女性为中心的统治已受到冲击，女权开始动摇，"后乃以男子为王"。①

此外，苏毗社会上已形成了一套奴隶制度的习惯法和社会伦理观念，视奴隶占有制度为天经地义之事。

苏毗的宗教文化受到象雄的强烈影响。据本教经典《集经》(Mdo-vdus) 记载，最早将本教传到苏毗的是本教前弘期"世界天庄严"之一的苏毗人苟呼里巴勒（Sum-pu-hu-li-spor-legs）。继苟呼里巴勒之后，木邦塞当（Mu-spungs-gsal-tang）、阿瓦东（A-ba-ltong）、木夏（Mu-phga）、卫噶（Du-dkar）等苏毗人，都

---

① 《新唐书》，卷二二一《东女传》。

第三章 原始"小邦"时代的终结与吐蕃的兴起

热心致力于在苏毗传播和发展本教,使苏毗成为这个时期除象雄之外的又一个本教文化中心,并形成了具有苏毗地方特色的苏毗派本教(Sum-pavi-bon-pa)。在《贤者喜宴》、《红史》中记载,聂墀赞普曾令蔡木辛吉穆杰(Vtshe-mi-bthen-gyi-dmu-rgyal)征服了苏毗派本教师阿雍嘉瓦(Sum-pavi-bon-po-a-yongs-rgyai-ba)。

墀邦松灭了邻部达甲吾以后统一了苏毗,将原达甲吾旧臣娘氏赐给达甲吾旧臣年氏,娘氏不堪年氏的虐待,曾上诉墀邦松,但墀邦松对他的上诉不仅不允,而且还严加斥责。因此,娘氏怀恨在心,联络对墀邦松早怀异心的韦氏(Dbavs),暗中与吐蕃之达日年色相联系。达日年色接受娘氏等为其内应,在秦瓦达孜堡盟誓,准备攻灭苏毗。但是,吐蕃尚未举兵,达日年色却先病卒,遂罢。不久,囊日松赞继赞普位,遂即邀约以娘氏为首的敌视苏毗王墀邦松的韦氏、暖氏(Mnon,也作囊氏)等潜来续盟,约期举事。约定后,囊日松赞亲率精兵万人,渡过雅鲁藏布江,北上攻灭苏毗。

苏毗灭亡后,囊日松赞下令将原苏毗欧波(Yol-ngas-po)之地名改为潘域(Vphan-yul),并对在消灭苏毗中有功之臣进行封赐,娘氏、韦氏、暖氏均得到1 500奴户(Bran-khyim)的封赐。囊日松赞对降服吐蕃的苏毗人予以重用,使他们在吐蕃王朝的建立和发展历史上起到了重要的作用,如娘氏、韦氏等在囊日松赞及其以后的赞普时期都曾是有着重大历史影响的家族。仅韦氏家族就有四人先后出任吐蕃大论之职,有一人充任大论之助理(Blon-chevi-lugs-slob-pa-vog-pon),有一人任赋税料集官(Vbangs-kyis-dpyavd-pa)。

松赞干布时,苏毗被吐蕃彻底征服,并被划为吐蕃的一如,共辖11个东岱,所辖地区大致为唐古拉山南北的广大草原。至公元8世纪中叶以后，苏毗作为一个政权，无论在吐蕃本土，还是在川西北，不复存在了。它和象雄等部落一样，成了吐蕃王朝的臣民。

三、雅隆悉补野吐蕃联盟

雅隆悉补野部落地处西藏雅隆河谷的穷结一带。经过小邦时代的纷争和相互兼并以后，雅隆部落出现"王政"，有了自己的"王"——聂墀赞普。

据敦煌文献和藏文史籍的记载，"六父王天神"的后代聂墀赞普从天而降，做了悉补野部的首领，并成为吐蕃"六牦牛部"之王，被尊为"赞普悉补野"，或称为"神圣赞普鹘提悉补野"。古藏文中亦别作"悉补野吐蕃"和"悉补野赞普"。后一称号为聂墀赞普之后的各代赞普沿用。[1]

关于聂墀赞普的来历，在藏族文献和古史传说中曾有多种说法。《西藏通史》根据《弟吴教法源流》和《雍布拉康志》等藏文史籍中的记载推断：聂墀赞普生于西藏波沃地方，即今林芝地区波密县；因聂墀赞普是从波沃地方来的王，故尊号为"悉补野"，即波沃之王。"总之，聂墀赞普既不是天神下凡，也非饿鬼（太邬让），更不是印度释迦王族和来自汉地的樊尼，而是吐蕃本土人。"[2]联系"六牦牛部"（牦牛种羌）与川滇西部横断山

---

[1] 编写组：《藏族简史》，西藏人民出版社1985年版，第15页。后来的《唐蕃会盟碑》铭文，新旧《唐书》"吐蕃传"、《通典》等文献中，皆把吐蕃祖先称为"鹘提悉补野"。《册府元龟》"外臣部"吐蕃条称："自号吐蕃为宝髻。""宝髻"即"悉补野"或"勃野"之异译。

[2] 恰白·次旦平措等著，陈庆英等译：《西藏通史——松石宝串》，西藏古籍出版社1996年版，第22~23页。

第三章 原始"小邦"时代的终结与吐蕃的兴起

区至甘青地区的石棺葬文化的历史,也有的学者认为,"六牦牛部"与藏彝走廊的石棺葬文化的创造者古代牦牛羌有着密切的关系。依据石棺葬的年代来看,牦牛羌西迁的年代约在春秋战国到西汉时期。藏族"六牦牛部"的第一代王聂墀赞普是公元前二、三世纪的人。以此,牦牛羌西迁的时间定在春秋战国之际较符合实际。古代牦牛羌的迁移,大致是出赐支河曲—川西康藏高原—察隅—波密—雅鲁藏布江流域。① 《藏族简史》称:"《后汉书·西羌传》应是留存至今的关于青藏高原的古代西羌人的最早记载,所说的'越嶲'、'牦牛'部等,可能与藏文记载中的'六牦牛部'有关。"② 或许聂墀赞普就是牦牛羌裔。

藏史中的"天父六君"、"天神六兄弟"及"吐蕃六牦牛部"可能是雅隆地区最初的六个部落或氏族。到聂墀赞普时,六部落逐渐形成联盟,原来的"吐蕃六牦牛部"便成为"父王(聂赤)的六族属民",聂墀赞普即成为雅隆吐蕃部落联盟的第一代赞普,时间大约在公元前350年。据《雍仲本教目录》记载,在"悉补野吐蕃"统治之时,地名称"蕃域索卡"。由此来看,作为地区之意的"吐蕃"一词出现在这一时期。

《嘉言宝藏》记载,聂墀赞普对其征服的部落和统治的地区采取"政教并行"(Lugs-gnyis-zung-vjug)的政策。《土观宗派源流》中也说:"从聂墀赞普至赤德脱赞之间,凡二十六代

---

① 格勒:《论藏族文化起源形成与周围民族的关系》,中山大学出版社1988年版,第115~116页。

② 编写组:《藏族简史》,西藏人民出版社1985年版,第13页。

③ 藏文史籍《青史》、《西藏王臣记》、《贤者喜宴》等均作27代,《西藏王统记》和本教文献都认为是26代。

赞普③均以本教治理王政。"《日炬》（Nyi-sgron）中说：被悉补野占领的苏毗东岱的下半部是由聂墀赞普所派的十名本教僧侣镇守的。可见，本教在吐蕃王政中的地位是很重要的。聂墀赞普之子木赤赞普也笃信本教，他从象雄请来木卡布木布（Dmu-kha-mi-spo）到雅隆传教，自己也苦修吉邦桑巴（Bla-bon，相当于经师）。后来，古辛（Sku-gshem）等人控制了相当大的权力，引起止贡赞普的不安，遂下令灭本教。据《嘉言宝藏》记载，止贡赞普下令说："在这块土地上，容不下我的王权和你的本权，把本教徒全部驱逐出去。"南夸诺布认为，止贡赞普灭本的主要原因是慑于吐蕃的本教徒及作为其后台的象雄王室的威胁。①由此看来，象雄当时是吐蕃发展道路上的一个强大的敌手，尤其在宗教文化上，象雄对吐蕃的本教具有很大的支配作用，一定程度上左右着吐蕃本教，因而引起止贡赞普的畏惧而下令灭之。

随着王权的不断加强，围绕王权的巩固问题而引起各种新的矛盾与斗争，这种斗争到止贡赞普在位时进一步激化。止贡赞普本人被其手下的大臣罗昂谋杀，政权被罗昂夺去，使吐蕃陷入内乱之中。止贡赞普的三个儿子被迫逃往工布地方。大约经过十几年，止贡赞普的遗腹子茹拉杰杀死罗昂，将逃到波密的兄长恰墀迎回雅隆执政，称为布德贡甲。自此，中断了十多年的赞普对雅隆部落的统治重新得以恢复，茹拉杰则当了布德贡甲的大臣，在藏文史籍上被誉为吐蕃七贤臣之首。

这时，雅隆吐蕃部落的社会经济得到了极大的发展。最突出的成绩就是金属工具的出现和农业的长足发展。据《雅隆尊者教法史》、《汉藏史集》和《贤者喜宴》等藏文史籍记载，这时雅

---

① 石硕：《西藏文明东向发展史》，四川人民出版社1994年版，第52页。

第三章 原始"小邦"时代的终结与吐蕃的兴起

隆吐蕃已经"以木炭冶炼矿石,得到金、银、铜、铁等金属,在河流上架桥";驯化野牛,钻木为孔,制作犁和牛轭;将河水引入水渠,将平地开垦为农田,耕种庄稼;还发明了"熬皮制胶"的技术。这一切,为雅隆吐蕃部落的进一步强大和发展奠定了稳定坚实的经济基础。

在布德贡甲时,为使赞普王权得到进一步巩固,设置了"尚、论"(意为"舅、臣")、"拉本"等官职,并建成秦瓦达孜宫。这是吸取罗昂夺权的历史教训和适应社会经济发展需要而做出的制度建设。

布德贡甲之后,从"中列六王"和"地岱八王"等赞普的名字中可以看出,赞普王位父子相承。而赞普通婚则只限在"神龙之女"范围之内,说明氏族婚姻制建立在狭小的地区和固定的血缘关系之上。直到第三十一代赞普囊日松赞之父达日年色,始与邻近部落的民女通婚。雅隆吐蕃部落经过长期的历史发展,到达日年色赞普时,社会进步和经济发展又有了新的发展。据藏文史籍记载:"这时始有升斗,造量具以秤粮油,贸易双方商议同意的价格。而在此以前西藏地区无贸易标准——升斗及秤。"度量衡的出现以及贸易价格的商定,表明雅隆地区生产力的迅速发展与贸易交换的活跃。这时还出现"犏牛、骡子等杂交牲畜"和"储存山地草类"的习惯等,反映了畜牧业水平已有了很大的提高。

达日年色时期,吐蕃"将小邦中的三分之二均置于它的统治之下,本巴王、森巴王、香雄王、阿柴王等均被治服,娘、巴、嫩等(氏族)亦纳为属民"。从而,雅隆吐蕃无论在经济上,还是在政治、军事上,都有了前所未有的发展,成为以雅隆河谷为中心的一个强大部落联盟,在各部落中处于"位势莫敌最为崇高"的领导地位。①

到囊日松赞和松赞干布父子时，雅隆吐蕃更向前发展，开始了统一青藏高原、建立吐蕃王朝的宏伟事业。

---

① 编写组：《藏族简史》，西藏人民出版社1985年版，第16~18页。参阅《雅隆尊者教法史》、《贤者喜宴》、《汉藏史集》、《红史》等的相关内容。

第四章 吐蕃王朝的建立及其对青海地区的经营

公元7世纪初,崛起于青藏高原的吐蕃王朝是藏族历史上第一个强大的地方政权。同时,青藏高原东向开放的地理特点又决定了吐蕃王朝东向发展的历史进程。吐蕃王朝的崛起和东向发展,带动了青藏高原各民族与中原隋唐王朝及西域、北方草原民族间的大规模政治、经济、文化互动和交流,演出了一幕幕波澜壮阔的历史剧。正如范文澜先生所言:"原来寂寞无所闻见的中国广大西部,因强有力的吐蕃国出现,变得有声有色了。"[1]

第一节 吐蕃王朝的建立

吐蕃王朝的建立,是松赞干布祖孙三代前赴后继共同完成的事业。雅隆吐蕃部在松赞干布祖父达日年色时逐步强大起来,并

---

[1] 范文澜:《中国通史》(第4册),人民出版社1965年版,第58页。

拉开了统一苏毗的序幕,但终因积劳成疾病逝,因而统一苏毗的历史使命就落在了囊日松赞的身上。

一、囊日松赞开启吐蕃统一青藏高原的进程

囊日松赞(500~581年)[1]是领导雅隆悉补野部落统一青藏高原的卓有功绩的赞普,他在前代赞普所完成的事业基础上,使雅隆悉补野部落的实力进一步增强。他在发展经济的同时,在政治统治机构方面做了相应的增强,设置了内相和外相官职,为此后的吐蕃统一青藏高原诸部做了物质和组织上的准备。

囊日松赞在征服雅隆吐蕃周边各部落的过程中,首要的目标是以逻娑为中心的苏毗。当时,苏毗奴隶制统治陷入重重矛盾之中,雅隆悉补野部落则处于上升时期。因而在苏毗旧臣娘氏等的密谋策应下,囊日松赞一举摧毁了苏毗。接着,囊日松赞乘胜征服了藏蕃、达布等地。史载,时有琼保·邦色者(又名苏孜),"割藏蕃小王马尔门之首级,以藏蕃两万户来献,(其土地民户遂)均入于赞普掌握之中"。又有一叫参哥米钦者,自告奋勇,接受囊日松赞的授权,征讨达布地方,"乃克达布王,收抚达布全境"。[2]囊日松赞对苏毗、藏蕃、达布的征服使雅隆吐蕃的疆域版图进一步扩张,是吐蕃走向统一的序曲和前奏。

但是,囊日松赞建立起来的新的吐蕃部落联盟并不稳固。在囊日松赞统治末期,"父王所属民庶心怀怨望,母后所属民庶公开叛离,外戚如象雄(羊同)、牦牛苏毗、聂尼达布、工布、娘布等均公开叛变"。在这种尖锐的统一与反统一的政治斗争中,囊日

---

[1] 囊日松赞,在汉译论著中又有南日松赞、朗日伦赞、墀伦赞等不同译法。
[2] 王尧、陈践译注:《敦煌本吐蕃历史文书》,民族出版社1992年版,第162页。

第四章 吐蕃王朝的建立及其对青海地区的经营

松赞被叛臣"进毒遇弑而薨逝"。①因而,形成统一雏形的雅隆悉补野部落又面临大分裂的危机。

二、松赞干布建立吐蕃王朝

囊日松赞被弑后,其子松赞干布13岁继任赞普。松赞干布是藏族历史乃至中国历史上的一位杰出人物,他在位期间,吐蕃历史进入了一个新的发展阶段。

松赞干布嗣位后,对进毒谋弑囊日松赞的为首者予以断然斩灭,从而使叛离的庶民重新归于赞普的统治之下,继而又先后平息达布、娘氏等部的叛乱。同时,通过和平方式平服属部归于治下,如"娘·芒布杰尚囊对苏毗一切部落不用发兵征讨,有如种羊领群之方法,以舌剑唇枪服之"。其后,"赞普亲自出巡,在北道,既未发一兵抵御,亦未发一兵进击,迫使唐人及吐谷浑人,岁输贡赋,由此,首次将吐谷浑人收归辖下",②从而使囊日松赞开创的吐蕃统一事业有了进一步的发展和巩固。《旧唐书·吐蕃传》载,松赞干布"性骁武,多英略"。他在巩固父王囊日松赞开创的统一事业基础上,采取一系列新的措施,调整内政、外交,以巩固其统治。为了适应新的统治秩序,加强对吐蕃新征服地区的控制,他于583年(隋开皇三年),迁都拉萨,建布达拉宫,为其统一青藏高原的政治目的做了积极准备。

松赞干布以前,吐蕃赞普与各氏族部落之间的关系主要以定期结盟仪式来维系,其特点是,赞普与多家氏族部落共同结盟立

---

① 王尧、陈践译注:《敦煌本吐蕃历史文书》,民族出版社1992年版,第165页。

② 王尧、陈践译注:《敦煌本吐蕃历史文书》,民族出版社1992年版,第165页。

誓，由众氏族部落首领向赞普表示效忠与忠诚之拥戴。《敦煌本吐蕃历史文书》载，赞普囊日松赞与伦果尔兄弟二人及娘氏、韦氏、农氏、蔡邦氏等六人共同盟誓，且盟誓中只有从属氏族首领的誓词而没有赞普的誓词。至松赞干布时，盟会的性质已有变化，即转变为赞普分别与一家一氏盟会，盟誓内容亦转为赞普赐予臣下以恩惠的意味。赞普与一家一氏分别盟誓，自有不同的意义。以往赞普同时与众多氏族部落盟誓的盟会，系因诸氏族联合起来共同参加，而这种共同参加的盟会一旦解体，与赞普的盟誓自然也解体，由共同参加盟会而建立起的"拥立"关系也随之消失。松赞干布与各氏族部落分别单独会盟后，加强了赞普与各氏族（部落）间的个人（君臣）关系。此种誓约，无所遁逃，无法破坏，因此形成稳固的君臣关系，再加上制定大法，设立官僚机构，确定各氏族部落间的阶级地位（告身制）等，遂把散漫松懈的氏族部落联盟组织成一个王朝政体。往后，进一步发展成赞普并不亲自参与会盟，而是派遣大相或使者往赴各地主持会盟，且由一年一次，增为两次，于每年冬、夏两季举行，称冬盟（Dgun-dun）、夏盟（Dbgar-dun）。可见，"盟会"是吐蕃政治制度中的一项重要政治活动，是维系君臣关系的纽带。①

松赞干布为了完善王朝的统治需要，采取了一系列的建政措施。据《贤者喜宴》载，松赞干布所采取的措施主要有六大措施，称为"六奎"（khos-drug）。"首先，将吐蕃划作五大如（ru-chen-lnga），划定十八个地区势力范围（yul-gyi-dbang-ris-rnam-pa-bco-brgyad），划分六十一个'桂东岱'（rgod-kyi-stong-sde-drug-bcu-rtsa-gcig），将'雍之人部'（gyung-gi-mi-sde）划分为'更'（kheng）及'扬更'（yang-kheng），

---

① 林冠群：《吐蕃赞普墀松德赞研究》，（台湾）商务印书馆1989年版，第131~132。

第四章 吐蕃王朝的建立及其对青海地区的经营

由三尚一论(zhang-gsum-blon-bcas)掌管中央集会会址(dbus-kyi-vdun-sa)，三勇部(dpav-sde-gsum)卫戍边地哨卡(mthav-yi-so-kha)，上述即所谓'六奎'(khos-drug)。"①

其次，松赞干布为了管理吐蕃全境和便于政令推行，决定迁都拉萨（逻些）。在红山顶上营建王宫（即今布达拉宫前身）。划分辖境，设置五如②，分别是伍如、约如、叶如、如拉、苏毗如（孙波如），其中苏毗如东至聂域朋纳（gnye-yul-bum-nag），南至弥地曲纳（smri-ti-chu-nag），西至叶晓丁波切（yel-zhabs-sdings-po-che），北至纳雪斯柴（nags-shod-bzi-vphrd），以仓甲雪达巴园（tshang-rgya-shod-stag-btshal）为中心。③

---

① 巴卧·祖拉陈瓦著，黄颢、周润年译注：《贤者喜宴——吐蕃史译注》，中央民族大学出版社2010年版，第31页。译者注："六奎"（khos-drug），其中"奎"（khos），据藏文著作《藏文古词浅释》（brdav-gsar-rnying）解释，意为"计策"或"计划"、"主意"等（该书第16页），据《贤者喜宴》所述"奎"之内容看，应指措施或制度。因此，"六奎"（khos-drug）意为"六制"或"六措施"。

② 如，藏文"ru"之音译，意为"翼"。也译作"茹"。

③ 巴卧·祖拉陈瓦著，黄颢、周润年译注：《贤者喜宴——吐蕃史译注》，中央民族大学出版社2010年版，第32页。伍如，又译为"乌如"、"卫如"等，意为"中央翼"，其范围是以今拉萨为中心，东至桑日，南至玛拉山脉，西至尼木，北至朗玛；约如，又译为"要如"等，意为"左翼"，其范围以今乃东为中心，东至工布，南至错那，西至卡热雪峰，北至玛拉山脉；叶如，又译为"叶茹"等，意为"右翼"，其范围以今香河流域的南木林为中心，东至朗玛，南至聂拉木，西至切玛拉古（似在定结），北至黑河麦底；如拉，又译为"茹拉"等，意为"分支翼"，其范围以今谢通门一带为中心，东至强木尼扎，南与泥婆罗的朗纳交界，西至拉金雅弥，北至切玛拉温；苏毗如，又译为"孙波如"等，其范围大致在今藏北与青海毗连地区。五如中增加"象雄如"，共六如。参见恰白·次旦平措等著，陈庆英等译：《西藏通史——松石宝串》，西藏古籍出版社1996年版，第54~55页。

划定五如之同时又分设长官、元帅、副将等,将如组成地方一级的军政管理机构。《汉藏史集》记载:"将吐蕃全境划分为四个'如'以及各个千户所,并在四方设置了禁卫军,给人们颁发告身。在骏马身上彩绘条纹,以区别军旅。"①根据《弟吴教法源流》,每个如内部设有16种地方官员。五如之地又分为18个行政区划②,在这十八区中的多康多钦"八桂东岱"之地大致在上述苏毗如之境,其北部之地已伸入青海南部。据日本学者佐藤长《古代西藏历史地理研究》中的考证,苏毗如的"北界那秀斯长(纳雪斯柴)在今唐古拉山以北尕尕曲治以南沿青藏公路木鲁乌苏河畔雁石坪(北纬33.5度偏北,东经92度偏东处)。"③

每个如辖有十个东岱④,即八个东岱、一个小东岱和一个近卫东岱。其中苏毗如包括一个汉户东岱,共十一个东岱。因此,五如共有六十一东岱。在六十一东岱中有所谓的"三勇部",对镇守吐蕃边疆,抵御外寇入侵做出了突出贡献。⑤"五如"、"六十一东岱"的组建,标志着吐蕃建立了一支强大的军队。按每个

---

① 达仓宗巴·班觉桑布著,陈庆英译:《汉藏史集》,西藏人民出版社1986年版,第91页。

② 恰白·次旦平措等著,陈庆英等译:《西藏通史——松石宝串》,西藏古籍出版社1996年版,第53~54页。巴卧·祖拉陈瓦著,黄颢、周润年译注:《贤者喜宴——吐蕃史译注》,中央民族大学出版社2010年版,第32~33页。

③ 见王尧、陈践译注:《敦煌本吐蕃历史文书》,民族出版社1992年版,第181~182页,注39。

④ 东岱,又译为"千户"、"千户府"。

⑤ 恰白·次旦平措等著,陈庆英等译:《西藏通史——松石宝串》,西藏古籍出版社1996年版,第61~62页。巴卧·祖拉陈瓦著,黄颢、周润年译注:《贤者喜宴——吐蕃史译注》,中央民族大学出版社2010年版,第35页。

第四章 吐蕃王朝的建立及其对青海地区的经营

东岱拥有1万人计,总兵力有61万人。①这支军队在松赞干布的统领下,南征北战,在吐蕃统一青藏高原的历史上发挥了重要作用,为吐蕃王朝的建立、巩固和发展建立了卓越的功勋。

此外,松赞干布又分设论、尚等职,协助赞普管理行政事务,史书中有所谓"九大臣"、"七官"等。各级官员,以瑟瑟、金、金涂银、银、铜、铁等为"告身",佩在胸前,以区别职位身份的高低。

为了治理朝政,松赞干布派大臣吞米·桑布扎等前往天竺及西域诸国学习。吞米·桑布扎到天竺学习"声明"(文字学及修辞学),仿照天竺及于阗诸国文字,结合吐蕃语言实际,创造了藏文。从此,吐蕃有了自己的文字。史籍中说,松赞干布曾屏绝政务,专学藏文四年。②之后,他取出"年波桑瓦"向吞米·桑布扎请教,得知是《宝箧经咒》、《百拜忏经咒》、《十善经嘛呢陀罗尼咒》和佛像,因此十分敬信,又让吞米·桑布扎将其从印度带来的《宝云经》等佛经译成藏文,从而开启了吐蕃最早翻译佛经的历史。在松赞干布一代,吞米·桑布扎创造藏文,编写文法,对吐蕃文化发展作出了卓越的贡献。松赞干布最先用新创的藏文写成"觉卧菩萨主从三尊"赞颂,并将其刻写在拉萨月光岩上,以示对佛法和新创藏文的推广和支持。"继而迎请天竺、泥婆罗诸贤者,广译佛经。天竺的阿阇黎古萨热(ku-sa-ra)、婆罗门香嘎(shang-kar)、迦什弥罗之达努(ta-nu)、泥婆罗之尸罗曼殊

---

① 松赞干布时吐蕃军队人数有不同的记载,参见恰白·次旦平措等著,陈庆英译:《西藏通史——松石宝串》,西藏古籍出版社1996年版,第56页。江应梁主编:《中国民族史》(中),民族出版社1990年版,第150~151页。

② 达仓宗巴·班觉桑布著,陈庆英译:《汉藏史集》,西藏人民出版社1986年版,第89~90页。

(shvia-la-manydsu)、汉地和尚玛哈德瓦茨（ma-hva-de-wa-tshe，即旧译大寿天和尚）等等，均来至吐蕃。"①

为适应新的统治秩序和吐蕃社会发展，松赞干布依照十善法制定新的法规，史称《六类大法典》或《六种大法》，规定："杀人者罚命价银二万一千两，偷盗者罚八十倍赔款，奸淫者割去鼻子，说谎离间者拔去舌头。"又制定了"清净人法十六条"。②由于松赞干布制定法规律例，"赏赐善者，惩治恶者，以法律抑制诸高者，以方便护持低贱者"，③因而促进了社会安定、人民幸福，于是臣民们向他上尊号称为"松赞干布"。

第二节　吐蕃王朝统一青藏高原诸部

一、吐蕃王朝建立之初的周边形势

松赞干布建立吐蕃王朝之际，正当唐朝贞观之初。在松赞干布统一青藏高原诸羌等部之前，即公元6世纪末到7世纪初，吐蕃周边分布着许多部落或邦国。这些部落和邦国在吐蕃与唐王朝之间形成一个广阔的中间地带，这个中间地带从北向南，包括了今天的新疆南部、青海、甘肃和川西及滇西高原等广大地区。分布

---

① 巴卧·祖拉陈瓦著，黄颢、周润年译注：《贤者喜宴——吐蕃史译注》，中央民族大学出版社2010年版，第29~31页。
② 达仓宗巴·班觉桑布著，陈庆英译：《汉藏史集》，西藏人民出版社1986年版，第90~91页。对松赞干布制定的法律和措施，藏族史中有多种说法，黄奋生在《藏族史略》中有"二十条法律"之称；恰白·次旦平措等在《西藏通史》中有"基础三十六制"，等等。
③ 恰白·次旦平措等著，陈庆英等译：《西藏通史——松石宝串》，西藏古籍出版社1996年版，第44页。

第四章 吐蕃王朝的建立及其对青海地区的经营

在这个中间地带的部落或邦国主要有：吐谷浑、党项、白兰、东女国等，之外在今青甘川藏交界地区还错居着许多小部落。《隋书·附国传》中记载，其地"往往有羌：大、小左封、昔卫、葛延、白狗、向人、望族、林台、春桑、利豆、米桑、婢药、大硤、白兰、叱利摸徒、那鄂、当迷、渠步、桑悟、千碉，并在深山穷谷，无大君长。其风俗略同于党项，或役属吐谷浑，或附附国"。据黄奋生考证，以上诸部散居在青海巴颜喀喇山一带。①此外，在吐蕃东南部有"松外蛮"。唐初居于今盐源县以南至云南洱海地区的少数民族，有"西洱河蛮"（即"白蛮"），乌蛮等70部。

在吐蕃之南，最强盛的是天竺国，7世纪初，戒日王以武力统一北印度，迁都于恒河西岸的曲女城，建立羯鞠阇国，即汉文史籍中所称之"中天竺"。当时，"四天竺之君皆北面以臣之"。②吐蕃与天竺之间为尼婆罗国。

在吐蕃的西北部即中亚地区，最强大的国家为大食（阿拉伯帝国）。它与吐蕃有较密切的关系，据史载，"那时的，波斯国内，不但盛行佛教，仅以博学大德而论，非他国所能比拟。吐蕃的王臣，似乎也都摹仿波斯的风尚，传说松赞王以红绢缠头等，又披彩缎之斗篷。着钩尖之革履，此等亦皆同波斯之风俗"。③在北边即今新疆地区，从6世纪至7世纪初，高昌、焉耆、龟兹、疏勒、于阗等西域小国各自分立。到7世纪初，西突厥控制了西域

---

① 黄奋生：《藏族史略》，民族出版社1985年版，第55页。
② 《旧唐书》，卷一九八《西戎传》。
③ 更敦群培：《白史》，见格桑曲批译，周季文校：《更敦群培文集精要》，中国藏学出版社1996年版，第134页。

和中亚大部分地区。吐蕃王朝初期，西突厥对于阗诸西域小国只是一种间接的统治，因而，西域诸小国在西突厥与吐蕃之间成为一种缓冲地带，使西突厥对吐蕃并无大的威胁。

由此可见，在吐蕃王朝建立初期的周边各国中，较强大的国家主要是东方的唐朝、西方的大食、南方的中天竺和北方的西突厥及吐谷浑。但这些国家或政权与吐蕃王朝并不直接相连，他们都与吐蕃王朝有一段较广阔的中间地带，而环绕于吐蕃王朝四周，直接与吐蕃相接的大多是些小国或较弱的部落，其中较强的是地处青海的吐谷浑政权。吐蕃兴起之初，吐谷浑受到隋朝的重创后，直到7世纪才重新复兴，但不久又受到唐朝和吐蕃的大规模征伐，最终被吐蕃所灭。

二、吐蕃王朝统一青藏高原诸部及其与唐朝的接触

松赞干布父子在建立吐蕃王朝的历史过程中，为了保证王朝的巩固和进一步统一，在不断的统一战争中建立起了一支强大的王朝军队，并形成了一整套兵法，战斗中"前队尽死，后队始进"。这支勇猛的军队成为松赞干布开疆拓土，逐步统一青藏高原的坚强力量。

松赞干布嗣位后不久，于608年（隋大业四年）开始经略东方诸羌部落。626年（唐高祖武德九年），吐蕃助尼婆罗王那陵提婆复位，尼婆罗成为吐蕃的属国。到631年（贞观五年）吐蕃开始进攻党项诸部，唐移党项、拓跋等部于庆州（甘肃庆阳），留居原地的役属于吐蕃，称为弥药。"弥"（mi），藏语意为"人"；"药"（Nyag）有不净或污秽之意，所以，"弥药"或为吐蕃征服党项后，对党项的贱称。①

---

① 格勒：《论藏族文化的起源形成与周围民族的关系》，中山大学出版社1988年版，第399页。

第四章 吐蕃王朝的建立及其对青海地区的经营

为了进一步实现对党项诸部的统一，吐蕃在外交上采取与唐通好的政策。634年（贞观八年），松赞干布派使者向唐王赠送礼物，互结友好。唐太宗亦遣使臣冯德遐致书吐蕃王，并回赠礼物。与唐结好后，吐蕃再次遣使向唐请婚，却被唐朝拒绝。

吐蕃请婚使向松赞干布奏称，唐朝不允通婚是由于吐谷浑从中离间造成的，松赞干布遂于637年（贞观十一年）借口吐谷浑离间唐蕃通婚，发兵进攻吐谷浑。吐谷浑败绩，退避于青海湖之北。

638年，松赞干布在击败吐谷浑后又乘胜进攻党项、白兰等部，占领党项、白兰诸羌故地。接着，他亲率20万大军向东进逼唐朝边防重镇松州，并再次遣使到长安请婚。唐太宗拒绝吐蕃的请婚，命吏部尚书侯君集等统领四路大军5万人驰援松州，抵御吐蕃对松州的进攻。

正当此时，吐蕃松赞干布之子贡松贡赞死，随从松赞干布的大臣因之劝谏松赞干布班师回国，在此情势下，松赞干布不得不率军返回逻些，主持朝政。①松赞干布在撤军回国的同时又遣使请婚，唐太宗许以宗室女文成公主与吐蕃和亲。

641年3月，唐派李道宗持节护送文成公主前往吐蕃。《安多政教史》记载，公主一行曾在今甘肃永靖停留，且命人在山岩上刻弥勒像，该地因而叫弥勒洲。②而后，文成公主一行经鄯州，过日月山，入吐谷浑，受到吐谷浑弘化公主的欢迎。据传说，文

---

① 贡松贡赞为松赞干布与门妃赤江所生，他即位执政五年，十八岁时去世。他去世后据说由松赞干布再次执掌国政。贡松贡赞与吐谷浑妃科觉莫杰所生之子为芒松芒赞。

② 智观巴·贡却乎丹巴绕吉著，吴均等译：《安多政教史》，甘肃民族出版社1989年版，第218页。

成公主住过的行馆即为"公主佛堂"（共和县境）。文成公主离开吐谷浑前往吐蕃的途中，松赞干布亲迎柏海，同往逻些，并举行了隆重的婚礼。文成公主与松赞干布联姻，促进了唐蕃关系，成为汉藏两族政治、经济、文化交往的良好开端。终松赞干布之世，吐蕃与唐朝始终保持和好，使节往来十分频繁。

650年，松赞干布逝世，终年82岁。据《敦煌本吐蕃历史文书》载，松赞干布去世后，"长期匿丧不报"。由其孙芒松芒赞继任赞普，大论禄东赞辅佐朝政。从此，吐蕃噶氏家族历任大论等要职，掌握吐蕃军政大权。

禄东赞辅政期间，基本执行松赞干布的各项既定国策。652年，他平抚吐蕃本土的"珞"、"赞尔夏"；654年于蒙布宴拉宗集会，区分"桂"、"庸"①，并清查户口、厘定法律。在吐蕃全境安定后，禄东赞于656年统兵12万进攻白兰等羌，同时加紧征服吐谷浑的步伐。659年，禄东赞前往吐谷浑，坐镇吐蕃与唐朝在吐谷浑境内之战事，在乌海以多胜少，击败唐将苏定方8万之众，达延莽布支战死。663年（龙朔三年），禄东赞率精兵进攻唐之属国吐谷浑，吐谷浑大臣素和贵投奔吐蕃，将吐谷浑的情况报告吐蕃，因此，吐蕃击破吐谷浑，吐谷浑王诺曷钵及弘化公主率残部数千帐逃往凉州。

吐蕃击溃吐谷浑后，唐派兵屯凉州和鄯州，吐蕃屯兵青海，形成对峙局面。吐蕃占领吐谷浑故地后，于665年遣使向唐表示要与吐谷浑和好，要求在赤水（兴海）畜牧，但遭到唐朝的拒绝。

666年，禄东赞自吐谷浑境还，次年薨于"日布"。吐蕃军政即由禄东赞诸子分掌。667年，吐蕃攻破唐朝设置的"生羌"十二

---

① "桂"，为从军的武士阶层；"庸"，指奴隶组成的夫役。

第四章 吐蕃王朝的建立及其对青海地区的经营

州,得以控制青海大部分地区和川西部分地区。

670年(咸亨元年),吐蕃进兵西域,陷白州等十八州,接着又攻破唐朝设在西域的龟兹、于阗、碎叶、疏勒四镇。唐与吐蕃的关系趋于紧张。于是,唐朝决定对吐蕃进行大规模反击,遂以薛仁贵为逻娑道行军大总管,阿史那道真、郭待封为副,统领大军进击吐蕃,试图一举击败吐蕃,帮助吐谷浑复国。薛仁贵率兵10万,至大非川令郭待封置栅守辎重,自率主力进攻乌海。吐蕃噶尔·钦陵(又译作起真)迎战。两军战于大非川,吐蕃号称40万大军,围攻唐军,大获全胜。薛仁贵等被俘,后被送还,"并坐除名,吐谷浑全国尽没"。唐将吐谷浑残部安置于灵州(今宁夏灵武县境),旋改灵州为安乐州。

大非川之战是唐蕃双方进行的第一次大规模战争。大非川之战后,唐朝的势力退到日月山以东,吐蕃占领了吐谷浑全境,但仍保留了吐谷浑部落。吐蕃遂以吐谷浑故地及松州以西当、悉等州党项、白兰等族之地,统称为安多,由噶尔·钦陵长期领军驻守。

676年,吐蕃向唐朝进兵,攻占鄯、廓、河、扶、芳等州,并从吐蕃本部迁来大批吐蕃部落,使这些地区渐成为吐蕃人统治的地区。随后,吐蕃又北进安西,南攻茂州(今四川茂汶)。当时,唐朝在青海境内尚未设置军镇,驻兵有限,因而使唐朝处于被动防御状态。至此,吐蕃疆域"东与凉、松、茂等州相接,南至婆罗门,西又攻陷龟兹、疏勒四镇,北抵突厥,地方万余里"。①

678年,唐派中书令李敬玄为洮河道行军大总管和刘审礼、王孝杰统兵18万与吐蕃先战于龙支,击破吐蕃,再战于青海之

---

① 《旧唐书》,卷一九六《吐蕃传上》。

上，唐军大败，刘审礼、王孝杰被俘。李敬玄闻讯，逃至承凤岭屯扎，部将黑齿常之袭破吐蕃军，李敬玄才领余部还抵鄯州。

679年，吐蕃赞普芒松芒赞卒，赤都松赞（器弩悉弄）八岁嗣位，由大论钦陵代摄国政，使诸弟居外领军，分守各方。680年（永隆元年），噶尔·赞婆统军3万攻河源军（今西宁），李敬玄迎战于湟川，又遭失败。黑齿常之以精兵二千夜袭赞婆军营，赞婆惊惧而引还。唐朝擢黑齿常之为河源军经略大使，加强防守，并广开屯田，赞婆多次进攻皆被击退，从而使吐蕃锐气稍挫。此后，唐蕃之间为争夺西域四镇长期交战。

692年，唐朝名将王孝杰出征西域大破吐蕃，复取四镇。随后王孝杰与钦陵会战于吐谷浑故地，695年、696年王孝杰在青海（或说在洮州）素罗汗山及凉州两地，先后兵败，钦陵再次大获全胜，斩获数万，因而震动唐朝上下。这是唐蕃之间第二次大规模战争。

此时，吐蕃王朝内外军政大权由噶氏家族成员分掌。噶氏家族的长期专权，最终导致其与赞普及诸贵族之间的权力争夺。685年，赤都松赞受尊号后便对噶氏家族日生戒心，遂与其近臣共谋罢黜大论钦陵兄弟。695年，赤都松赞趁钦陵与王孝杰争夺西域四镇酣战之机，首先以叛离的罪名下诏杀噶尔·恭顿。然后于698年，以出猎为名亲自率军北上，征讨钦陵，钦陵在宗喀地方兵败自杀，从而结束了噶氏家族专权局面。

699年，钦陵之弟赞婆及其子莽布支（即论弓仁）先后率众降唐。唐待以殊礼，安置吐蕃部众于凉州洪源谷，命赞婆统帅，防御吐蕃。赞婆、莽布支及其子孙仕唐，受封食邑，累世不绝（据考有五代）。赤都松赞追讨噶氏余众至凉州，唐朝发陇右诸军迎战于昌松县的洪源谷（今古浪、天祝县境），先后六战，击退了吐蕃军队。

赤都松赞亲政之后,为了巩固王权,需要稳定局面,因而他不断遣使入唐,请求通好和亲。这时正值武则天后期,国内政局亦矛盾重重,因而息兵修好,也数次派使臣入蕃谈判,唐、蕃之间的紧张关系开始缓和,修聘、会盟、吊祭的使者经青海往来于逻些、长安之间的唐蕃古道,络绎不绝。

第三节　吐蕃王朝的巩固、强盛和对外扩张

赤都松赞讨灭噶氏家族之后,将吐蕃军政大权集于一身,使王权得到进一步加强。他曾先后亲率军队南征北战,北抵吐谷浑、突厥和唐朝陇右诸州,东进南诏等地。

这时期的吐蕃政局发生了新的变化,即贵族失去权势,而外戚得宠,其中以没卢氏的活动较有影响。《敦煌本吐蕃历史文书》记载,675年,赞蒙没卢·赤玛伦举行盛大庆宴,垄达延墀松贡金鼎,而赤都松赞的嗣位与亲政,都因得到了她和外戚的支持才实现的。从700年开始,《敦煌本吐蕃历史文书》编年史中,逐年记载她在吐蕃的活动和驻地。因此,在翦除噶氏后,吐蕃外戚由于赤都松赞母子的宠信而参与吐蕃王朝的军政事务。之后,赤都松赞命归降吐蕃并和王室联姻的阿柴首领垄达延长期驻防青海,从702年起由垄达延逐年在当地主持盟会。在境内外的盟会中,也出现由尚赞咄、尚赤桑等外戚主盟的记载,这反映了外戚在吐蕃政治生活中具有重要地位和影响。

赤都松赞灭除噶氏家族后,在外戚贵族的支持下,稳定了吐蕃王权统治,随后于704年亲征六诏地区的西洱河诸蛮部时,卒于军中。其年仅一岁的幼子赤德祖赞(弃隶蹜赞)遂即位执政,

由韦·杰桑东赞、琛·杰色许德、没卢·曲桑霍孟三人任大臣。由于赞普年幼，祖母没卢氏听政。没卢氏听政标志着外戚在吐蕃王朝权力之争中取得了重大胜利。"赤德祖赞一朝之权力结构，概以太皇太后所属之没卢氏、吐谷浑小王及权臣韦氏为核心。"①

在吐蕃贵族中没卢氏的政治倾向较为亲唐。由于幼主新立，吐蕃派尚赞咄入唐，力求与唐朝通好和亲，以度过幼主新立之初的困难局面。唐朝遂允其求亲，以金城公主许嫁赤德祖赞。赤德祖赞娶金城公主，生子赤松德赞。②

710年，唐中宗亲率百官送金城公主入蕃，并赐金城公主以杂技、工匠和龟兹乐等随从入蕃，还颁发制书对此次和亲予以盛赞。③

随后，金城公主由左卫大将军杨矩护送入蕃。吐蕃贿赂杨矩，请其代为请求将河西九曲地作为金城公主的汤沐邑，唐因之将九曲之地赠予吐蕃，作为金城公主的汤沐邑。吐蕃取得九曲之地后，于黄河之上架桥以利交通，并在黄河东岸置独山、九曲两军，作为东进的基地。《新唐书·吐蕃传》中称："九曲者，水甘草良，宜畜牧，近与唐接。自是虏益张雄，易入寇。"时隔四年，即714年，吐蕃攻临洮，从此揭开了赤德祖赞一朝对外经略之序曲。

714年（开元二年），吐蕃"坌达延与大论乞力徐二人引上军

---

① 林冠群：《吐蕃赞普墀松德赞研究》，（台湾）商务印书馆1989年版，第150页。
② 达仓宗巴·班觉桑布著，陈庆英译：《汉藏史集》，西藏人民出版社1986年版，第107~108页。
③ 《全唐文》，卷十六《金城公主出降吐蕃制》。引自范学宗、王纯洁编：《全唐文全唐诗吐蕃史料》，西藏人民出版社1988年版，第4~5页。

第四章 吐蕃王朝的建立及其对青海地区的经营

日月山

劲旅赴临洮"。①坌达延献书唐朝宰臣,称:"两国地界,事资骚(蚤)定界之后,然后立盟书。"唐朝命解琬带着"神龙盟誓"之誓文前往河源与盟。吐蕃派尚钦藏及御史名悉腊来献盟书。这是唐蕃第二次为两国地界而和盟。后此次议界失败,吐蕃大相坌达延遂攻临洮军,兵锋一度深入到唐朝的兰州、渭州等地。唐朝起用薛讷(薛仁贵之子)为陇右防御使,领兵十万还击吐蕃,拔去吐蕃独山、九曲两军。此时,唐因府兵制渐废,由都督持节统率数州军政成为定制。为边防需要,唐朝置陇右节度大使,治鄯州,领鄯、秦、河、渭、兰、临、武、洮、岷、廓、宕等十二州。

临洮之战后,吐蕃又派使言和,唐玄宗以吐蕃要求"敌国之礼"、"言词悖慢"等为由而拒绝,并将之前金城公主要求在黄

---

① 王尧、陈践译注:《敦煌本吐蕃历史文书》,民族出版社1992年版,第151页。

河九曲架设之桥拆毁,建立以黄河为界的防线。

从727年(开元十五年),唐朝于每年初秋在河西、陇右发兵防边,史称"防秋"。由于这些措施在一定程度上抑制了吐蕃的进攻,使双方在河陇一带未发生大规模战争。733年,赤德祖赞和金城公主多次派使臣入唐,请求与唐再订和盟,划界互市,并申述当时两国冲突是边将所为。赤德祖赞所上《请约和好书》中称:"外甥是先皇帝舅宿亲,又蒙降金城公主,遂和同为一家,天下百姓,普皆安乐。中间为张元表、李知古等,东西两处,先动兵马,侵抄吐蕃边将,所以互相征讨,迄至今日,遂成衅隙。……两国事意,悉猎所知,外甥蕃中已处分边将,不许抄掠,若有汉人来投,便令却送。伏望皇帝舅远察赤心,许从旧好,长令百姓快乐,如蒙圣恩,千年万岁,外甥终不敢先违盟誓。"①因之,唐朝上下亦多主和好,认为以往唐蕃交恶是由于赞普年幼,是边将好功者所为,应许赞普之约,以纾边息民为上策。于是,唐蕃双方派遣专使赍敕书以申和好,约定以赤岭为界,于甘松岭和赤岭两地互市。734年(开元二十二年)六月,唐蕃在赤岭树碑分界,并通告双方边境州县,以两国和好,无相侵略。碑文曰:"昔先帝含弘,爱主从聘,所以一内外之礼,等华夷之观,通朝觐之往来,成舅甥之宴好,则我先帝之德,不可忘也。"约言双方"不以兵强而害义,不以为利而弃言"。边将亦通好存问,于当地聚会立盟,各去壁障,互申诚意。②赤岭分界后,唐蕃双

---

① 《请约和好书》,引自范学宗、王纯洁编:《全唐文全唐诗吐蕃史料》,西藏人民出版社1988年版,第259~260页。

② 苏晋仁:《〈册府元龟〉吐蕃史料校注》,四川民族出版社1981年版,第135~136页。

第四章 吐蕃王朝的建立及其对青海地区的经营

方保持了一段和平时期。

但时隔不久,737年(开元二十五年),河西节度使崔希逸遣孙诲入朝奏事,孙诲妄称吐蕃边境无备,可以攻取。唐玄宗命孙诲与宦官赵惠琮前往河西察看吐蕃虚实。孙诲二人到凉州后,擅自矫诏命崔希逸发兵突袭吐蕃于青海以西,并毁赤岭界碑;又调兵夺取吐蕃黄河桥,在黄河岸筑城,驻军守卫。唐蕃关系由此再趋紧张。740年金城公主去世后,双方关系更加恶化。

741年(开元二十九年),吐蕃调集40万大军攻取唐朝廓州达化县及石堡城。石堡城位于日月山东坡下,是河湟门户,它的失守使唐朝在河湟地区的安全再度面临严重威胁。唐朝如要保卫河湟,势必要夺回石堡城。而石堡城因战略地位重要,吐蕃又据险固守,所以,天宝初年唐朝虽先后以皇甫惟明、王忠嗣为陇右节度使,命其夺取石堡城,但始终未能攻克。吐蕃占领石堡城后,每年秋季麦收时总要进掠积石军一带的唐朝屯田区夺麦,而唐军不能抵御,以致积石军被称作"吐蕃麦庄"。①

747年(天宝六年),"上欲使王忠嗣攻吐蕃石堡城,忠嗣上言:'石堡险固,吐蕃举国守之,今屯兵其下,非杀数万人不能克;臣恐所得不如所亡,不如且厉兵秣马,俟其有衅,然后取之。'上意不快"。时有将军董延光自请将兵取石堡城,唐玄宗遂命王忠嗣分兵以助其战。董延光攻石堡城而过期不克,称言是因王忠嗣阻挠军机所致,唐玄宗因之大怒,"敕征忠嗣入朝,委三司鞫之"。不久,王忠嗣因罪贬为汉阳太守,由哥舒翰充任陇右节度使。②

---

① 《旧唐书》,卷一〇四《哥舒翰传》。
② 《资治通鉴》,卷二一五,天宝六年。

749年（天宝八年），哥舒翰率陇右、河西、朔方、河东及突厥阿布思兵，共三万六千众，攻取吐蕃石堡城。哥舒翰"进攻数日不拔，召裨将高秀岩、张守瑜，欲斩之，二人请三日期可克；如期拔之，获吐蕃铁刃悉诺罗等四百人，唐士卒死者数万，果如王忠嗣之言。顷之，（哥舒）翰又遣兵于赤岭西开屯田，以谪卒二千戍龙驹岛。冬，冰合，吐蕃大集，戍者尽没"。攻下石堡城后，唐以石堡城为神武军，旋又改为天威军。接着，哥舒翰又于753年（天宝十二年）从吐蕃手中夺得洪济城、大漠门等，悉收黄河九曲之地。第二年秋，因哥舒翰奏请，"于所开九曲之地置洮阳、浇河二郡及神策军，以临洮太守成如璆兼洮阳太守，充神策军使"。①至此，唐朝在青海地区的被动局面大有转机。

这一时期，在西域唐蕃为争夺四镇的战争仍在进行。吐蕃北联突骑施，西联勃律、大食等，合击唐朝。大食、突骑施都派专使往来于吐蕃。小勃律王也于737年入朝吐蕃，一时间，勃律邻近20余部、族首领都相继臣服吐蕃，对唐朝西境的交通贸易构成了严重的威胁。唐朝因此发安西守军，由高仙芝为将，于747年破小勃律，截断吐蕃援军，暂时控制了中亚。但751年高仙芝败于怛罗斯城后，唐在中亚的势力遂一落千丈。

赤德祖赞在位期间（704~754年），唐蕃双方争战互有胜负，基本上处于相持状态。唐朝为防御吐蕃，以20余万众，分镇诸道。据《资治通鉴》天宝元年时的记载，唐朝备御吐蕃的兵力布防情况如下：

"安西节度抚宁西域，统龟兹、焉耆、于阗、疏勒四镇，治龟兹城，兵二万四千。……河西节度断隔吐蕃、突厥，统赤水、

---

① 《资治通鉴》，卷二一六，天宝八年；卷二一七，天宝十三年。

第四章 吐蕃王朝的建立及其对青海地区的经营

大斗、建康、宁寇、玉门、墨离、豆卢、新泉八军,张掖、交城、白亭三守捉,屯凉、肃、瓜、沙、会五州境,治凉州,兵七万三千人。……陇右节度备御吐蕃。统临洮、河源、白水、安人、振威、威戎、漠门、宁塞、积石、镇西十军,绥和、合川、平夷三守捉,屯鄯、廓、洮河之境,治鄯州,兵七万五千人。剑南节度西抗吐蕃,南抚蛮獠,统天宝、平戎、昆明、宁远、澄川、南江六军,屯益、翼、茂、当、嶲、柘、松、维、恭、雅、黎、姚、悉十三州之境,治益州,兵三万九百人。"①

吐蕃方面的屯兵情况虽无具体记载,但根据双方战争时动用的兵力及上述唐朝的防卫部署来推测,吐蕃的设防应与唐朝大体相称。《青海简史》称:吐蕃方面也设置了不少军事单位。见于汉文记载的如青海黄河东岸的独山、九曲军,在青海湖北的渔海军、游奕军,其他还有大岭军、青海军等。此外还有石堡城、铁仞城等。②

赤德祖赞执政之初,得力于祖母、母后和外戚的辅助,他与金城公主联姻后,极力谋求与唐通好互市,以息争战。但因外戚将领长期拥兵驻边,形成尾大不掉之势,尤其在他统治的后期,吐蕃王朝统治集团内部又出现权利争夺之危机。据藏文史籍载,约于754年,大臣末氏、朗氏作乱,赞普被弑,年63岁。③

755年(天宝十四年),吐蕃王室捕杀谋害赤德祖赞之元凶,"迁出末氏、朗氏之奴户,令二人偿命"。同时,吐蕃继续进攻唐

---

① 《资治通鉴》,卷二一五,天宝元年正月。
② 王昱、聪喆主编:《青海简史》,青海人民出版社1992年版,第88页。
③ 蔡巴·贡噶多吉:《红史》(汉译本),西藏人民出版社1988年版,第33页。

朝河陇地区，"论·绮力卜藏、尚·东赞二人攻陷洮州城堡，收复黄河军衙，尚·多热传令授之元帅。多思麻之夏季会盟事于伍茹之'列兰那'地方由论绮力思扎、芒赞彭冈、论多热等人召集之，引劲旅至洮州"。赤松德赞是年13岁即赞普位，翌年亲政，汉文史籍称娑笼腊赞、弃黎苏笼腊赞或乞黎苏笼猎赞。①

赤松德赞是吐蕃赞普中政绩宏伟，为吐蕃的繁荣富强做出过伟大贡献的赞普之一，其功绩与松赞干布相媲美，在藏族历史上被赞颂为"祖孙三法王"之一。

石堡城之战的胜利，使唐朝在80余年的唐蕃对峙中终于取得了军事上的优势，但是，755年，唐朝爆发"安史之乱"。叛军很快进逼长安，唐玄宗出奔入蜀，禅位于肃宗李亨。唐朝调发全国兵力平定叛乱。朔方、河西、陇右一线的驻军，除少量留守外，全部内调。哥舒翰率领河西、陇右大军东守潼关。在唐朝全力平定安史之乱，边境空虚之机，吐蕃向唐朝河陇等地大举进攻。

756年，论·绮力卜藏、尚·东赞二人领兵攻陷洮州城，并重新攻取石堡城；757年，陷西平郡；758年，攻陷河源郡；760年，攻陷廓州。由此揭开了赤松德赞一朝吐蕃与唐争战的序幕。从《敦煌本吐蕃历史文书》之记载来看，赤松德赞继位后，继续对外扩张，并加强了对多思麻地区（青海）的重视，从755年开始，每年都在多思麻举行夏季会盟与冬季会盟，这与吐蕃在河陇等地的战事当有密切关系。

762年，吐蕃在唐代宗新立之机遣使入唐请和，但是吐蕃元

---

① 赤松德赞，又译作墀松德赞。据《敦煌本吐蕃历史文书》载，为赤德祖赞与那囊氏芒波杰之子；据《贤者喜宴》载，为赤德祖赞与金城公主之子。

第四章 吐蕃王朝的建立及其对青海地区的经营

帅达札路恭借口助唐廷平息叛乱,开始向唐朝发动大举进攻。有学者认为,这才是吐蕃发动的"真正意义的全面侵唐战争","从唐、蕃战争的全过程判断,乞黎苏笼猎赞制定的总体战略似乎是,以主力进击唐廷所在地的关中,以偏师伺机蚕食河西,对碛西则基本上不予触动,陷其为飞地,孤立而降之。可见吐蕃对唐朝中央政府与河西、碛西等地方当局打击方式有别"。①

是年十二月,陷临、洮、秦、成、渭等州。763年,又大举进攻河陇,"入大震关,陷兰、廓、河、鄯、洮、岷、秦、成、渭等州,尽取河西、陇右之地"。②九月,进攻泾州,刺史高晖以城出降,并为吐蕃军作向导,向京畿挺进,连克邠州、奉天、武功等地,循南山东进。唐代宗逃往陕州,随后郭子仪自咸阳率军护驾奔华州。吐蕃遂攻入长安,高晖与吐蕃元帅达札路恭立金城公主之侄李承宏为帝,后遭到郭子仪的反击,吐蕃军占领长安15日后,引军西撤,屯驻于六盘山—陇山一线的原、会、成、渭等州,而凤翔以西、邠州以北的河陇20余州皆为吐蕃所占。③至此,吐蕃向外发展达到鼎盛时期。这次战争虽然在性质上为吐蕃武力扩张,但其结果在藏族历史上具有重要意义,它对于之后甘青藏族聚居区的最终形成、巩固和发展产生了极为深远的历史影响,

---

① 薛宗正:《吐蕃王国的兴衰》,民族出版社1997年版,第115页。
② 《资治通鉴》,卷二二三,广德元年。
③ 《敦煌本吐蕃历史文书》载:是年冬末,"唐蕃社稷失和,尚·野息、尚·东赞等越彭林铁桥。引兵至札钦攻陷唐之临洮、成州、河州等城堡多处,尚·野息复进至蕃土。尚·野息、论·悉诺逻(达札路恭、马重英)、尚·东赞、尚·赞哇(磨)等人引劲旅至(唐)京师,京师陷。唐帝遁走,乃立新君,劲旅还。尚·野息还至蕃土召集大议会。"——王尧、陈践译注:《敦煌本吐蕃历史文书》,民族出版社1992年版,第156页。

由此也导致8世纪中叶以后吐蕃与唐朝双方会盟、背盟,时和、时战的复杂局面。

764年秋八月,唐朝名将仆固怀恩反叛朝廷,与回纥、吐蕃军联合,率10万军队入侵奉天,直逼长安。唐代宗下诏让郭子仪统帅诸将出镇奉天。九月,"以郭子仪充北道邠宁、泾原、河西以来通和吐蕃使,以陈郑、泽潞节度使李抱玉充南道通和吐蕃使。子仪闻吐蕃逼邠州,甲寅,遣其子朔方兵马使(郭)晞将兵万人救之。……京师戒严"。吐蕃、回纥见唐军有备,遂不战而退。①时唐河西节度使杨志烈遣监军柏文达率卒五千攻灵武,仆固怀恩退灵州,击溃柏文达,五千精卒丧失殆尽,遂为吐蕃所围,杨志烈由凉州奔甘州,凉州为吐蕃所据。

765年(永泰元年)三月,吐蕃遣使向唐请和,唐代宗派宰相元载、杜鸿渐与吐蕃使臣会盟于兴唐寺。与此同时,仆固怀恩诱回纥、吐蕃数十万众合兵围攻泾阳(今陕西泾阳),郭子仪命守军将士严守而不与战。766年(大历元年)春二月,唐朝命大理寺少卿杨济修好于吐蕃。"九月,杨济自吐蕃使还。吐蕃遣其首领论泣藏等百余人随济来朝,谢申好也。……大历二年二月,遣检校户部尚书兼御史大夫薛景仙使于吐蕃,修旧好也。"夏四月,唐朝"宰臣及内侍鱼朝恩与吐蕃使同盟于兴唐寺"。②

但双方的军事冲突并未因会盟而停止。就在这年九月,吐蕃军队数万众围灵州,游骑至潘原、宜禄一带。冬十月,朔方节度

---

① 《资治通鉴》,卷二二三,广德二年;《通鉴纪事本末》,卷三二,"吐蕃入寇"。

② 《册府元龟》,卷九八〇《外臣部·通好》,卷九八一《外臣部·盟誓》。

第四章 吐蕃王朝的建立及其对青海地区的经营

使路嗣恭破吐蕃于灵州城下,吐蕃却又相继攻陷甘州和肃州。大历三年八月,吐蕃大将尚赞摩率兵攻灵武,进寇邠州,邠宁节度使马璘击破之。九月,吐蕃寇灵州,唐关内副元帅郭子仪和朔方骑将白元光迎击吐蕃,破之。之后,唐朝"以吐蕃岁犯西疆,增修镇守,乃以邠宁节度马璘为泾原节度使,镇泾州,以邠、宁、庆等州隶入朔方"。①

770年(大历五年),"徙置当、悉、柘、静、恭五州于山险要害地,以备吐蕃"。②但吐蕃对唐朝的军事威胁依然严峻,唐朝更因战线过长而出现首尾不应、顾此失彼的局面。771年(大历六年)二月,河西、陇右、山南西道副元帅兼泽潞、山南西道节度使李抱玉上表奏称:"今以臣守在西鄙,兼统汉中,抚循实难,威令不及。况自陇坻达于扶文,绵亘边陲二千余里,虽山谷险阻,足为藩蔽,其中贼路不一,皆要防虞。加之夷狄无厌,凭陵滋甚,去年既侵右地,复扰西山,倘至前秋,两道(岷、陇)俱下,臣若固其济陇,则不救梁岷;若进兵扶文,恐患逼关辅,首尾不应,进退无从……"③四月,吐蕃请和,唐遣兼御史大夫吴损出使吐蕃。772年(大历七年)二月,吐蕃遣使朝贡。

774年(大历九年),郭子仪入朝,代宗召对于延英殿,向唐代宗上备吐蕃利害之论:"今吐蕃充斥,势强十倍,兼河陇之地,杂羌、浑之众,每岁来窥近郊,以朔方减十倍之军,当吐蕃加十倍之骑,欲求制胜,岂易为力!近入内地,称四节度,每将

---

① 《资治通鉴》,卷三二四,大历三年九月;《册府元龟》,卷九九二《外臣部·备御五》。
② 《册府元龟》,卷九九二《外臣部·备御五》。
③ 《册府元龟》,卷四〇九《将帅部·退让二》。

盈万，每贼兼乘数四，臣所统将士，不当贼四分之一，所有征马，不当贼百分之二，诚合固守，不宜与战。又得马璘牒，贼拟涉渭而南。臣若坚壁，恐犯畿甸；若过畿内，则国之大恐，诸道易摇。外有吐蕃之强，中有易摇之众，外畏内惧，将何以安？臣伏以陛下广制胜之术，力非不足，但虑简练未精，进退未一，时淹师老，地阔势分。愿陛下更询谠议，慎择名将，俾之统军。于诸道各抽精卒，成四五万，则制胜之道必矣。未可失时。臣又料河南北、山南江淮，小镇数千，大镇数万，空耗月饩，曾不习战。臣请抽赴关中，教之战阵。则军声益振，攻守必全，亦长久之计也。"①唐代宗接纳了郭子仪的这一建议，并于是年九月，命郭子仪、李抱玉、马璘、朱泚分统诸道防秋之兵。因此，唐军的抵抗能力有所加强，吐蕃在陇右、剑南的多次进攻皆被唐军击败。

纵观赤松德赞在位前期（755~779年），吐蕃利用唐朝安史之乱和仆固怀恩之叛的有利时机，尽取唐朝陇右、河西之地，使吐蕃疆域空前扩展，"自安西以东，河、兰、伊、甘及西凉，至于会宁、天水，万三千里，凡六镇十五军，皆为西戎有。"②

779年（大历十四年）五月，唐代宗薨，太子李适继位，是为唐德宗，旧史称之为"中兴之主"。有学者认为："自肃宗以迄代宗在外交上奉行的基本政策都是联回纥以拒吐蕃，从当时周边形势以及唐朝自身的利害衡量，这一方针无疑是正确的，而德宗却以居藩时借兵回纥，曾受所辱，深恨回纥，有意变动上述国

---

① 《册府元龟》，卷三六六《将帅部·机略六》。
② [唐]沈亚之：《西戎患对》，见范学宗、王纯洁编：《全唐文全唐诗吐蕃史料》，西藏人民出版社1988年版，第244页。

第四章 吐蕃王朝的建立及其对青海地区的经营

策,继位之初即急于对蕃和解。"①八月即遣太常少卿韦伦出使吐蕃,归还蕃俘500人以示修好。

780年(建中元年)五月,韦伦再次出使吐蕃,十二月自吐蕃返回时,吐蕃宰相论钦明思等55人同至,献方物以修好。第二年三月,以万年令崔汉衡为殿中少监,率常鲁等再使吐蕃,随行的还有唐朝名僧良琇、文素。②782年(建中三年)十月,唐蕃双方相约来年正月会盟于清水。783年(建中四年)春正月,凤翔、陇右节度使张镒与吐蕃宰相尚结赞,同盟于清水。《敦煌唐人诗集残卷考释》载:"正月,德宗诏陇右节度使张镒与吐蕃大相尚结赞会盟于清水。……夏四月,区颊赞以清水之盟疆场未定,'不与唐宰相、尚书盟'。遂命崔汉衡重入吐蕃决于赞普。六月,吐蕃使者论刺没藏自青海至,言疆场已定,请区颊赞归国。"由此来看,此时吐蕃赞普赤松德赞适在青海。③

清水会盟在唐蕃关系史上具有重要的历史意义,其盟文曰:"……今国家所守界:泾州西至弹筝峡西口,陇州西至清水县,凤州西至同谷县,暨剑南西山、大渡水,东为汉界。蕃国守镇在兰渭原会,西至临洮,又东至成州,抵剑南,西界磨些诸蛮,大渡水西南为蕃界。其兵马镇守之处,州县见有居人,彼此两边,见属汉诸蛮,以今所分,见住处依前为定。其黄河以北,从故新泉军直北至大碛,直南至贺兰山骆驼岭为界,中间悉为闲田。盟文有所不载者,蕃有兵马处蕃守,汉有兵马处汉守。并依见守,

---

① 薛宗正:《吐蕃王国的兴衰》,民族出版社1997年版,第135页。
② 《册府元龟》,卷九八〇《外臣部·通好》。
③ 见范学宗、王纯洁编:《全唐文全唐诗吐蕃史料》,西藏人民出版社1988年版,第26页。

不得侵越。其先未有兵马处，不得新置并筑城堡、耕种。今二国将相受辞而会，斋戒将事，告天地山川之神，惟神照临，无得愆坠。其盟文藏于宗庙，副在有司，二国之成，其永保之！"[1]七月，唐以礼部尚书李揆为入蕃会盟使，前往吐蕃逻些会盟，又诏诸将相与区颊赞盟于京城西。

清水会盟后不久，唐朝发生泾原兵变，拥朱泚为帅，唐德宗逃往奉天。唐廷邀请吐蕃出兵助唐平乱，约定平叛成功后以伊西、北庭之地划归吐蕃，并许每年给赞普彩绢一万匹段。[2]784年（兴元元年）四月，浑瑊与吐蕃将论莽罗之众，破朱泚属将韩旻于武功，随后即平定朱泚之乱。

朱泚之乱平定后，吐蕃要求唐朝践约给地，但却遭到陆贽、李泌等唐廷朝臣的极力反对，德宗遂决定不割地。与此同时，唐以李晟兼凤翔、陇右节度等使及四镇、北庭、泾源行营副元帅，晋爵西平王，加强对吐蕃的防御。吐蕃因之怨唐，于786~787年（贞元二至三年），接连向泾、陇、邠、宁诸州发起进攻，"掠人畜，芟禾稼，西鄙骚然，州县各城守"。唐德宗急诏浑瑊将万人，骆元光将八千人屯于咸阳以备吐蕃。李晟遣其将王佖率骁勇三千

---

[1]《册府元龟》，卷九八一《外臣部·盟誓》。《资治通鉴》，卷二二八，注："是年春，张镒与吐蕃盟于清水。宋白曰：张镒与吐蕃盟文曰：'今国家所守界，泾州，西至弹筝峡西口，陇州，西至清水县；凤州，西至同谷县；暨剑南西山、大渡河东，为汉界。蕃国守备在兰、渭、原、会，西至临洮，又东至成州，抵剑南西界磨些诸蛮，大渡水西南，为蕃界。'"

[2][唐]陆贽：《赐吐蕃将书》，见范学宗、王纯洁编：《全唐文全唐诗吐蕃史料》，西藏人民出版社1988年版，第164页。《资治通鉴》，卷二三一，兴元元年七月。

第四章 吐蕃王朝的建立及其对青海地区的经营

人设伏于汧城,大败尚结赞。贞元二年十月,李晟遣蕃落使野诗良辅与王佖领步骑五千袭破吐蕃摧沙堡,斩其将扈屈律悉蒙,焚其蓄积而还。①贞元三年,吐蕃不断遣使求和,唐亦先后派崔浣、李铦出使吐蕃。四月,唐以崔浣为鸿胪卿复使吐蕃,并告知吐蕃将尚结赞,唐将会派浑瑊与其在清水再次会盟,但要求吐蕃先归还盐、夏二州。五月,以浑瑊为清水会盟使,以兵部尚书崔汉衡为副使,司封员外郎郑叔矩为判官,特进宋奉朝为都监,率二万余人前往会盟地点。但尚结赞遣其属论泣赞前来声称:"清水非吉地,请盟于原州之土黎树;既盟而归盐、夏二州。"唐德宗皆许之。②会盟时,尚结赞与浑瑊相约,各以甲士三千人列于盟坛之东西,常服者四百人随从至盟坛之下。双方进入会盟帐幕,改易礼服之际,"虏伐鼓三声,大噪而至,杀宋奉朝于幕中"。浑瑊从幕后逃出,乘马疾驰十余里,唐将卒皆向东奔走,吐蕃纵兵追击,或杀或擒,死者数百人,擒者千余人,崔汉衡被擒。浑瑊逃到自己军营时,其将卒皆已遁去,军营成空,浑瑊即入骆元光的军营,吐蕃乃还。这次平凉劫盟是吐蕃精密谋划的一次军事奇袭,劫盟的目的在于擒拿唐朝名将浑瑊。③

平凉劫盟后,唐蕃关系完全破裂,唐朝河陇地区完全没于吐蕃。面对来自吐蕃的严峻挑战,唐德宗重新检讨其"和吐蕃、仇回纥"的基本国策,采纳李泌、陆贽等的建议,结回纥、南诏、大食及天竺,以共图吐蕃。为此,唐与回纥和亲,回纥与吐蕃在北庭争雄助唐;南诏归唐立盟,联合对付吐蕃,从而使吐蕃陷于

---

① 《资治通鉴》,卷二三一,贞元二年九月、十月。
② 《资治通鉴》,卷二三二,贞元三年闰五月。
③ 《资治通鉴》,卷二三二,贞元三年闰五月。

- 95 -

孤立之境，其扩张之势遂不断减弱。

赤松德赞在位时，吐蕃王朝国力臻于全盛，在向外以武力扩张的同时，对境内及各属部地区还采取了一系列旨在加强统治的重要措施。在内政建设方面，《贤者喜宴》中记载的吐蕃三十六制，大多是在这一时期确立的。可见此时吐蕃王朝的内政、法律更趋完备。在属部建设方面，在赤松德赞之前，对吐蕃王朝及其疆域和民族，古藏文文献中一般通称为"蕃"，而从赤松德赞在位时起，出现了"吐蕃与大蕃"的称谓，又统称"大蕃"。按松巴堪布《青海历史》中的解释，"吐蕃"指其本土，"大蕃"则指其各属部地区在内的整个藏族地区。因而，"大蕃"一名的出现，是赤松德赞对吐蕃本土及其各属部完成统一建制后的一个重要标志。之外，在河陇地区设置"德论喀木钦波"（意为"巡边安抚大相"），分辖于阗、凉州等"通郏"（意为观察使），用以加强对这一地区的统治。

此外，赤松德赞采取扶植佛教的政策，建寺度僧，广译佛经，使佛教在他统治时期长足发展，对藏族地区佛教广泛传播产生了极为深远的影响，因而后世尊称他为"法王"。当时所译经典以其收藏的王宫名命，编成三本目录，即秦浦目录、旁塘目录和丹噶目录。①

第四节 吐蕃王朝的衰落

赤松德赞在位的后期，由于连年向外用兵，致使吐蕃在人力

---

① 编写组：《藏族简史》，西藏人民出版社1985年版，第42~46页。参见《贤者喜宴》、《敦煌本吐蕃历史文书》。

第四章 吐蕃王朝的建立及其对青海地区的经营

和物力上受到巨大的消耗,社会经济和人民生活遭到严重破坏,因而,引起国内人民的反抗。同时,统治集团内部在内外政策上亦出现分歧和矛盾,这样,就在吐蕃王朝国力极盛,向外扩张取得胜利的同时,王朝统治内部的各种社会矛盾和政治危机也日益暴露。

首先是佛教与本教之间的斗争。藏文史籍中记载,大臣论悉诺笃信本教,反对兴佛建寺。论悉诺曾建立殊勋,赤松德赞为其树碑以纪功。由于他坚持反佛,最终被赤松德赞处死。因此,所谓的佛本之争,其实质是统治者上层权力之争,即如论悉诺这样的重臣,也在这场斗争中被剪除。另外,佛教内部也存在斗争,出现了以汉地僧人摩诃衍那为代表的顿悟派和印度僧人寂护为代表的渐悟派两个对立的宗派,而且分歧日趋尖锐,最终导致"顿渐之争"。

797年(贞元十三年),赤松德赞去世,由其次子牟尼赞普(足之煎)嗣位。牟尼赞普支持佛教,且三次下令"平均"财富而触犯了贵族的利益,他即位仅一年多,就被母后次绷氏毒死。此后吐蕃王室内部斗争日趋激烈,赞普王权日益衰微。

经过宫廷内部的激烈斗争,次绷氏幼子赛那勒在僧人娘·定埃增支持下,于798年(贞元十四年)被拥戴为赞普,是为赤德松赞。赤德松赞即位后,师事娘·定埃增,并采纳娘·定埃增的建议,同各种势力集团进行君臣盟誓,稳定内部局势。同时对外与唐朝言和,巩固对各属部的控制。

吐蕃王朝前期由王族掌权,称其职位为"论",后来外戚得宠,倚重舅氏,藏语称舅为"尚","尚"遂成为官职之称。吐蕃的九大尚论、三尚一论等朝廷重臣,均由王族和外戚组成。赤松德赞用僧人掌政,并将从政僧人的名字置于尚、论等百官之前，这表明此时僧人的地位和威望已高于王族和外戚诸权贵，且实际上已上升为代表赞普的全权执政者，藏语称之为"钵第伽阐布罗笃波"（意为高僧兼平章政事），汉文史籍中译称为"钵阐布"（亦作"钵掣逋"）。钵阐布在吐蕃推行佛教，力图摆脱因连年战争带来的社会危机，藉以赢得民心，巩固赞普和自己的权力及地位，因而坚持主张与唐朝言和息战，缓和双方的关系。《西藏王臣记》载：当时"中原的和尚和西藏译师及班抵达们从中劝解，使舅甥关系仍归于好"。①810年（元和五年），钵阐布提出归还唐的秦、原、安乐三州之地，唐宪宗为此赐敕书予以嘉奖，称其"能辅赞大蕃，叶和上国，宏清净之教，思安边陲，广慈悲之心，令息兵甲，既表卿之远略，亦得国之良图"。②815年（元和十年），吐蕃请求在陇州塞（今陕西陇县）互市，唐朝应允。随着唐蕃双方息兵甲、安边陲局面的促成，吕温等平凉劫盟中没落蕃中的大批唐朝臣僚被遣返归唐。

815年（元和十年），赤德松赞去世，由王妃没卢氏之子赤祖德赞③继赞普位。赤祖德赞之初，唐蕃之间再度陷入战争状态。819年（元和十四年），唐蕃在盐州发生大规模军事冲突，820年（元和十五年）唐宪宗薨，唐穆宗立，党项羌叛附吐蕃，攻夏州；

---

① 五世达赖喇嘛著，郭和卿译：《西藏王臣记》，民族出版社1993年版，第71页。参见萨迦·索南坚赞著，陈庆英等译：《王统世系明鉴》，辽宁人民出版社1985年版，第187页。

②《全唐文》，卷六六五。《白氏长庆集》，卷三九，《与吐蕃宰相钵阐布敕书》。引自范学宗、王纯洁编：《全唐文全唐诗吐蕃史料》，西藏人民出版社1988年版，第214页。

③ 赤祖德赞（khri gtsug lde brtsan），藏文史书又称热巴坚；唐史中作"可黎可足"，又《长庆会盟碑》作"彝泰赞普"。

第四章 吐蕃王朝的建立及其对青海地区的经营

吐蕃又进攻剑南雅州。面对这种形势，东川节度使王涯上书建议唐朝结盟回鹘，与之合力，共图吐蕃。①821年（长庆元年）五月，唐以太和长公主嫁回鹘崇德可汗，与回鹘结盟。回鹘"以万骑出北庭，以万骑出安西，拒吐蕃以迎公主"。②吐蕃鉴于唐与回鹘结成联盟，遂改变对唐政策，"乃遣使者尚绮力陀思来朝，且乞盟，诏许之"。③于是，双方约定在唐京师西郊会盟。④会盟之前，吐蕃赞普及宰相钵阐布云丹、元帅尚绮心儿等先寄来盟文的主要内容，即"蕃、汉两邦，各守见管本界，彼此不得征，不得讨，不得相为寇仇，不得侵谋境土。若有所疑，或要捉生问事，便给衣粮放还"。⑤翌年五月，唐朝以大理卿刘元鼎为和盟专使，率使团入吐蕃，与云丹、尚绮心儿等于拉萨东郊会盟。这次会盟史称"长庆会盟"。

823年（长庆三年），唐蕃各于京师树碑纪念。当时在吐蕃树立的唐蕃会盟碑，迄今仍屹立在拉萨大昭寺门前。⑥盟文盛赞会盟"再续慈亲之情，重申邻好之义"。长庆会盟重申的唐蕃边界，大体上维持了清水会盟所划定的边界走向。⑦

---

① 《册府元龟》，卷九九三《外臣部·备御六》。

② 《资治通鉴》，卷二四一，长庆元年六月。

③ 《新唐书》，卷二一六《吐蕃传下》。

④ 《旧唐书》，卷一九六《吐蕃传下》；《新唐书》，卷二一六《吐蕃传下》。

⑤ 王尧编著：《吐蕃金石录》，文物出版社1982年版，第41页。

⑥ 长庆会盟碑，又称舅甥会盟碑。碑文内容见王尧编著：《吐蕃金石录》，文物出版社1982年版，第41页；[美]李方桂、柯蔚南著，王启龙译：《古代西藏碑文研究》，西藏人民出版社2006年版，第三章文献Ⅰ：821~822年的唐蕃会盟碑；巴卧·祖拉陈瓦著，黄颢、周润年译注：《贤者喜宴——吐蕃史译注》，中央民族大学出版社2010年版，第258页。

⑦ 参阅编写组：《藏族简史》，西藏人民出版社1985年版，第57~58页。

长庆会盟后，唐蕃双方的长期纷争基本结束。因此，赤祖德赞在人民能够休养生息的有利形势下，大力弘扬佛教，使佛教在吐蕃全境得到传播发展，因而后世藏文史籍中把他与松赞干布、赤松德赞并列，尊称为吐蕃王朝的第三位"法王"。

到赤祖德赞晚期，随着佛教发展，钵阐布的权势日益显赫，并与外戚、王族结成政治联盟，内政、外交、军事遂由钵阐布云丹操纵。后来赤祖德赞多病，因而将国政委予大论结都那执掌，随之引起吐蕃王朝统治阶级内部的权力之争。大论诬陷钵阐布与王妃通奸，于是王妃被逼自杀，钵阐布云丹也获罪被诛。① 此后，赤祖德赞所依靠的佛教势力被逐渐瓦解，赤祖德赞随之陷入孤立，最终于841年（会昌元年）遇弑，由其兄达磨继为赞普。②

第五节　吐蕃王朝的崩溃

长庆会盟后，河陇地区摆脱了战乱之苦，各族人民得以休养生息。但仅20年后，随着吐蕃王室的分裂和内战的爆发，今青海在内的河陇地区再次陷入战乱之中，由此瓦解了吐蕃王朝在这一地区的统治。

一、达磨灭佛与吐蕃内战的爆发

达磨继位后，遂任命韦达纳坚（dbavs-stag-rna-can）为大臣。

---

① 参见达仓宗巴·班觉桑布著，陈庆英译：《汉藏史集》，西藏人民出版社1986年版，第123~124页；巴卧·祖拉陈瓦著，黄颢、周润年译注：《贤者喜宴——吐蕃史译注》，中央民族大学出版社2010年版，第261~262页。

② 关于赤祖德赞之死，藏文史籍中有不同的记载。参见《汉藏史集》、《贤者喜宴》、《西藏王臣记》、《王统世系明鉴》等相关章节。达磨在藏史中又称朗达玛、赤达玛乌东赞等。

第四章 吐蕃王朝的建立及其对青海地区的经营

"其时，因发生了霜、冰雹和瘟疫，于是就扬言是推行佛法之故，遂有此不祥。有此类说法之后，继之又形成夸张的说法，因此毁灭佛教。"①《新唐书·吐蕃传》中亦称：会昌二年，吐蕃国中，"地震裂，水泉涌，岷山崩，洮水逆流三日，鼠食稼，人饥疫，死者相枕藉。鄯、廓间夜闻鼙鼓声，人相惊"。②于是，反佛势力把这些灾害归罪于佛教。达磨为巩固自己在政治上的统治地位，正好利用社会上人们对佛教诋毁和怀疑心理，在大力制造反佛舆论的形势下，又颁布灭佛的法令，大肆破坏、毁弃佛教寺院、佛经、佛像等，强令僧人还俗离寺，破戒杀生，使吐蕃佛教遭到极为沉重的打击。当时，能够逃脱的佛教僧人纷纷逃往阿里、青海和康等边远地区。

达磨灭佛的极端措施及实施，激起了佛教僧侣的仇恨。842年（会昌二年），达磨在大昭寺前，被佛僧拉隆贝吉多杰用箭射杀。刺杀达磨后，拉隆贝吉多杰逃往多康，后辗转到青海，与之前逃至该地的藏饶赛等三贤者相会合。这为之后藏传佛教后弘期在青海地区的兴起播下了火种。

达磨被杀后，吐蕃统治内部的矛盾，围绕赞普继位问题而激化。达磨有两个王妃，小妃蔡邦萨赞莫潘（tshe-Spong-bzav-btsan-mo-vphan）生一遗腹子，为囊德约松（gnam-lde-vod-srung）。长妃那囊萨（sna-nam-bzav）亦声称生一子，名为墀德云丹（khri-lde-yum-brtan）。大小二妃及其王子双方各自联合一批贵族势力，相互争夺王权，王室遂分裂为二。为争夺王权，双方持续

---

① 巴卧·祖拉陈瓦著，黄颢、周润年译注：《贤者喜宴——吐蕃史译注》，中央民族大学出版社2010年版，第277页。

② 《新唐书》，卷二一六《吐蕃传下》。

火并20余年，藏史称为"伍约之战"。①统一的吐蕃王朝因此分崩离析，大部分地方各自为政，不相统属。

王室两派间的争斗火并最终激起社会动荡。到869年，吐蕃爆发了历史上规模最大的平民大起义，藏文史籍中称为"邦金洛"。起义使吐蕃王朝诸王陵墓遭到毁坏，"王族变为臣民，国法毁坏，佛法衰亡，外部边哨尽失，吐蕃内部大乱。从朗达玛阴水猪年灭法开始，到乌斯藏六人或十人前去朵思麻出家，于阳铁马年（庚午，应为910年）返回桑耶寺吐蕃王擦拉那父子身前，其间六十八年，整个吐蕃特别是在乌斯藏四如连释迦牟尼教法的声音也不存在，戒律的传授中断，各个寺庙成为狐狗的巢穴，荆棘丛生，讲经院成为荒屋，塑像被乞丐们用来张挂帐篷和水桶，各种不善之恶业全都出现"。②"邦金洛"起义给吐蕃王朝以沉重的打击，使吐蕃王朝的统治趋于瓦解。

二、吐蕃边将在河陇等地的混战

吐蕃王室两派的纷争火并很快蔓延到吐蕃边陲河陇等地。843年（会昌三年），吐蕃落门川（今甘肃武山县境内）讨击使论恐热以讨伐拥立云丹一系贵族为名，率河陇等地三部落③万骑之众，自称国相，与青海节度使④同盟举兵。

---

① 巴卧·祖拉陈瓦著，黄颢、周润年译注：《贤者喜宴——吐蕃史译注》，中央民族大学出版社2010年版，第285~286，第291页；达仓宗巴·班觉桑布著，陈庆英译：《汉藏史集》，西藏人民出版社1986年版，第125页。

② 达仓宗巴·班觉桑布著，陈庆英译：《汉藏史集》，西藏人民出版社1986年版，第125页。

③ 《资治通鉴》注："三部落，吐蕃种落之分居河、陇者；或云，吐浑、党项、嗢末。"

④ 此青海节度使为何人，待考。

第四章 吐蕃王朝的建立及其对青海地区的经营

论恐热兵至渭州，与支持云丹一系的吐蕃宰相尚思罗战于薄寒山。尚思罗大败，弃辎重西奔松州，论恐热遂屠渭州。尚思罗则发苏毗、吐谷浑、羊同等兵，合八万众，退保洮水之西，焚毁桥梁以拒论恐热。论恐热引骁骑涉水出击，苏毗等部皆降。尚思罗西逃，被论恐热追杀。论恐热遂尽并尚思罗所部合十余万众。经过此战，"自渭州至松州，所过残破，尸相枕藉"。①

论恐热击溃尚思罗之后，并未进兵拉萨，以完成其起兵时提出的"入诛綝妃及用事者以正国家"的政治誓言，而是西向攻打时任吐蕃鄯州节度使的尚婢婢。九月，论恐热屯兵于大夏川，尚婢婢遣其部将庞结心及莽罗薛吕率精兵五万击之，论恐热中伏大败，单骑遁归。②

844年（会昌四年）三月，论恐热属将岌藏丰赞降于尚婢婢，论恐热因之发兵鄯州攻打尚婢婢。尚婢婢分兵五道拒之，论恐热退保东谷③。尚婢婢设木栅绝其水源，以围困论恐热。论恐热率百余骑突围走保薄寒山，余众皆降于尚婢婢。④

845年（会昌五年）十二月，论恐热再次纠合诸部进击尚婢婢。尚婢婢遣庞结心率兵五千相拒，论恐热又一次大败，仅与数十骑遁走。尚婢婢遂趁势传檄河、湟，历数论恐热残虐之罪行。⑤

847年（大中元年）五月，"论恐热乘武宗之丧，诱党项及

---

① 《资治通鉴》，卷二四七，会昌四年三月。
② 《资治通鉴》，卷二四七，会昌三年六月、九月。
③ 《资治通鉴》注："《九域志》：河州东南一十五里有东谷堡，宋熙宁七年置。"
④ 《资治通鉴》，卷二四七，会昌四年三月。
⑤ 《资治通鉴》，卷二四八，会昌五年十二月。

回鹘余众寇河西，（唐宣宗）诏河东节度使王宰将代北诸军击之。（王）宰以沙陀朱邪赤心为前锋，自麟州济河，与恐热战于盐州，破走之"。①翌年，论恐热遣其部将莽罗急藏率兵二万，略地西鄙，尚婢婢遣其将拓跋怀光邀击于南谷，大破莽罗急藏，莽罗急藏归降尚婢婢。②849年（大中三年）二月，论恐热驻军于河州，尚婢婢驻军于河源军，两军对峙中，尚婢婢诸将欲与论恐热战，尚婢婢认为："我军骤胜而轻敌，彼穷困而至死，战必不利。"但诸将不从而出击。尚婢婢料其必败，因此据守河桥以待诸将，诸将果然败绩而归，尚婢婢遂收其余众，焚毁河桥，退守鄯州。③

850年（大中四年）九月，"论恐热遣僧莽罗蔺真将兵于鸡项关④南造桥，以击尚婢婢军于白土岭。（尚）婢婢遣其将尚铎罗榻藏将兵据临蕃军以拒之，不利，复遣磨离黑子、烛卢巩力将兵据氂牛峡以拒之"。烛卢巩力主张："按兵拒险，勿与战，以奇兵绝其粮道，使进不得战，退不得还，不过旬月，其众必溃。"但磨离黑子不从，烛卢巩力乃称疾归鄯州。磨离黑子迎战而败死。尚婢婢留部将拓跋怀光固守鄯州，自己率部落三千余人就水草于甘州之西。论恐热闻知尚婢婢弃鄯州而走，遂亲率轻骑五千追击尚婢婢，兵至瓜州，得知拓跋怀光固守鄯州，便"大略鄯、廓、瓜、肃、伊、西等州，所过捕戮，积尸狼藉，麾下内怨，皆

---

① 《资治通鉴》，卷二四八，大中元年五月。
② 《资治通鉴》，卷二四八，大中元年十二月。
③ 《资治通鉴》注："据河桥，则兵败而退者有归路。败兵既渡，焚桥阻河，则可以截论恐热之追掩。史言尚婢婢善兵。"
④ 《资治通鉴》注："《水经注》：'左南津西六十里有白土城，城西北有白土川水。'其地在唐河州凤林县西。以此推之，鸡项关亦在河州界。"

第四章　吐蕃王朝的建立及其对青海地区的经营

欲图之。……于是复趋落门川收散卒，将寇边，会久雨粮绝，恐热还奔廓州。"①

论恐热与尚婢婢之间的相互混战，实际上是吐蕃王室两派的"伍约之战"在河陇地区的蔓延和扩大。论恐热与尚婢婢旷日持久的混战，使得双方力量自相削弱，并使吐蕃对河陇地区的统治陷于迅速崩溃之中。河湟一带陷于吐蕃统治的汉族诸部正是在这种形势下，纷纷归向唐朝。

849年（大中三年）二月，"吐蕃秦、原、安乐三州及石门等七关来降"。随后，唐宣宗颁布《收复河湟制》。②三州七关的归降，奏响了唐朝收复河陇失地的序曲，而唐宣宗的《收复河湟制》则是唐朝全面规复陷蕃失地的动员令。张义潮正是在这种政治背景下，乘时起义，摆脱吐蕃统治而归唐的。

三、张义潮起义、嗢末起义与河陇地区复归唐朝

848年（大中二年），沙州人张义潮聚众起义。"时吐蕃大乱，义潮阴结豪杰，谋自拔归唐；一旦，帅众被甲噪于州门，唐人皆应之，吐蕃守将惊走，义潮遂摄州事，奉表来降。以义潮为沙州防御使。"③其时，尚婢婢部将拓跋怀光归于张义潮；

---

①《新唐书》，卷二一六《吐蕃传下》。

②《全唐文》，卷七十九《收复河湟制》。引自范学宗、王纯洁编：《全唐文全唐诗吐蕃史料》，西藏人民出版社1988年版，第154页。

③《资治通鉴》，卷二四九，大中五年正月。注：《资治通鉴》将张义潮沙州起义的时间记在大中五年正月，但有学者据敦煌文书《张义潮传》等新史料考证，此事发生在大中二年，即848年。参见薛宗正：《吐蕃王国的兴衰》，民族出版社1997年版，第198页；周伟洲：《中国中世西北民族关系研究》，广西师范大学出版社2007年版，第285页；崔永红等主编：《青海通史》，青海人民出版社1999年版，第202页。

论恐热所部，"其众或散居部落，或降于怀光，"处境日窘。851年（大中五年），"张义潮发兵略定其旁瓜、伊、西、甘、肃、兰、鄯、河、岷、廓十州，遣其兄义泽奉十一州图籍入见，于是河湟之地尽入于唐。十一月，置归义军于沙州，以义潮为节度使，十一州观察使；又以义潮判官曹义金为归义军长史"。①

857年（大中十一年）十月，唐以秦成防御使李承勋为泾原节度使。"吐蕃酋长尚延心以河、渭二州部落来降，拜武卫将军；承勋利其羊马之富，诱之入风林关，居秦州之西。承勋与诸将谋执延心，诬云谋叛，尽掠其财，徙其众于荒远；延心知之，因承勋军宴，坐中谓承勋曰：'河、渭二州，土旷人稀，因以饥疫。唐人多内徙三川②，吐蕃皆远遁于叠、宕之西，二千里间，寂无人烟。延心欲入见天子，请尽帅部众分徙内地，为唐百姓，使西边永无扬尘之警，其功亦不愧于张义潮矣。'承勋欲自有其功，犹豫未许，延心复曰：'延心既入朝，部落内徙，但惜秦州无所复恃耳。'承勋与诸将相顾默然。明日，诸将言于承勋曰：'明公首开营田，置使府③，拥万兵，仰给度支，将士无战守之劳，有耕市之利④，若从延心之谋，则西陲无事，朝廷必罢使府，省戍兵，还以秦州隶凤翔，吾属无所复望矣。'承勋以为然，即

---

① 《资治通鉴》卷二四九，大中五年。
② 《资治通鉴》注："三川，平凉川、蔚茹川、落门川也。"
③ 《资治通鉴》注："使府，谓秦成防御使府。"
④ 《资治通鉴》注："耕，谓营田之利。市，谓互市之利。"

第四章 吐蕃王朝的建立及其对青海地区的经营

奏延心为河、渭都游弈使,使统其众居之。"①

861年(咸通二年),鄯州城使张季颙与论恐热交战,击破论恐热军,收其器铠献捷。②863年(咸通四年),张义潮率领蕃、汉兵7 000人克复凉州,唐置凉州节度使,领凉、洮、西、鄯、临、河六州。吐蕃于安史之乱后占领的河陇诸州,至此基本收复。③

在论恐热、尚婢婢相互攻伐、战乱不已之际,时称"嗢末"的吐蕃奴部也发动起义。"嗢末者,吐蕃之奴号也。吐蕃每发兵,其富室多以奴从,往往一家至十数人,由是吐蕃之众多。及论恐热作乱,奴多无主,遂相纠合为部落,散在甘、肃、瓜、沙、河、渭、岷、廓、叠、宕之间,吐蕃微弱者反依附之。"④他

---

① 《资治通鉴》卷二四九,大中十一年十月。注:"史言唐之边镇,自将帅至于偏裨,详于身谋,略于国事,故夷人窥见其肺肝,亦得行其自全之谋。《考异》曰:此事出《补国史》。按张义潮以十一州降,河、渭已在其间。今延心复以河、渭降者,义潮所帅者汉民,延心所帅者蕃族也。又《补国史》不云延心以何年月降。《新传》但云张义潮降,其后河、渭州房将尚延心以国破亡,亦献款。秦州刺史高骈诱降延心及浑末部万帐,遂收二州,拜延心武卫将军。骈收凤林关,以延心为河、渭等州都游弈使。按《旧传》,高骈懿宗时始为秦州刺史,《新传》误也。今从《补国史》。因承勋移镇泾原,并延心事置于此。"

② 《新唐书》,卷二一六《吐蕃传下》。

③ 《资治通鉴》,卷二五〇,咸通四年三月;《新唐书·方镇表》,咸通四年河西陇右。参见崔永红等主编:《青海通史》,青海人民出版社1999年版,第202页。

④ 《资治通鉴》,卷二五〇,咸通三年。《新唐书·吐蕃传》载:"浑末,亦曰嗢末,吐蕃奴部也。虏法,出师必发豪室,皆以奴从,平居散处耕牧。及恐热乱,无所归,共相啸合数千人,以嗢末自号,居甘、肃、瓜、沙、河、渭、岷、廓、叠、宕间,其近蕃牙者最勇,而马尤良云。"

们推举首领,以"嗢末"自号,发动起义,散处在河陇地区的党项、回鹘、突厥、吐谷浑、汉等被编为奴部的各族人民也加入嗢末起义队伍中,因而使起义队伍日益壮大,"其近蕃牙者最勇,而马尤良云"。有学者认为藏文史书中的"bod dmg",即指嗢末人。①

在张义潮起义和嗢末起义的双重打击下,吐蕃在河陇的统治日趋瓦解,归义军遂成为唐朝在河陇地区的一个藩镇,尚婢婢原部将拓跋怀光等吐蕃诸部相继归附张义潮。866年(咸通七年)二月,"论恐热寓居廓州,纠合旁侧诸部,欲为边患,皆不从,所向尽为仇敌,无所容。仇人以告拓跋怀光于鄯州,(拓跋)怀光引兵击破之"。十月,"拓跋怀光以五百骑入廓州,生擒论恐热,先刖其足,数而斩之,传道京师。其部众东奔秦州,尚延心邀击破之,悉奏迁于岭南。吐蕃自是衰绝"。②

874年(乾符元年)十二月,因河西地区甘州回鹘屡求册命,唐僖宗诏遣册立使郗宗莒入回鹘,"会回鹘为吐谷浑、嗢末所破,逃遁不知所之,诏(郗)宗莒以玉册、国信授灵盐节度使唐弘夫掌之,还京师"。③此时甘州回鹘是河西地区较为强大的地方民族政权之一,却为嗢末和吐谷浑击破,也反映了嗢末在当地影响力之大。884年(中和四年),据于甘州的龙家族遭到回鹘攻击

---

① 黎宗华、李延恺:《安多藏族史略》,青海民族出版社1992年版,第56页。
② 《资治通鉴》,卷二五二,咸通七年二月、十月。论恐热的被杀,《新唐书·吐蕃传》和《册府元龟·外臣部》皆载,论恐热由回鹘首领仆固俊所斩,此从《资治通鉴》。
③ 《资治通鉴》,卷二五二,乾符元年十二月。

第四章 吐蕃王朝的建立及其对青海地区的经营

时,曾遣使向凉州嗢末求援,请其发三百家至甘州,并说:"如若不来,我甘州便共回鹘为一家,讨尔嗢末,莫道不报。"887年(光启三年),凉州嗢末使与肃州使、西州回鹘使在沙州归义军受到同样的接待。尽管如此,嗢末并没有控制凉州城,凉州在名义上仍属唐朝归义军的汉、蕃守将的直接掌握之中。①

另外,咸通初随吐蕃酋长尚延心归附唐朝的河、渭、嗢末,在高骈领西川节度使时,高骈"结吐蕃尚延心、嗢末鲁耨月等为间,筑戎州马湖、沐源川、大度河三城,列屯拒险,料壮卒为平夷军",缮甲训兵,以备御南诏。②之后,这支南下的嗢末之一部,逐步迁徙到川西和青海南部的玉树、果洛等地并定居下来,融入当地藏族之中。③

嗢末直到唐末、五代时仍活动在今甘青河湟等地。906年(天祐三年)正月,"灵武节度使韩逊奏吐蕃七千余骑营于宗高谷,将击嗢末及取凉州"。④之后,随着吐蕃王朝在河陇地区统治的终结和日趋支离破碎,嗢末也走向了族种分散、各自为政、无复统一的分裂时代,最终融入甘青河湟等地的藏汉等民族之中。

至此,随着吐蕃最后一支残余势力被肃清,宣告了吐蕃在河陇地区的统治彻底终结,"而唐亦衰焉"。⑤

---

① 《新五代史》,卷七四《吐蕃传》。
② 《新唐书》,卷二二二《南诏传下》。
③ 黎宗华、李延恺:《安多藏族史略》,青海民族出版社1992年版,第57页;周伟洲:《中国中世西北民族关系研究》,广西师范大学出版社2007年版,第288页;陈光国:《青海藏族史》,青海民族出版社1997年版,第84页。
④ 《资治通鉴》,卷二六五,天祐三年正月。
⑤ 《新唐书》,卷二一六《吐蕃传下》。

第五章　吐蕃王朝时期青海藏族经济与文化

吐蕃王朝作为中国境内的一个强大王朝，曾与唐朝、吐谷浑、南诏、突厥、回鹘及西域各民族发生过极为广泛的政治、经济、文化接触和交流，从而大大促进了藏族经济和文化的发展与繁荣，在藏族历史上留下了极其光彩夺目的历史篇章。正如王尧先生所说："吐蕃文化是今天为世界人民所瞩目的西藏文明之根"，"吐蕃文化不只是藏族，也是整个中华民族的宝贵财富。"①特别是吐蕃在与唐朝长达两个多世纪的经济文化交流中，奠定了藏汉两大民族在政治、经济、文化上不可分割的内在联系，名垂青史的"唐蕃古道"被誉为"汉藏黄金桥"。

第一节　农牧经济与手工业

吐蕃王朝建立前，雅隆部落长期活动在雅鲁藏布江流域，雅鲁藏布江像母亲河一样浇灌着两岸辽阔而肥沃的土地，这是雅隆

---

① 王尧：《吐蕃文化》，"引言"，吉林教育出版社1989年版，第2、12页。

第五章 吐蕃王朝时期青海藏族经济与文化

部落及吐蕃王朝农业生产最发达的地区。其后,随着吐蕃向外扩张,占领今青、甘、川及新疆南部地区,并向该地区的汉、羌等民族学习农业生产技术,尤其是占领今甘青河西陇右地区以后,吐蕃农业生产有了进一步发展。唐人王建的乐府诗《凉州行》中称:"蕃人旧日不耕犁,相学如今种禾黍。""从王建诗看,这些地区从'每岁盛夏,畜牧青海'的单纯游牧区一变而形成许多农业区,无疑是一个很大的变化。这里的农业的兴起具有特别的重要意义。因为吐蕃本部四如地区虽有农业,但由于'土风寒苦,物产贫薄',生产水平还是相当低的。而安多一带地处青藏高原的东缘,气候土壤等条件较本部有许多优越之处,吐蕃统治者日益认识到这一带农业对吐蕃经济的意义。吐蕃统治者为了很好地控制这地区,其统治重心曾一度东移到这一带,还专门设节度使管辖。……在一定意义上说,当时这个地区在吐蕃几乎成了它的重要的粮食基地和税收来源。这种情况正如吐蕃使臣仲琮所说,吐蕃这样做是为了'因求资食'。难怪汉文史料载'军粮马匹,半出其中'。"①吐蕃占领河湟之后,因其宜农宜牧的地理环境,又成为吐蕃经略河陇的军政中心和战略后方。

史称:"浑末,亦曰嗢末,吐蕃奴部也。虏法,出师必发豪室,皆以奴从,平居散处耕牧。"在敦煌古藏文文书《东北藏古代民间文学》中有"妇女们六个六个地在星星谷里耕田"的记载。②此外,"在被吐蕃占领的吐谷浑地区有一种称作'兴巴'

---

① 编写组:《藏族简史》,西藏人民出版社1985年版,第67页。
② [英]F.W.托玛斯著,李有义、王青山译:《东北藏古代民间文学》,四川民族出版社1986年版,第19页。

-111-

（意为农民）的农业劳动者，还有一种劳动力就是士兵。吐蕃统治机构经常派一些士兵参加吐谷浑地区的农业劳动"。①吐蕃农业生产已采用畜力耕作。"一般采用耦耕法，藏文称作'托尔岱'（意为双牛耕地）。'托尔岱'还有另一种意义，是计算耕地面积的一种单位，据《智者喜筵》载，以双牛一日所耕之土地面积谓之一托。"这种土地面积单位"托"又译作"突"。②在敦煌和新疆出土的简牍文书资料中，对吐蕃的土地分配、管理和赋税征收、买卖租借关系等都有较为清晰的记载。"如敦煌卷子中，与'突'有关的一些名，'突田'系指经过大量清查登记的土地，'突税'即按地区所征赋税，'突田仓'是专门储存突税的仓库，'纳突'即交纳突税的负担，'突田历'即突田登记表，'突课'是私家奴户所交纳的田课等。"各地农区皆设有农田官负责其事。③总之，畜力的运用发展和土地面积的准确测量，表明吐蕃王朝时青海藏族地区农业经济得到了新的发展。而且，吐蕃对农业生产还设置了一套自上而下的专门机构进行管理。当时，青海藏族地区的管理由设在这一地区的鄯州、青海等五节度使在吐蕃东境节度大使的统一节制下行使的。④

在吐蕃经济结构中，畜牧业占有较重要的地位，史称："陇

---

① 编写组：《藏族简史》，西藏人民出版社1985年版，第68页。
② 编写组：《藏族简史》，西藏人民出版社1985年版，第68~69页。
③ 姜伯勤：《突地考》，载《敦煌学辑刊》，1984年第1期。见陈庆英、高淑芬主编：《西藏通史》，中州古籍出版社2003年版，第60页。
④ 编写组：《藏族简史》，西藏人民出版社1985年版，第68页。参阅杨铭：《吐蕃统治敦煌与吐蕃文书研究》，中国藏学出版社2008版，第15~34页，第63~87页。

第五章 吐蕃王朝时期青海藏族经济与文化

右之民以畜牧为事。"敦煌古藏文文书《东北藏古代民间文学》一书中有"牧女星在山谷里放羊"、"在山谷里赶她的乳牛"等的记载。①唐代中叶后,河陇尽为吐蕃所占。史书中称:吐蕃"俗养牛羊,取奶酪供食,兼取毛为褐而衣焉"。②在《敦煌本吐蕃历史文书》中,就有许多征牧场"大料集"的记载,可证畜牧业是吐蕃经济的支柱产业。吐蕃统治下的河湟、青海成为它繁育牲畜的主要基地之一。唐代大诗人杜甫的诗句:"草轻番马健,雪重拂庐干",正是对吐蕃养马业的描述。敦煌文献资料中的一份无名氏所作的诗中亦有反映吐蕃畜牧业的内容。这个被吐蕃俘获的唐人经过长途押送,辗转押解到临蕃城,被禁于此。临蕃城即今湟中县境的通海镇,他在被禁期间曾站在临蕃城头,作《晚秋登城之作》一诗,咏其心绪。诗中云:

"东山日色片光残,西岭云象暝草寒。

谷口穹庐遥逦迤,溪边牛马暮盘跚。"③

从"谷口穹庐遥逦迤,溪边牛马暮盘跚"的诗句中,我们即可窥见当时的西宁西川一带吐蕃民众的生活状况。这位佚名唐人被禁在临蕃城时可能曾让其放牧。这种情形也可从张籍的《陇头行》一诗中得到证明,诗中云:

"汉兵处处格斗死,一朝尽没陇西地。

驱我边人胡中去,散放牛羊食禾黍。

---

① [英]F.W.托玛斯著,李有义、王青山译:《东北藏古代民间文学》,四川民族出版社1986年版,第19页。

② 《通典》,卷一九〇《边防·吐蕃》。

③ 引自[法]戴密微:《吐蕃僧诤记》(汉译本),甘肃人民出版社1984年版,第440页。

去年中国养子孙,今着毡裘学胡语。"①

诗中谈到唐朝边地的居民被吐蕃俘虏,驱使他们放牧牛羊的情景。正因为有大量唐人被俘,成为吐蕃属民,所以,在元稹时,唐朝边将俘获的吐蕃人中才有"半是边人半戎羯"的情形。

这个时期,青海从昔日的战场变成"吐蕃畜牧"之地。唐朝诗人李益的《塞下曲》中道:

"蕃州部落能结束,朝暮驰猎黄河曲。

燕歌未断塞鸿飞,牧马群嘶边草绿。"②

"在吐蕃统治青海的三个世纪里,各游牧部落,形势比较安定,成为畜牧业发展的极盛时期,吐蕃'畜牧被野'。"吐蕃王朝所占领的白兰、党项、苏毗、吐谷浑等部,大多为牧区,畜牧业生产发达,青海所在的安多地区向以出产良马而闻名,有"安多马区"之称。这里盛产的河曲马、大通马都是青海名马,隋唐时称为吐谷浑马或吐蕃马。吐谷浑时培育的青海骢相传"能日行千里"。史称"青海周回千余里,海内有小山,每冬冰合后,以良牝马置此山,至来春收之,马皆有孕,所生得驹,号为龙种"③。至今当地藏族还流传着"海中有神马,色青,夜出与家马交,则生骏驹,号龙种"的神话。可见青海藏族的先民,不仅驯化野马,而且还注意选育良种,进行改良的具体活动。正由于此,吐蕃的骑兵才能久

---

① 转引自范学宗、王纯洁编:《全唐文全唐诗吐蕃史料》,西藏人民出版社1988年版,第446页。

② 胡大浚主编:《唐代边塞诗选注》,甘肃教育出版社1990年版,第216页。

③ [清]杨应琚:《西宁府新志》,卷三十八《艺文·杂记》,青海人民出版社1988年版,第998页。

第五章 吐蕃王朝时期青海藏族经济与文化

负盛名,形成强大的战斗力。①

松赞干布时所设立的"七官"中,其中"戚本",意为"司马官"(chibs-dpon),有良好的驯马技术;还有一名"楚本"(phru-dpon),专门管理母牦牛、犏牛及安营设帐之事;赤松德赞时吐蕃"七贤臣"之一的聂·达赞冬斯(gnyer-stag-btsan-gdong-gzigs),颁布每户属民饲养马一匹、犏牛一头、母黄牛一头、公黄牛一头,并将夏季青草干燥后贮存到冬季等牧业措施,使畜牧业生产迈上了一个新的台阶。此外,还积累总结了一整套牲畜放牧的经验,如在一般草地放牧绵羊,森林地带放牧山羊,沼泽地带放牧马匹,田野里放牧犏牛,岩洞里饲养猪等。畜牧业生产的发展,使牧业税收成为吐蕃重要的经济支柱之一。当时,牦牛等牲畜成为吐蕃送给唐朝的方物,用以换取唐朝的丝绸等物,马匹则作为当时组建骑兵重要军需资源和乘挽工具,在双方互市贸易中占有极重要的地位。②

吐蕃手工业也较发达,并有自身的民族特色。其手工业产品涉及生产、生活和军事等多个领域。据《汉藏翻译名义大集》、《贤者喜宴》、《汉藏史集》及新旧《唐书》等的记载,有铁斧、刀、剑、矛、盾、兜鍪、甲心、盘子、银圈子、梳、锁、毛毡、金冠、锦袍、金宝带、金帐、金鹅、银兽,等等。《汉藏史集》

---

① 张逢旭等编著:《青海畜牧》,青海人民出版社1987年版,第32页;陈庆英、高淑芬主编:《西藏通史》,中州古籍出版社2003年版,第60页。

② 陈庆英、高淑芬主编:《西藏通史》,中州古籍出版社2003年版,第60~61页。参见巴卧·祖拉陈瓦著,黄颢、周润年译注:《贤者喜宴——吐蕃史译注》,中央民族大学出版社2010年版,第35、200页;[英]F.W.托玛斯著,李有义、王青山译:《东北藏古代民间文学》,四川民族出版社1986年版,第17页。

有专章介绍刀剑在吐蕃的传播情况,其中将刀剑的种类分为尚玛、索波、古司、呼拍、甲热等五大类,每一大类又各分为两小类,"即尚玛分为尚玛和尚杰,索波分为索波和索孜,甲热分为甲热和嘉甲,呼拍分为呼拍和呼若,古司分为古司和古达"。其中,"古司是吐蕃人的刀剑,是在止贡赞普在位时兴盛起来的。它是在叫做司都的凶险的地方由眯缝眼九兄弟打造的,老大打造的刀剑能砍断登天的穆绳,以下的八兄弟打造的也都极其锋利。这九兄弟的徒弟们分为九支,吐蕃地方刀剑众多就因此而来。因为是眯缝眼九兄弟打的,所以这些刀剑被称为古司"。"古司宝刀可分为九种,即南喀布决、札拉噶决、贡查古决、曲朗涅决、噶尔格觉决、恩托格决、沃查山决、贡果帕决等,这九种又各分为两种。"不同种类的剑各有特点,均为吐蕃所用。①与此相应,诸如剑袋、刀鞘、矛、盾牌、士兵服饰及日常生活中的各种用品,均需专门匠人来制作。《新唐书·吐蕃传》载,吐蕃"其宝,金、银、锡、铜。……其俗,……多佩弓刀。……其铠胄精良,衣之周身,窍两目,劲弓利刃不能甚伤。"②青海玉树地区在吐蕃王朝时期就以铸造铁兵器而闻名,素有"铁王"之称。玉树州曲麻莱县东部至今还留存着当年铸造铁器的遗址。③

之外,吐蕃的制革、制陶、毛纺、毡裘制作及金银器制造等,在吐蕃王朝时期都有长足发展和进步。今天玉树藏族自治州

---

① 达仓宗巴·班觉桑布著,陈庆英译:《汉藏史集》,西藏人民出版社1986年版,第82页,第138~142页。

② 《新唐书》,卷二一六《吐蕃传上》。

③ 《青海省非物质文化遗产名录图典》编辑委员会编:《青海省非物质文化遗产名录图典》,青海人民出版社2012年版,第196页。

第五章 吐蕃王朝时期青海藏族经济与文化

的国家级非物质文化遗产"玉树藏刀锻制技艺"、"藏族黑陶烧制技艺"等青海藏族传统技艺正是吐蕃手工业技艺的历史见证。

第二节 商贸与交通

商业在藏族社会经济中占有极为重要的地位,据藏文史书明确记载,早在吐蕃王朝建立之前的达日年色时期,吐蕃社会便出现了"双方按照意愿进行交易的商业"。[①]吐蕃王朝建立后,随着商业活动的频繁,有些商业聚点逐渐发展成为商贸集镇或商业城市,逻娑便是其中之一。吐蕃王朝统治机构中专门设有"商官"一职管理商业,其职责就是组织或监督商业活动。松赞干布时期已有经营汉地之茶的茶商(rgya-ja-tshong-pa)等"五商贾"(tshong-pa-lnga)。为适应商业贸易的发展,制订了升、两、合、勺、钱、分、厘、毫等统一的度量衡单位,作为"六法"之一。度量衡的统一无疑是吐蕃商业发展的历史反映。当时,吐蕃有对内和对外两种贸易,除逻娑是其本土贸易中心外,在吐蕃贸易中最重要的地区要算唐蕃交界处的青海及周边的鄯、廓、甘、凉、瓜、沙、陇等州及甘松、赤岭。[②]唐蕃之间出于政治、经济、文化及军事等原因频繁派使,或会盟、或请婚、或请市,而吐蕃使者和商贾入唐时特别留心在唐京师长安采购商品,而且对商品亦

[①] 巴卧·祖拉陈瓦著,黄颢、周润年译:《贤者喜宴——吐蕃史译注》,中央民族大学出版社2010年版,第14页。

[②] 巴卧·祖拉陈瓦著,黄颢、周润年译:《贤者喜宴——吐蕃史译注》,中央民族大学出版社2010年版,第35、52页。参见编写组:《藏族简史》,西藏人民出版社1985年版,第72~73页。

颇有鉴别力。唐鸿胪丞张鷟判词载:"鸿胪寺中土蕃使人素知物情,慕此处绫锦及弓箭等物,请市。"①

吐蕃与唐朝之间的贸易主要以两种方式进行,一种是所谓朝贡贸易,这种贸易活动由身兼政治、经济两种使命的使者来完成。吐蕃使者带往唐朝的物品主要是金银制品和青藏高原特有的方物,如730年(开元十八年),吐蕃赞普赤德祖赞上表与唐朝通好,所献物品有:"金胡瓶一、金盘一、金碗一、马瑙杯一、零羊衫段一。""金城公主又别进金鹅盘盏新品物等。"②而唐朝回赠的物品主要是丝绸锦缎,如719年(开元七年),唐玄宗及皇后分别赏赐吐蕃赞普、赞普祖母、赞蒙及首要大臣坌达延、论乞力徐、尚赞咄等,所赏杂彩数量从二千段到一百段不等;733年(开元二十一年),工部尚书李嵩出使吐蕃时,"以国信物一万匹,私觐物二千匹,皆以杂彩遣之"。无论是吐蕃还是唐朝,双方带到对方的这些物品"既有礼品价值,也有贸易内涵"。③

另一种贸易形式是互市贸易。史载,唐玄宗开元年间,吐蕃曾"请交马于赤岭,互市于甘松岭。"④唐蕃贸易中,除了丝绸、马之外,茶叶是互市传入吐蕃的重要物品。上述松赞干布时即已有专门经营汉地茶叶之茶商。到中唐以后,吐蕃人已经十分精通茶道了。当时,"常鲁公使西蕃,烹茶帐中。赞普问曰:'此为

---

① 《全唐文》,卷一七二《鸿胪寺中土蕃使人素知物情慕此处绫锦及弓箭等物请市未知可否》,见范学宗、王纯洁编:《全唐文全唐诗吐蕃史料》,西藏人民出版社1988年版,第40页。

② 《册府元龟》,卷九七九《外臣部·和亲二》。

③ 陈庆英、高淑芬主编:《西藏通史》,中州古籍出版社2003年版,第65页。

④ 《新唐书》,卷二一六《吐蕃传上》。

第五章 吐蕃王朝时期青海藏族经济与文化

何物?'鲁公曰:'涤烦疗渴,所谓茶也。'赞普曰:'我此亦有。遂命出之,以指曰:'此寿州者,舒州者,此顾渚者,此蕲门者,此昌明者,此渑湖者。"①由此可见吐蕃对茶熟知程度之一斑。《汉藏史集》中有一则传说,赞普都松莽布支(676~704年)在位时身患重病,吐蕃没有正规医生,赞普只能通过注意饮食来加以调理,一日忽有一只美丽的小鸟口衔陌生树枝而来,赞普好奇,便将树叶含在口中品尝,觉得分外清香,加水煮沸,竟是上好饮料。他命令臣下四处寻访这种树枝的由来,最后在汉地找到了它,带回吐蕃,使病情迅速得到好转。接着,他命令臣下寻找盛这种饮料的器具,同样是在唐朝找到了盛茶的瓷碗。按照这种说法,茶叶和茶具都来自唐朝,其传入吐蕃的时间大约在676~704年。②

互市贸易无疑促进了唐蕃间的经济文化联系,更加深了两地人民之间的兄弟友情,正如《格萨尔》中引用的古谚所说:"来回汉藏两地的牦牛,背上什么东西也不愿驮,但遇到贸易有利,就连性命也不顾了。""汉地的货物运到博(西藏),是我们这里不产这些东西吗?不是的,不过要把汉藏两地人民的心连在一起罢了。"③以茶为媒介、为纽带的内地与藏族地区之间的茶马贸易,自唐宋以来,历经千余年的发展,一直延续至今,从未间断,成为藏汉关系史上极其重要的历史篇章。

---

① [唐]李肇:《唐国史补》,卷下。
② 达仓宗巴·班觉桑布著,陈庆英译:《汉藏史集》,西藏人民出版社1986年版,第104~106页。《藏王赤都松和茶》,载《西藏民间故事选》,西藏人民出版社1984年版,第48~49页。参见央倩:《论藏族茶文化》,第一章,中央民族大学硕士学位论文。
③ 陈庆英、高淑芬主编:《西藏通史》,中州古籍出版社2003年版,第66页。

第三节 "汉藏黄金桥"——唐蕃古道

唐蕃古道是1 300多年前自唐都长安通往吐蕃都城逻些（拉萨）的官道。"它是祖国内地和西部边疆各族人民友好往来，团结合作的一条彩虹般的纽带，是藏汉两族人民共同建立的'黄金桥'。"同时，它也是沟通中国与南亚印度、尼泊尔等国的桥梁。这条古道在沟通和促进藏汉两族经济文化交流方面，发挥了非常重要的作用。①古道全长3 000余公里，贯穿陕、甘、青、藏等省区，在实际历史交往中还辐射到宁夏、四川、新疆等地。

一、古道东段路线

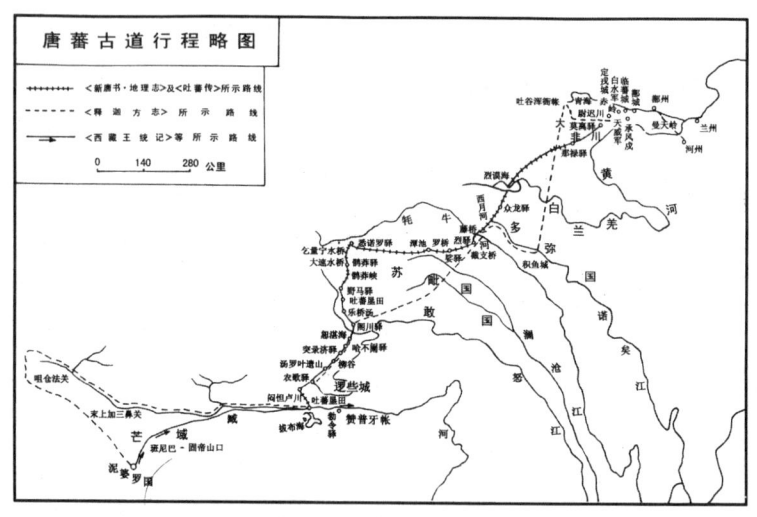

(引自孙修身著《敦煌与中西交通研究》)

---

① 青海省博物馆《唐蕃古道》编写组编：《唐蕃古道志资料选编》，"前言"，（内部）。

第五章 吐蕃王朝时期青海藏族经济与文化

唐蕃古道分南北两道进入青海地区。北道：自长安沿渭河向西，经宝鸡—陇县—陇山、陇关（大震关）至秦安境，经通渭—陇西—渭源—鸟鼠山—临洮，渡洮河至河州，沿大夏川至炳灵寺。南道由临洮西北至河州，经炳灵寺/凤林渡（临津关，今莲花镇）—渡河—民和境（允吾）—古鄯—曲坛（乐都）—西宁。

或云：长安—咸阳—兴平—武功—郿县—宝鸡—（向西北沿千河）—凤翔—千阳—陇县—（越陇关，今固关镇）—（溯通关河北上）—马鹿—张家川—陇城—秦安（向西南）—甘谷—武山—陇西—首阳—渭源—（越分水岭，沿东峪沟）庆坪—尧甸（窑店）—临洮—聂家关—广河—和政—（渡大夏河）—临夏（河州）—大河家—民和官亭—（经隆治沟）—下川口—乐都—西宁。

康熙《河州志》卷一："黄河上渡在积石关，通西宁路；黄河下渡在剌麻川莲花寨，通庄浪路。"①

渭州（陇西县）向西有西北、西南两条驿道。西南行三百里至岷州。又西转南行经洮、叠至松州，有三叉驿者（今三岔镇），在障县西七十里，盖即渭、岷间之一驿。西北行则渭源—临洮（西行）—河州—鄯州（吐蕃）；（北行）—沃干岭—阿干河谷（今兰州七里河区）—一百九十里至五泉县（一名金城县）黄河南二里，置金城镇临河驿。唐道宣《释迦方志》载："自汉至唐往印度者，其道众多，未可言尽。如后所纪，且依大唐往年使者则有三道。……其东道者，从河州西北渡大河，上漫天岭，减四

---

① 吴祁骧：《两关以来的"丝绸之路"——兼与鲜肖威同志商榷》，《兰州大学学报》，1980年第4期。[香港] 严耕望：《唐代长安西通凉州两道驿程考》，载《中国文化研究所学报》，第4卷第1期。

百里至鄯州。又西减百里至鄯城镇,古州地也。"①

二、古道西段路线

据《新唐书》中《地理志》和《吐蕃传》的记载,古道西段路线为:鄯城(有土楼山,河源军)—(西六十里)临蕃城—(西六十里)白水军—绥戎城—(西南六十里)定戎城—又南隔涧有天威军(石堡城,又称振武军)—(西二十里)赤岭。自振武—尉迟川—苦拔海—王孝杰木栅(九十里)—莫离驿—(又经)公主佛堂—大非川(二百八十里)—那录驿(吐谷浑界)—又经暖泉—烈谟海(四百四十里)—渡黄河—(四百七十里至)众龙驿—(又渡)西月河—(二百一十里)—多弥国西界—(经)牦牛河(渡藤桥)—(百里至)列驿—(又经)食堂—吐蕃村—截支桥(两石南北相当)—截支川—(四百四十里至)婆驿—(乃度)大月河罗桥—(经)潭池—鱼池—(五百三十里至)悉诺罗驿—(经)乞量宁水桥—大速水桥—(三百二十里至)鹘莽驿(唐使入蕃,公主每迎劳于此)—(经)鹘莽峡(十余里,两山相对,上有小桥,三瀑水注如泻缶,其下如烟雾)—(百里至)野马驿。(经)吐蕃垦田—(又经)乐桥汤—(四百里至)合川驿—(又经)恕谌海—(百三十里至)蛤不烂驿(旁有三罗骨山,积雪不消)—(又六十里)突录济驿(唐使至,赞普每遣使慰劳于此)—柳谷莽布支庄(有温汤,涌高二丈,气如烟云,可以熟米)—汤罗叶遗山及赞普祭神所—(二百五十里至)农歌驿(位于逻些西北二百里,唐使至,吐蕃宰相每遣使迎候于此。)—(又经)盐池—暖泉—江布灵河—(百十一里渡)姜济河—(经)吐蕃垦田—(二百六十里

---

① [唐]道宣:《释迦方志》,卷下《遗迹篇第四》,中华书局2000年版,第14页。

第五章 吐蕃王朝时期青海藏族经济与文化

至）卒歌驿—（乃渡）臧河—（经）佛堂—（百八十里至）勃令驿鸿胪馆，至赞普牙帐，其西南拔布海。①据《释迦方志》载：自鄯城镇，"又西南减百里至故承风戍，是隋互市地也。又西减二百里至青海，海中有小山，海周七百余里。海西南至吐谷浑衙帐。又西南至国界，名白兰羌，北界至积鱼城，西北至多弥国。又西南至苏毗国，又西南至敢国。又南少东至吐蕃国，又西南至小羊同国。又西南度呾仓法关，吐蕃南界也。"②

唐蕃古道在青海地区构成了一个大三角，即以青唐（西宁）地区为中心，从这里向西可通向青海（环湖）及河西，与高昌、于阗等西域地区相通；向南穿过青南藏北草原，到达吐蕃都城逻些（拉萨）；向东经河陇地区通往唐朝都城长安；从河陇地区还可通向四川、南诏。③

三、唐蕃古道在藏族历史上的意义

唐蕃古道形成后，成为唐蕃双方政治、经济、文化联系的交通孔道，在两个多世纪中，双方互派的使者络绎不绝，通过长期接触、碰撞和交流，真正使这条高原古道成为一座架在藏汉两大民族之间的"黄金桥"，为增进藏汉及周边各族人民的友谊、发展青藏高原的经济、丰富中华民族文化宝库等，产生了极为深远

---

① 《新唐书》，卷四〇《地理志·陇右道》。《新唐书》，卷二一六《吐蕃传》。
② ［唐］道宣：《释迦方志》，卷下《遗迹篇第四》，中华书局2000年版，第14页。
③ 参阅［日］佐藤长著，梁今知译：《清代唐代青海拉萨间的道程》，青海省博物馆筹备处1983年内部版。之外，在唐人李筌所撰《太白阴经·关塞四夷篇》中亦有记载，汤开建先生有《唐李筌〈太白阴经〉所记"唐蕃古道"》一文作了专门介绍，见汤开建：《宋金时期安多吐蕃部落史研究》，"附录"，上海古籍出版社2007年版。

的历史影响。

从藏汉文史籍所载看，穿行往来于这条古道上的行人，除了唐蕃两个政权互相派遣的各类使臣外，还有从事贸易的商贾和弘法的僧人，其中最为引人注目的是唐蕃双方互派的使臣往来，其次数、规模都是史无前例的。据学者对史籍记载的双方使臣往来次数的统计，自唐太宗贞观八年（634年）吐蕃首次遣使入唐开始，到唐武宗会昌二年（842年）结束的209年间，唐朝遣使入蕃多达52次，而吐蕃遣使入唐超过100次，双方使者往还合计在150次以上，平均一年零四个月就有一次使者往来。其中开元十八年（730年）、宝应元年（762年）、长庆四年（824年）几年中，吐蕃每年遣使入唐三次；长庆元年（821年）一年之内即有四次之多。这些使臣的使命和任务所涉及的领域极为广泛，有和亲、告哀、吊祭、修好、议盟、盟会、封赠、朝贡、请市、报聘、求和、慰问、约和以及责让等等①，涉及政治、经济、军事、文化、宗教等诸方面的内容，并留下了许多脍炙人口、流芳千古的历史佳话，如文成公主入蕃和亲、唐蕃长庆会盟，等等。

唐蕃古道的开通，带动了唐蕃双方的经济贸易交往，从而丰富了双方的物质文化生活。据史载，唐代沿古道在赤岭、承风戍、陇州（今陕西陇县）等地建立起互市市场，开展以茶、马及丝绸等为主的物资交流活动。唐朝的战马、耕牛多从吐蕃等外域购入，而唐朝的茶、丝绸、瓷器等物不断流向吐蕃，当时内地出产的各种名贵茶叶和丝绸绢缯在吐蕃应有尽有，从而满足了双方人民的生产、生活需求。由于互市和使臣往还，汉地蔬菜等农产品，酿酒、制纸、冶金、农具制造、建筑、制陶、制墨、缫丝纺

---

① 王忠：《新唐书吐蕃传笺证》，科学出版社1958年版，第41页。

第五章　吐蕃王朝时期青海藏族经济与文化

织、碾硙业技术以及手工产品大量输入吐蕃，而吐蕃的氆氇、金银器等独具特色的物品也输入唐朝。当时，使臣往来的礼品，也是经济、文化交流的重要内容。使臣出使，大都携带各种礼物，从金银珠宝到缯彩锦帛，古玩珍物到方物特产，均在馈赠敬献之列。这些物品凝结着广大劳动人民的智慧和汗水，互赠互送，表达了唐蕃两族人民团结友好的深情厚谊，对促进民族关系的发展起到了积极作用。①

第四节　吐蕃佛教文化

在佛教传入之前，吐蕃盛行本教（bon），青海也是早期本教流行的重要地区。有学者通过对甘青彩陶纹饰的研究，认为这一地区的本教历史可溯源到新石器时期，并明确提出："实际上，所谓原始本，就是我们认同的原始巫教和巫术，甘青彩陶文化反映的正是这种原始本的原始崇拜。"②

7世纪中期佛教开始传入吐蕃，并得到吐蕃王室全力支持，因而出现了佛本并行的局面。到8世纪上半期重新从汉地和尼泊尔、印度引进佛教，佛本的斗争渐趋激烈。赤松德赞时期从印度和汉地引进高僧寂护和莲花生等，培养翻译人才，大量翻译佛典，建立规模宏大的桑耶寺，剃度七试人，建立僧伽制度，佛法

---

① 孙修身：《敦煌与中西交通研究》，甘肃教育出版社2002年版，第60~129页；蒲文成、王心岳：《汉藏民族关系史》，甘肃人民出版社2005年版，第39~45页。

② 吴均：《论甘青彩陶纹饰中卍形等符号的演变》，《吴均藏学文集》（上），中国藏学出版社2007年版，第42页。

僧三宝由此具备，佛教大盛。赤松德赞和寂护、莲花生是吐蕃佛教的真正奠基人，被称为"师君三尊"。但不久后，吐蕃佛教内部又发生了汉传佛教禅宗与印度中观宗之间的"顿渐之争"，结果以印度佛教中观宗渐门派得胜。其后，赤祖德赞时吐蕃佛教又有长足的发展，因此，松赞干布、赤松德赞和赤祖德赞三位赞普被称为"祖孙三法王"。吐蕃佛教从7世纪中期到9世纪中期约200年，藏文史书上称为"前弘期"。①

文成公主庙

"伴随着吐蕃王朝对青海全境的逐步占领和统治，地方文化也逐渐形成了吐蕃化的趋势。包括羌、吐谷浑及汉族在内的青海各民族因吐蕃统治者推行统一融合和民族同化政策而大量融入吐蕃民族当中，地方文化的吐蕃特征也越来越鲜明。"而"地方文化的吐蕃化并不是对高原上羌、吐谷浑及汉族文化的一种完全排斥，而是大量吸收了各民族文化的精华，从而使吐蕃民族文化更加丰富多彩。"②特别是松赞干布、赤松德赞和赤祖德赞执政时期，吐蕃王室在统治区域内大力推行佛教，"自首邑直

---

① 黄明信：《吐蕃佛教》，"绪论"，中国藏学出版社2010年版，第3页。
② 崔永红等主编：《青海通史》，青海人民出版社1999年版，第211~212页。

第五章 吐蕃王朝时期青海藏族经济与文化

至边鄙四境并建寺宇伽蓝,树立教法,一切人众入于慈悲"。①当年文成公主和金城公主先后入蕃时,都曾途经过青海。据藏文史籍《大日如来佛记摩崖释》的记载,文成公主入蕃途经青海玉树时,曾在今玉树县玉树巴塘乡的贝沟修整一个月,其间文成公主命随行比丘译师智敏负责,由工匠仁泽、杰桑、华旦等在当地丹玛岩崖上雕刻九尊佛像,中为大日如来;左右各侍立四尊菩萨,分上下两层,右上为普贤、金刚手,下为文殊、除盖障;左上为弥勒、虚空藏,下为地藏、观音,共为八大近侍弟子像。这些佛像至今犹存。佛像两侧岩崖上雕刻有藏、汉两种文字,因饱经历史沧桑,有些字迹已难辨认。据玉树结古寺名僧桑杰嘉措多年潜心辨识、研究,认为有些是松赞干布的娶亲大臣吞米桑布扎亲手书写的古藏文嘎恰字和梵文,有些是文成公主手书的汉文楷体字,另有经文、六字真言等。当地传说,文成公主入藏时,在今巴塘乡扎隆沟的仁钦楞寺下方三公里处营建一座佛塔,取名"文巴塔",又名"嘉斯塔";在今巴塘乡境内相古河对岸的邦同滩上亦建造一座佛塔,取名"格则塔"。后来在这些佛塔附近相继建成佛教寺院,都与文成公主在当地的佛事活动有关。后来金城公主于710年(景龙四年)入蕃和亲,再次经过玉树巴塘时,见文成公主原刻佛像露在岩崖之上,受风雨侵蚀,遂令随从在佛像上盖一殿堂。730年(开元十八年),又派人摹刻佛像,修缮殿堂,并在殿门旁勒石立碑为记,称:"为祝愿万民众生及赤德祖赞父子福安昌盛,依原刻佛像精雕,修盖此殿。"此佛殿就是今天的"文成公主庙",又叫"大日如来佛堂",它是青海最早的佛殿,

---

① 王尧、陈践译注:《敦煌本吐蕃历史文书》,民族出版社1980年版,第144页。

也是汉藏两族人民友谊的象征。①之外，在与其相邻的勒巴沟内，也有大量相传为文成公主入蕃时留下的岩刻佛像、佛塔等佛教文化遗存。

另据藏文史籍《奈巴教法史》记载，赤祖德赞时，"于卫、康、多思麻三地修建了12座闻、思、修习讲经院；卫地有三界解脱寺、噶迥、温江岛、杰材四座；康区有谐衣俄切、谐衣毕噶、恰衣龙须四座；多思麻有井几若高、扎衣噶哲、甘州昂木真、箕笛蒸噶四座。"之外还修建了"具有讲经、持戒殊胜特点之六座寺庙，……安多有龙塘计登卓、俄绒江木纽木二寺"。"断语修心之12座寺庙，……安多有林塘阿尔雅垄、梅尔雪赛金威奈、增吉凤凰丛林、朗域之舟道四寺。"②另外，吐蕃在占领河西陇右后，在与青海相邻的敦煌、凉州、甘州等地也建造不少寺庙。这些讲经院和寺庙为吐蕃佛教在这一地区的发展奠定了牢固基础。特别是在吐蕃时代，以敦煌为中心的河西地区成为藏汉佛典翻译的中心，大批汉文佛经被译成藏文，输入吐蕃。同时，还有些敦煌汉僧被请到吐蕃都城逻些进行弘法活动，涌现出以摩诃衍那、管法成、洪辩为代表的一批藏汉兼通、享誉唐蕃佛教界的高僧大德。到吐蕃王朝末，在极度兴盛的河西佛教影响下，包括青海的安多地区的这些吐蕃佛教寺院必会更加发展。从藏文史籍《安多政教史》、《凉州佛寺志》等的记载看，藏传佛教史上被称为"三贤哲"的约·格迥、藏·饶赛、玛·释迦牟尼的修行传法足迹遍及甘青河湟河西各地。今互助佑宁寺所在地，藏语称"约格

---

① 蒲文成：《青海佛教史》，青海人民出版社2001年版，第21~22页。
② 《奈巴教法史》（汉译），载《中国藏学》，1990年第1期。

第五章　吐蕃王朝时期青海藏族经济与文化

隆哇",据说是因为约·格迥修行于此而得名;今互助白马寺则是玛·释迦牟尼和藏·饶赛晚年的修行驻锡之地,因而得名"玛藏扎"(意为玛、藏二人居住的山崖)。后来"三贤哲"来到宗喀地方的西宁,最后圆寂于此,当地藏族信众将他们的遗骨建为灵塔以示纪念,这就是后来著名的西宁大佛寺的前身。《奈巴教法史》载,约·格迥与霍尔居士释迦喜饶结伴东行,"主仆二人到安穷南木宗岩洞修行,并主持藏吉康萨处雅日普寺"。由此可见,"三贤哲"避居安多后,可能对这一地区的佛教寺院进行了走访朝拜,与此同时,亦开始了他们的传法活动。"三贤哲"在安多的弘法活动之最大业绩就是收喇钦·贡巴饶赛为弟子,由此点燃藏传佛教后弘期"下路弘法"之火种。①

随着佛教势力的不断膨胀和佛教寺院经济的发展,佛教在唐朝和吐蕃的社会影响越来越大,佛教僧侣集团与世俗统治者的各种矛盾亦日趋尖锐,在吐蕃王朝和唐朝后期都出现了强烈的反佛思潮。在唐朝,以韩愈、李德裕等为代表的士大夫不断上表,抨击佛教对于政治、经济、文化及社会诸方面的危害。唐武宗即位后,便利用这股反佛思潮,于845年(会昌五年)开始诏令全国禁毁佛教,史称"会昌法难"。几乎与唐朝会昌灭佛的同一时期,吐蕃亦开始了藏传佛教史上最严厉的一次灭佛运动——"达磨灭法"。在灭法期间下令焚毁佛教经像;关闭、停建佛寺;强迫僧人还俗。这次严酷的灭法运动,使吐蕃佛教遭到了一次毁灭性的打击,据史籍称,在之后约百年间卫

---

① 先巴:《唐五代河西佛教与藏传佛教后弘期"下路弘法"》,载《青海民族研究》,2004年第4期。

藏地区不闻佛法。①受达磨灭法的迫害，许多僧人离开卫藏地区逃往边陲地方。由于当时青海地区远离唐朝和吐蕃王朝的统治中心，"会昌法难"和"达磨灭法"实际上对青海佛教的打击较小，使佛教仍得以继续发展。当时藏·饶赛等"三贤哲"经阿里、黎域（于阗）逃至青海河湟地区，隐居修行，传扬佛教，首先就是因为这里远离吐蕃王朝的政治中心，此外还与这一地区的佛教传统不无关系。正是吐蕃时期青海佛教延续不断的发展，为藏传佛教后弘期"下路弘法"的兴起奠定了文化基础。

---

① 参见［元］布顿著，蒲文成译：《布顿佛教史》，甘肃民族出版社2007年版，第127页；东嘎·洛桑赤列著，陈庆英译：《论西藏政教合一制度》，中国藏学出版社2001年版，第25页。

第六章　分裂时期的青海藏族及青唐政权

公元10世纪上半叶，中国历史进入"五代十国"时期，在此之前，在吐蕃王朝本土爆发"伍约之战"，随之在青海藏族地区引发论恐热与尚婢婢之间的边将混战和嗢末起义及张义潮起义，结果使吐蕃王朝的统治彻底崩溃，原来的统一王朝分裂成若干个割据政权，有"阿里王系"（或曰"拉达克王系"）、"拉萨王系"（或曰"亚泽王系"）、"雅隆觉阿王系"及"宗喀王系"等，由此使吐蕃"族种分散，大者数千家，小者百十家，无复统一矣。自仪、渭、泾、原、环、庆及镇戎、秦州暨于灵、夏皆有之，各有首领，内属者谓之熟户，余谓之生户"。[①]从吐蕃王朝崩溃直到元朝统一吐蕃的400余年间，藏族历史上称为分裂时期。其时，在今甘青地区先后出现了两个以藏族为主体的地方割据政权，一个是凉州六谷部政权，一个是青唐政权。

[①]《宋史》，卷四九二《吐蕃传》。

第一节 宋夏时期青海吐蕃部落及分布

一、宋夏时期西北吐蕃部落的分布

宋夏时期青海及周邻的吐蕃部落，主要是吐蕃王朝时期调遣到这一地区的吐蕃军队及其从属（嗢末）的后裔，还有吐蕃化的青海诸羌部，如党项、孙波、吐谷浑等。①其时，史籍中将吐蕃部落称为"族"，在藏语中称"措哇"或"叠哇"。"措哇"，即措科的代名词，又指部落组织。"叠哇"即小部落或村庄。每个措哇里又有同根同姓的"哈玉虎"或"夏尼"。②

据宋人何亮曾说"西戎既剖分为二，其右乃西戎之东偏，为夏贼之境；其左乃西戎之西偏，秦、泾、仪、渭之西北诸戎是也"。③这和《宋史·吐蕃传》与《宋史·党项传》中的记载相吻合。《宋史·吐蕃传》载："自仪、渭、泾、环、庆及镇戎，秦州暨于灵、夏皆有之。"《宋史·党项传》称："今灵、夏、绥、麟、府、庆、丰州、镇戎、天德、振武并其族帐。"④《邵氏闻见录》载："河湟、邈川、青唐、洮、岷，以

---

① 青海藏族部落的历史渊源是一个十分复杂的历史课题，汉藏文史籍中的部落名称的对勘更是一个大工程，目前关于藏族部落研究的前人成果以〔法〕石泰安的《川甘青藏走廊古部落》、〔英〕托玛斯的《东北藏古代民间文学》、陈庆英主编的《中国藏族部落》和国家民委民族问题五种丛书之"中国少数民族社会历史调查资料丛刊"等最为集中，此处主要依据《中国藏族部落》的相关内容进行叙述。

② 拉麻才让、仁青侃卓：《化隆藏族简志》，青海民族出版社2010年版，第27页。

③《续资治通鉴长编》，卷四四，咸平二年。

④《宋史》，卷四九二《吐蕃传》；卷四九一《党项传》。

第六章 分裂时期的青海藏族及青唐政权

至阶、利、文、政、绵州、威、茂、黎、雅州夷人，皆其（吐蕃）遗种也。"①韩琦亦称："泾原、秦凤两路，除熟户外，其生户有蹉鹘者谷达谷必利城、腾家城、鸥枭城、古渭州、龛谷、洮河、兰州叠宕州，连总哥、青唐城一带种类，莫知其数。然族帐分散，不相君长。"②文博彦又说："臣切见秦凤、泾原沿边熟户番部比诸路最多。"③《新五代史》载："自灵州渡黄河至于阗，往往见吐蕃族帐。"④

由上可见，当时西北吐蕃和党项，大体上沿六盘山、陇山为界。在环、庆、灵、夏、镇戎等地两族还有相邻而杂居的。从汉藏文史书记载看，包括青海的河陇地区的吐蕃部落主要分布在：秦、凤、泾、原、仪、渭、熙、河、洮、岷、叠、宕、阶、文、湟、鄯、廓、灵、凉州及德顺、通远、积石军等地，其分布地域遍及青、甘、宁及新疆等地，大致与吐蕃王朝中后期时的分布相一致。这些地区大致与藏史中的安多相当而略有超出。按照藏族传统地理区划，"多麦这个地区，有被称为第二印度恒河之称的黄河流经其中，因此被分为南北两部。北部地区西至青海湖，东至宗喀。前者乃是安多地区的上部。……南部地区，黄河上游大部分为果洛、阿树、佐格阴阳、河南蒙古十一佐领、阿柔等部放牧地区"。⑤其北部（上部）地区包括陕西沿边及湟、鄯、廓、凉、甘、肃州等地；南部（下部）地区包括熙、河、洮、岷、

---

① [宋] 邵伯温：《邵氏闻见录》，卷十三。
② [宋] 《续资治通鉴长编》，卷一四九，庆历四年五月。
③ [宋] 文博彦：《潞公文集》，卷一。
④ 《新五代史》，卷七四《四夷·附录第三·于阗》。
⑤ 智观巴·贡却乎丹巴绕吉著，吴均等译：《安多政教史》，甘肃民族出版社1989年版，第5页。

-133-

叠、宕、松、潘、文、茂、积石州等地。有学者按宋代对西北地区经营活动展开之顺序将安多吐蕃部落分作五个居住区：（1）陕西沿边吐蕃居住区（即陕西沿边诸州）；（2）熙河兰会吐蕃居住区（即通远军及熙、河、兰、会四州）；（3）河北吐蕃居住区（即湟、鄯、廓州及青海湖以西地）；（4）河南吐蕃居住区（包括积石军及洮、岷、叠、宕、阶、文等州）；（5）河西吐蕃居住区（包括灵、凉二州乃至河西走廊）。[①]当时青海及周围地区的藏族部落大致与上述河北、河南、河西三个地区相对应，而这三个地区的吐蕃部落后来逐渐形成凉州六谷部和青唐唃厮啰两大政权。

北宋初年，其版图"西北仅有宁（宁县）、庆（庆阳）、环（环县）、泾（泾川）、原（镇原）、渭（平凉）、仪（华亭）、阶（武都）、成（成县）、秦（天水）各州及镇戎（固原）、开宝（两当县）、两监等处内属，大约当今陇东和陇南的平凉、庆阳、天水、武都所属的部分地方。但在这些州中仍多是蕃（包括党项）汉杂居。河西则蕃、汉、回纥杂居或错居；洮河、大夏河及青海湟水流域，主要为蕃族住地。……这就是说，在北宋初期，青海全部，甘肃大部，陕西一部为蕃族聚居或蕃汉杂居地区（原注：蕃族即吐蕃之简称，宋代吐蕃和蕃族并用）"。当时仅秦凤路、泾原路、环庆路的"熟户"蕃族部落有千余部，他们经过唐末、五代、宋初200多年的繁衍发展，到北宋熙宁年间，根据宋夏灵州永乐战役中宋军"熟羌"战死60万人推算，总人

[①] 汤开建：《宋金时期安多吐蕃部落史研究》，见汤开建：《宋金时期安多吐蕃部落史研究》，上海古籍出版社2007年版，第32页。参见陈庆英主编：《中国藏族部落》，"附录二"，中国藏学出版社2004年版；刘建丽：《宋代西北吐蕃研究》，甘肃文化出版社1998年版，第61~132页。

第六章 分裂时期的青海藏族及青唐政权

口可能有200万人。①据此，则当时处于蕃族腹心地带的青海吐蕃生、熟户人口也当有较大发展。

二、宋夏时期青海的吐蕃部落

宋夏时期，青海及周围吐蕃部落的分布范围难以与今青海疆域完全对应，因此依照汤开建先生的划分，大致将这一时期青海及周围吐蕃部落分为河北、河南、河西三个地区，分述如下：②

1. 河北吐蕃部落

这一地区大致与吐蕃王朝时期的青海节度使、鄯州节度使管辖范围相对应，在宋夏时期成为甘青藏族的最大聚居区，也是宋代甘青藏族政治、文化、经济的中心区域，主要包括有湟、鄯、廓三州乃至青海湖以西之地。《宋史·兵志》称："盖鄯、湟乃西蕃两小国，湟州谓之邈川，鄯州谓之青唐，与河南本为三国。"又《宋史·吐蕃传》载："厮啰地既分，董毡最强，独有河北之地。"这里即是青唐政权的中心地区，部族甚众，北宋熙宁开边收复三州时，湟州归顺户口10万，鄯州归顺户口30万，廓州归顺户口20万，三州归顺之户口就达60万。其部落计有30余个。

湟州即邈川，其地"东北控夏国右厢、甘凉一带，西接总噶尔青唐巢穴，部族繁庶，形势险要，南距河州一百九十余里，东至兰州二百余里"。分布在这一地区的吐蕃部落有：（1）雅仁结族（又译作"亚然家族"），《九朝编年备要》卷九载："授唃厮

---

① 黄奋生：《藏族史略》，民族出版社1985年版，第156页。
② 汤开建：《对五代宋初河西地区若干民族问题的探讨》，见汤开建：《宋金时期安多吐蕃部落史研究》，上海古籍出版社2007年版，第31~97页。参见陈庆英主编：《中国藏族部落》，"附录二"，中国藏学出版社2004年版，刘建丽：《宋代西北吐蕃研究》，甘肃文化出版社1998年版，第61~132页。以下不再注出。

啰、温逋奇官,邈川亚然家二部首领也。"可知雅仁结族居于邈川,其首领为温逋奇,温逋奇死后,其子温郢成俞龙(又译作"一声余龙")嗣立,温郢成俞龙死,其子温讷支郢成(又译作"温讷支郢成四"、"温讷木扎尔颖沁"、"温塌波讷令支"等)嗣立。1080年(元丰三年)归附北宋,被封为会州团练使,其后嗣又被封为瓜州团练使、右班殿直等衔。《宋会要辑稿》"蕃夷六"载,该部落在温讷支郢成时,"住河州之北,所管二十八部族,有兵约六万四千人。西接董毡,南距黄河勺家族,东界拶家族,北邻夏国,所居至河州四驿"。唃厮啰当时因暂居于邈川而被归于该族,实为另一族。(2)齐暖族(又译作"篯南族"),据《青唐录》、《续资治通鉴长编》、《宋会要辑稿》等载,1087年(元祐二年)十二月,邈川东界齐暖城(篯南城)首领乌戬新雅克(亦译作"兀征声延")举其家内附。(3)多罗巴族,其地在湟州城南八十里的巴金岭一带。东至湟州界七十里,西至来宾城界四十里,南至安乡关三十里,北至宁川堡四十里。据《长编拾补》卷二一载:1103年(崇宁二年),童贯率统领官李忠等以前军趋巴金城,巴金城旧名安川堡,又称膘哥堡,"在巴金岭上,多罗巴使其三子,长曰阿令结,次曰厮铎麻令,次曰阿蒙率众拒守"。(4)聂农族,其居地在湟州乩当川,东至安川堡分界七十里,西至青丹谷三十里,南至黄河一十里,北至安陇砦七十里。据《长编拾补》卷二一载:王厚镇抚湟州时,"禄斯结族首领巴金城主遵巴及聂农族首领羌贼用事者乩当多罗巴之副结令干等大种名豪相继出降"。湟州境内"巴金、乩当、把拶宗等处形势险扼,自来羌人负以为固"。"乩当"即"乩当川",后筑城据守,1104年(崇宁三年)赐名"来宾城",城在碾伯西南。(5)浪家、禄斯结家、乞平家、尹家四族,据《宋会要辑稿》"蕃夷四

第六章 分裂时期的青海藏族及青唐政权

之七"载：1012年（大中祥符五年）正月，杨知进与翻译杨敏伴送翟符守荣般次赴甘州，途经湟州，"缘路为浪家、禄斯结家、乞平家、尹家所钞夺之"。上述禄斯结族首领又称"巴金城主"，巴金城在湟州境，则禄斯结家与浪家、乞平家、尹家四族同在湟州境。（6）潘罗溪族，据《摛文堂集》卷五所载《潘罗溪除忠州刺史充湟州管界蕃部都巡检制》中称："尔天恣武勇，雄于邈川。"可知潘罗溪族在湟州。（7）漆令族（又作"添令族"、"下添令族"），①据《宋会要辑稿》"蕃夷六之三五"载：1099年（元符二年）十一月，熙河兰会路经略司言："邈川新管下归顺朴心族首领巴把瓦、青宜赊罗、添令下族蕃部邦毡与蕃贼斗敌，射死甚多。"②又《长编拾补》卷二一载，1103年（崇宁二年）六月，宋军入湟州，"招纳湟州境内漆令等族大首领潘罗溪兼篯七百五十人，管户十万"。则漆令族居湟州境内。（8）朴心族（又译作"布新族"、"布证族"），据上述《宋会要辑稿》及《长编》所载可知，朴心族与漆令族等同居于湟州。（9）归丁家族，《宋史·吐蕃传》载，1065年（治平二年）夏，西夏李谅祚攻取啈厮啰陇珠、阿诺等城，"不能克，但取邈川归丁家五百余帐而还"。可知归丁家族在邈川。（10）丹波秃令结族，《长编拾补》卷二十一载，1103年（崇宁二年）六月，宋将高永年等至湟州，列阵于东坂之上，遣使约降，"其大首领丹波秃令结尽拘城中欲降者，据城不下"。则丹波秃令结族在湟州城内。（11）郎阿章、缅什罗蒙族，据《长编拾补》卷二一载，1100年（元符三年）三

---

① 添令族，又作"漆令族"，不知当作"添令族"还是"漆令族"，待考。
②《续资治通鉴长编》，卷五一八作："邈川管下新归顺朴心族首领巴把呱、青宜赊罗、添令下族蕃部邦毡，与蕃贼斗敌，射死甚多。"

月，陇拶归附宋朝，赐名赵怀德，拜河西节度使，陇拶还邈川，而溪赊罗撒谋袭陇拶，陇拶惧而逃往河南，途中却被郎阿章、缅什罗蒙等乘机"挟以令众种落"。则郎阿章、缅什罗蒙均为湟州吐蕃部族。(12) 枸鲁新族、珪罗族，《续资治通鉴长编》卷四四四载，1090年（元祐五年），范育上言："近特凌古再召，温锡沁愈怀疑惧，邈川人情亦不安，又杀珪罗族四人，锢其酋长及勾隆博、乔家族首领，徙枸鲁新族。"由此，则枸鲁新族与珪罗族当在邈川，即湟州境内。(13) 擦罗族（又作"捺罗"、"纳克全"），《宋史·吐蕃传》载，1058年（嘉祐三年），"擦罗部阿作等叛厮啰归谅祚。"当时唃厮啰在河湟地区，擦罗族当在湟、鄯二州境内。另外，刘建丽《宋代西北吐蕃研究》中居地不明而附于湟州下的吐蕃部落还有：锡默族、木沁扎实锡喇卜族、齐勒巴族、策凌博族。

鄯州，故青唐城，1099年（元符二年），陇拶降，置鄯州，1104年（崇宁三年）改鄯州为西宁州。鄯州"东至保塞砦五十七里，西至宁西城四十里，南至清平砦五十里，北至宣威城五十里。"分布在这一地区的吐蕃部落有：（1）唃厮啰族（又译作"嘉勒斯赉族"），《山堂考索后集》卷六四载："宗哥族、唃厮啰二族最盛。"《长编纪事本末》卷八二又称唃厮啰为"渭州蕃族"。可知，唃厮啰族始居渭州。三都谷之战，唃厮啰兵败，遂与李立遵分裂，徙居邈川，依靠邈川蕃部大首领温逋奇。后因温逋奇之叛，唃厮啰杀温逋奇，徙居青唐。唃厮啰家族定居青唐后，家族内部出现分裂，长子瞎毡率部众居于河州，次子磨毡角与母党李巴全率众据宗哥。瞎毡死后，其子又分据数处，长子木征据河州之安乡城，瞎吴叱据岷州的银川聂家山，巴毡角据洮州，董古（董谷）据河州与武胜军之间，结吴延征居地不明。（2）宗哥族，是五代、宋夏时期河湟地区影响最大的吐蕃部落之

第六章 分裂时期的青海藏族及青唐政权

一。"宗哥族有狭义与广义之分,广义宗哥族是指继凉州六谷联盟后兴起的吐蕃宗哥联盟,而狭义的宗哥族应指以其居地在宗哥河(湟水)一线和宗哥城而得名的宗哥部落。"其族名最早见于1004年(景德元年)。《宋史·吐蕃传》载:"西凉府既闻(潘)罗支遇害,乃率龛谷、兰州、宗哥、觅诺诸族攻者龙六族。"1008年(大中祥符元年),"宗哥族大首领温逋奇等来贡"。温逋奇是最早见于史籍中宗哥族首领。至李立遵为首领时,宗哥族势力大增,"聚众数十万",号称"劲兵数万",部属众多。三都谷之战后,李立遵大败,宗哥族随之势衰。(3)洗纳、心牟、陇逋三族,据《宋会要辑稿》"蕃夷六之二五"载,1092年(元祐七年),"西蕃洗纳等族背阿里骨奔夏国、回纥两界,往来谋取董毡侄溪巴温儿董菊为主。又兰州沿边安抚司探到董毡侄瞎养兀尔(《续资治通鉴长编》译作"辖扬乌尔")自西海率吐蕃、回纥人马去青唐城一二百里驻兵,有洗纳、心牟、陇逋三族归之"。"洗纳"又作"斯纳",明时译为"洗拿",今作"西纳"。据《安多政教史》载:"斯纳姓氏源于西藏四大姓氏之一的董氏。它又分白色天董为萨迦,黄色日董为斯纳,淡红色地董为郭冷。曾有这样的说法,'人们的一半属于董氏,董氏的一半属于斯纳'。"① 《青唐录》载:"洗纳等大首领阿厮结等悉来降,阿厮结在青海住坐。"《九朝编年备要》卷二六载:"至西宁州管下宣威城青海洗纳、木令波族"。《天下郡国利病书·陕西下》载,西纳族"居西纳川河北黑咀儿"。"心牟"又作"森摩"。《续资治通鉴长编》载:"鄂特凌骨疑森摩族党叛己者,杀其大首领溪鲁尔罗

---

① 智观巴·贡却乎丹巴绕吉著,吴均等译:《安多政教史》,甘肃民族出版社1989年版,第161页。

巴等三人ր。"《宋会要辑稿》"蕃夷六之三三"中有"青唐心牟钦毡"、"心牟冷麻"等人名，均为心牟族的首领。"陇逋"，又作"陇波"、"隆博"等。《宋史·吐蕃传》载，1058年（嘉祐三年），"擦部阿作等叛厮啰归谅祚，谅祚乘此引兵攻掠境上，厮啰与战败之，获酋豪六人，收橐驼战马颇众，因降陇逋、公立、马颇三大族"。陇逋族在历史上迁徙频繁，史载陇逋族曾在秦州永宁寨居住，被曹玮击败后归降西夏，后又归附唃厮啰，居于青唐与青海之间，其后又迁徙到化隆等地。（4）容鲁族，据《金史·结什角传》载，容鲁族居地与庞拜族相邻。庞拜族属"庄浪四族"之一，居积石军。由此可知，容鲁族居地在鄯州境。金时，鄯州已属西夏境。（5）胜宗族（可能是宗喀十三族中的"申中族"），《长编纪事本末》卷一三九载，1103年（崇宁二年）九月，"胜宗首领钦厮鸡率众来降"。胜宗城在鄯州。（6）青归族（又作"青贵族"），《宋史·地理志》载：保塞砦，又名安儿城，"北至青归族一十五里"，"东至龙支城界二十里，西至西宁州界三十里，南至廓州界二十里"。（7）吹厮波族，《长编纪事本末》卷一四〇载，1104年（崇宁三年）四月，宋军攻下青唐后，童贯"遣冯璀统轻锐万骑由州之南青唐谷入溪兰宗，贼复觉之，遁于青海之上，追捕不获，因讨其余党，抚定吹厮波部族"。由此则知吹厮波族居地在青海湖附近。

廓州，《宋史·地理志》载，"至宁塞砦十七里，西至同波北堡不及里，南至黄河不及里，北至肤公城界十五里"。分布在这一地区的吐蕃部落有：（1）青丹谷族，居地在廓州境的青丹谷，以地名为族名。《长编拾补》卷二三载，1104年（崇宁三年）正月，宋军将领王端去湟州招纳蕃部，廓州"蕃僧欲候大军到献酒，青丹谷首领阿丹三人亦称候大军到迎降"。四月，王厚

第六章 分裂时期的青海藏族及青唐政权

率军入廓州,大军屯驻在城西,"青丹大首领阿撒四率众诣军前降"。(2) 邈龙、拘掠等族,《长编拾补》卷二二载,1103年(崇宁二年)八月,"河北首领洛施军令结、阿撒四等领廓州邈龙、拘掠等族五千余众,自青丹谷出攻来宾城"。青丹谷在廓州境内,"来宾城"旧名乩当川,在湟州。出青丹谷攻来宾城,则知邈龙、拘掠等族在廓州界。(3) 洛施军令结族,《长编拾补》卷二三载,1104年(崇宁三年)四月,"王厚等帅大军自鄯州趋保敦谷,过晒厮温厮岭南入廓州界,本州大首领洛施军令结率其众降"。《宋会要辑稿》"兵一四"亦载:"王厚等统率大兵自鄯州趋山南至结罗城,主管廓州界蕃族大首领洛施军令结迎降。"结罗城,又作结啰城,在廓州米川县境,则洛施军令结族居地在廓州结罗城。(4) 溪丁朴令骨族,《长编纪事本末》卷一四〇引《青唐录》载,"山南大首领溪丁朴令骨及洛施军令结领诸族诣军前降"。洛施军令结族居于廓州结罗城,而溪丁朴令骨族既与洛施军令结族一同来降,则其居地与洛施军令结族相邻,应在廓州境。

2. 河南吐蕃部落

河南,指黄河以南的吐蕃聚居地,含积石军及洮、岷、叠、宕、阶五州。南宋时,河南吐蕃部落逐渐向南发展,直至黎、雅等州。当时青海境的吐蕃部落主要分布在积石军等地。分布在这一地区的吐蕃部落主要有:(1) 扎实庸咙族,《续资治通鉴长编》卷五〇七载,起初,"唃厮啰兄扎实庸咙为河南诸部所立,与唃厮啰分地而治"。唃厮啰控制了黄河以北的吐蕃部落,扎实庸咙则控制了以积石军为中心的黄河以南的吐蕃部落。扎实庸咙死后,其子必鲁匝纳嗣立,必鲁匝纳死后,其子溪巴温嗣立。后来,其部属首领果庄(鬼章)势力强大后,因与溪巴温之舅郎结戬有隙,溪巴温遭鬼章驱逐出走。阿里骨(鄂特凌古)死后,溪

-141-

巴温据溪哥城自称王子。溪巴温有六子：陇桦、杓桦、溪赊罗撒、昌三、顺律坚戬、尼玛丹津（益麻党征）。陇桦、溪赊罗撒曾先后入主青唐。陇桦归宋后，赐名赵怀德。杓桦据溪哥城，后被果庄之子阿苏所杀。益麻党征归宋后，赐名赵怀恩，封陇右郡王。南宋初，移居成都。（2）果庄族，果庄又作"鬼章"，又名"青宜结鬼章"，为河南吐蕃大酋，史称其"桀黠有智谋，数为边患"，后被宋洮东安抚使种谊俘获，并授陪戎校尉，居于秦州，后在秦州终其生。其子结斡磋，至其孙毕斯布结时，"所管部族人马强盛"。1099年（元符二年）六月，归附宋朝，"将部族地土献与汉家"。《续资治通鉴长编》卷五一三载，"所管地分，西至黄河，北至克鲁克、丹巴国，南至隆科尔结一带，东至庸咙城、额勒济格城。当标城至斯丹南一带，甚有部族人户，见管蕃兵六千一百四十人"。其地约在积石军境内。（3）木波族，《金史·结什角传》载："乔家族首领播逋与邻族木波、陇逋、庞拜、丙离四族耆老大僧等立结什角为木波四族长，号曰王子。其地北接洮州、积石军。"又言："其南陇逋族南限大山，八百余里不通人行。东南与叠州羌接，其西丙离族，西与卢甘羌接，其北庞拜族，与西夏容鲁族接。"可见，木波族在陇逋与庞拜之间，陇逋、庞拜均在积石境内，则木波族亦在积石军境内。南宋时木波族南境达黎、雅二州。（4）庄浪四族，《金史·结什角传》载："天会中，诏以旧积石地与夏人，夏人谓之祈安城。有庄浪四族，一曰吹折门，二曰密藏门，三曰陇逋门，四曰庞拜门。"

　　由上所述，这一时期青海及周邻地区的吐蕃部落众多而复杂，并且因各种原因不断迁徙，随之发生种种变化，各地区部落间的社会发展水平因之出现不平衡现象，宋人按其社会发展水平及其与宋朝联系，将其分为"生户"与"熟户"。《宋史·宋琪

第六章　分裂时期的青海藏族及青唐政权

传》称，"连接汉界入州城谓之熟户，居深山僻远，横过寇略者谓之生户"。

第二节　凉州六谷部政权

凉州六谷部，是指居于凉州城外六条河谷的藏族部落。这六条河谷皆由祁连山流出，依次为：古浪河（洪源谷）、黄羊谷、杂木河（闸渠河）、金塔河（阳妃谷）、西营河和东大河。汉文史籍中，把凉州六谷部吐蕃称为"六谷部落"、"六谷蕃众"、"六谷蕃部"等。

吐蕃王朝末，河陇地区的嗢末起义军的一部分南下，或返故里，或归降唐朝。另一部分约在唐末咸通末年北上移居河西诸郡，主要聚居于凉州。嗢末占据凉州后，其社会经济渐得发展，并由原来分散的小部落，逐步联合成为有一定影响和势力的大部落。五代初，嗢末派使臣向后梁进贡，并接受后梁的封爵。908年（后梁开平二年），嗢末派人到后梁进贡；其首领杜论悉伽被封为左领军卫将军同正，苏论乞禄为右领军卫将军同正。①927年（后唐天成二年），吐蕃遣使野利延孙等入贡，蕃僧四人持蕃书二封，人莫识其字。②另外，噶尔·赞婆归唐后，唐朝将其安置于洪源谷（古浪河），则凉州六谷部吐蕃中应有其后裔。

后梁、后唐、后周时都曾在凉州任命官员，但"其州帅稍失民情，则众皆啸聚"。③有些官员被其驱赶走。因而，凉州实际上

---

① 《五代会要》，卷三〇《吐蕃传》。
② 《文献通考》，卷三三五《四裔考十三》。
③ 《宋史》，卷四九二《吐蕃传》。

由当地首领统治。后汉隐帝时（948~950年）曾命当地"土豪"折逋嘉施为节度使。后周申师厚在凉州时，"奏荐押衙使崔虎心，阳妃谷首领沈念般等"为将吏。"然凉州夷夏杂处，师厚小人，不能抚有。至世宗时（904~959年），师厚留其子而逃归，凉州遂绝于中国。"①这时期的凉州吐蕃，实际上已发展成为一支地方割据势力，所以，中原王朝派到凉州的命官大都不能立足。

宋初，凉州吐蕃与宋朝建立联系。966年（乾德四年），知西凉府折逋葛支向宋奏报，他曾派人护送去天竺取经的回鹘、汉僧人过境，朝廷"诏书褒答之"。②同时，在经济上与宋建立往来。993年（淳化四年），西凉州左厢押蕃落副使折逋阿喻丹卒，其弟折逋喻龙波袭职。998年（咸平元年），河西军右厢副使、归德将军折逋喻龙波首次亲率凉州吐蕃大小首领到宋京师朝贡，献马2 000匹，被授为"安远大将军"。喻龙波向宋朝廷陈述当时凉州的情状称："河西军东至故原州一千五百里，南至雪山、吐谷浑、兰州界三百五十里，西至甘州同城界六百里，北至部落三百里。周围平川二千里。旧领姑藏、神乌、番禾、昌松、嘉麟五县，户二万五千六百九十三，口十二万八千一百九十二。今但有汉民三百户。"③

凉州历来为兵家必争的战略要冲，但北宋当时无力顾及，因而授封当地吐蕃诸部落首领，扶植其势力，以防御和牵制西夏。

10世纪末，六谷吐蕃共推潘罗支（又译作"博罗齐"）为大首领，取代折逋氏的地位。潘罗支的身世，据《明史》载，松潘

---

① 《旧五代史》，卷一三八《吐蕃传》。
② 《宋史》，卷四九二《吐蕃传》。
③ 《续资治通鉴长编》，卷四三，咸平元年十一月。

第六章 分裂时期的青海藏族及青唐政权

"宋时,吐蕃将潘罗支领之,名潘州"。①日本学者山口瑞凤在其《白兰和孙波囊氏》一文中考证认为潘罗支为唐代吐蕃贵族囊(朗)氏的后裔,据于松潘。据洲塔考证,"其祖籍今西藏潘隅,其祖随军至潘州(今四川松潘),约五代时游牧至秦州,宋时到达凉州一带。根据史迹,其家族为西藏望族朗氏。"②

潘罗支任六谷部首领后,对内积极发展西凉府吐蕃诸部的政治、经济、文化,加强军事力量;对外加强与宋的联系,组织族人与西夏抗衡,遏止李继迁向西发展。1001年(咸平四年),宋朝授潘罗支为盐州防御使兼灵州西面都巡检使,统领凉州地区蕃部。1003年(咸平六年),潘罗支拒绝李继迁招抚,派人向宋奏称愿与宋共击西夏,收复灵州,而宋以西凉路远等为由,未予响应。李继迁遂于十一月发兵攻陷西凉府,潘罗支伪降,随后遽集六谷诸豪及者龙族合击李继迁,李继迁大败,中流矢而死。

潘罗支设计打败李继迁,使六谷部士气大振。1004年(景德元年)六月,遣其兄邦逋支入宋上表,声称将率六谷部及回鹘精兵讨伐西夏,请求宋朝发兵,配合其行动。然宋又以李继迁新丧为由而未发兵,致坐失良机。史载:"先是,继迁种落迷般嘱和日逋吉罗丹二族亡归者龙族,而欲阴图罗支。是有,会(李继)迁党攻者龙,罗支率百余骑急赴,将议合击,遂为二族戕于帐下。"潘罗支遇弑后,"六谷诸豪乃议立罗支弟厮铎督为首领"。宋廷闻知潘罗支遇弑,诏赠"武威郡王",并遣使赠恤其家。诏授厮铎督为盐州防御使、灵州西面沿边都大巡检使。随后,宋真

---

① 《明史》,卷三一一《四川土司传》。
② 洲塔、乔高才让:《甘肃藏族通史》,青海人民出版社2004年版,第159页。

宗又"以迁党未平,藉其腹背攻制,遂加厮铎督朔方军节度、押蕃落等使、西凉府六谷大首领"。①

厮铎督为了抵御西夏,非常重视发展与宋朝的关系,几乎每年派使者入宋,或进贡,或请封。宋朝也十分重视与六谷部的关系。"宋朝国势积弱,从不向少数民族地区输送武器,而对六谷部却破例赐给了箭和其它武器多种,增强它的武备力量,以利于共同抗御西夏的侵扰。"②1006年(景德三年),六谷部发生瘟疫,宋朝又拨给犀牛角等76种药材,予以援助。由于宋朝的全力支持,六谷部势力复盛。

与此同时,西夏在李德明嗣立后,遵循其父李继迁遗命,继宋澶渊之盟不久,也与宋达成"景德和议",宋遂封李德明为定难军节度使、西平王,从而实现缓兵之计,因而得以全力西进。1008年(大中祥符元年),李德明遣军至西凉,"见六谷兵盛,不敢攻";转而向西进袭甘州回鹘又遭惨败,全军覆没。随后,李德明又多次进攻甘州回鹘,均遭失败。1010年(大中祥符三年)五月,西夏转而攻取湟水流域的吐蕃宗哥族及宋秦州缘边熟户。1011年(大中祥符四年)九月,李德明又遣军校苏守信举兵攻六谷部策丹族,大首领厮铎督统领诸族大败其众。③之后,西夏不断加强对六谷部的进攻,六谷部受西夏的分化瓦解和军事打击,各部落首领之间出现矛盾,发生分裂。1015年(大中祥符八年)六月,西夏再次派遣苏守信率兵征六谷,一举攻下西凉府,

---

① 《宋史》,卷四九二《吐蕃传》;《西夏书事》,卷八。
② 王辅仁、索文清:《藏族史要》,四川民族出版社1981年版,第45页。参见《宋史》,卷四九二《吐蕃传》。
③ 《续资治通鉴长编》,卷七六,大中祥符四年九月;《西夏书事》,卷九。

第六章 分裂时期的青海藏族及青唐政权

六谷部大首领厮铎督率余部十余万众投奔青唐唃厮啰,六谷部政权灭亡。①

1028年(天圣六年),西夏元昊攻陷甘州,袭破回鹘夜落隔可汗,又有数万回鹘人,越过祁连山进入青海,投奔唃厮啰。②

第三节 青唐政权

唐末五代以来,由于吐蕃王朝瓦解及漠北回鹘汗国的灭亡、西迁,到10世纪末,在今青海湟水流域又兴起了一个以吐蕃为主体的割据政权。"这个政权如果从宋真宗大中祥符元年(1008年)唃厮啰的名字第一次出现算起的话,至宋徽宗政和六年(1116年)唃厮啰之地全部改为宋朝郡县止,历时108年,先后经唃厮啰、董毡、阿里骨、瞎征、陇拶、小陇拶六代国主的执政。"③其历史基本与北宋王朝相始终,它与宋、辽、西夏及回鹘都曾有过密切而复杂的政治、经济联系,在青海藏族历史上具有特殊的历史意义。

一、宗哥族与青唐政权

自潘罗支死后,凉州六谷部政权在厮铎督领导下维持了几十年,并多次击退西夏的进攻。但是,这一时期,六谷部政权已无

---

① 关于凉州六谷部政权灭亡时间,史载中有多种说法,此取刘建丽《宋代西北吐蕃研究》中的推断。

② 《宋史》,卷四八五《夏国传上》。参见林干、高自厚:《回纥史》,内蒙古人民出版社1994年版,第203~204页。

③ 汤开建:《唃厮啰统治时期青唐吐蕃政权历史考察》,载《中国藏学》,1992年第1期。

力对河陇吐蕃诸部进行有效的控制,后被西夏所灭。面对西夏的进攻,河陇吐蕃重新统一起来,形成一个凝聚力较强的政权组织,逐渐成为时代的要求。青唐政权的建立就是在这种形势下应运而生的。1006年(景德三年)开始,河湟地区的宗哥族以本族名义直接对外行使职权。《宋史·职官志》载:"怀远驿,掌南蕃交州、西蕃龟兹、大食、于阗、甘、沙、宗哥等国贡奉之事。"①可见,在景德三年时宗哥族已受到宋王朝的重视,并将其与于阗政权、甘州回鹘政权摆在同一位置。从此,宗哥族便开始走上自己发展的道路。

宗哥族从六谷部政权下独立出来以后,势力得到不断发展。原隶属凉州六谷部政权的觅诺大族和马波族等部落陆续加入宗哥族中。大中祥符年间(1008~1016年),原六谷部大首领厮铎督也归附宗哥族。厮铎督率领六谷部余部加入宗哥族,使宗哥族势力大增。由此可见,到宋大中祥符年间,宗哥族已成为河湟地区最具势力的吐蕃部落(政权)。

宗哥族有两大势力集团:一是宗哥城李立遵集团;一是邈川城温逋奇集团。《资治通鉴长编》载:1016年(大中祥符九年),宗哥族唃厮啰、李立遵"立文法,统众三十万"。②其时温逋奇之实力与李立遵不相上下。为了抵御西夏的侵掠,两个不同的集团组成一个共同的联盟,即宗哥联盟。但两个实力相当的集团,由谁来充当联盟的领袖都不合适,这样,两者之间非常需要一种平衡力量的出现。正当这时候,李立遵、温逋奇获悉河州大首领耸昌斯均控制着吐蕃赞普的后人唃厮啰,遂以武力将唃厮啰挟持到

---

① 《宋史》,卷一六五《职官志五》。
② 《资治通鉴长编》,卷八六,大中祥符九年。

第六章 分裂时期的青海藏族及青唐政权

廓州,尊为"赞普",李立遵自立为论逋,标志着唃厮啰地方政权的正式形成。

二、唃厮啰其人与青唐政权的建立

《宋史·吐蕃传》称:"唃厮啰者,绪出赞普之后,本名欺南陵温篯逋。篯逋犹赞普也,羌语讹为篯逋。生高昌磨榆国,既十二岁,河州羌何郎业贤客高昌,见厮啰貌奇伟,挈以归,置剺心城,而大姓耸昌斯均又以厮啰居移公城,欲于河州立文法。河州人谓佛'唃',谓儿子'厮啰',自此名唃厮啰。"①

关于唃厮啰的身世,藏文史籍《王统世系明鉴》载:"贝考赞的次妃所生的儿子(原注:从此所出之拉雅、藏堆、宗喀、安多、雅隆、觉卧等处之王,乃是真正的藏王血统。)扎西则巴有三个儿子,为贝德、沃德、基德三人,此三位称为住于下部之三德。……次子沃德有四个儿子,即帕巴德赛、赤德、赤穷、娘德四人。巴德赛的后裔分布在鲁域、绒、亚德、嫂堆、达蔡等地。赤德的后裔,为东方宗喀之王京俄顿钦等,现今的安多王等也是其后裔。"② 祝启源在《唃厮啰——宋代藏族政权》一书中称:京俄顿钦"疑即汉文史籍所载之董毡"。③

由上述史料推测,唃厮啰当为吐蕃王室约松一系后裔,或曰

---

① 《宋史》,卷四九二《吐蕃传》。《续资治通鉴长编》,卷八二,"何郎业贤"作"哈喇额森","移公城"作"叶公城","剺心城"作"多僧城"。

② 萨迦·索南坚赞著,陈庆英等译:《王统世系明鉴》,辽宁民族出版社1985年版,第201页。

③ 祝启源:《唃厮啰——宋代藏族政权》,青海人民出版社1988年版,第26页。唃厮啰家族世系,可参考汤开建《唃厮啰家族世系考述》一文,载《青海社会科学》,1982年第1期。关于京俄顿钦与唃厮啰之对音互译问题,可参见黄颢译注:《贤者喜宴》,第25条,见《西藏民院学报》,1985年第2期。

达磨五世孙赤德之后裔。宋咸平中,耸昌厮均迎至河州,从此,唃厮啰便开始了他的政治生涯。后被李立遵带到宗哥城,尊为赞普,建立起青唐政权。

三、唃厮啰时期的青唐政权

青唐政权建立初期,由唃厮啰、李立遵和温逋奇共同领导,唃厮啰则是宗哥族的一面旗帜,同时又是李立遵和温逋奇之间的平衡者。由于青唐政权的社会基础是各部落间的政治联合,具有部落联盟的特点,因而青唐政权自建立时开始,在对外发展过程中就隐含着内部分裂的危险。青唐政权大致经历了三个发展阶段,有学者称为"三盛三衰"。①

1008年(大中祥符元年)唃厮啰由耸昌厮均迎至移公城②,并在河州立文法,由此拉开了青唐政权序幕。同年,唃厮啰又被李立遵、温逋奇从河州迎至廓州"立文法",尊唃厮啰为"赞普",李立遵自立为论逋,标志着青唐政权正式形成。由于唃厮啰这位"贵种"、"故主"的影响,使河陇吐蕃部落纷纷归附,青唐政权因而"部族寝强",成为拥有"胜兵六七万"的地方割据势力。

1014年(大中祥符七年),唃厮啰迁居宗哥城。其间李立遵挟"赞普"而专权,政治欲望也随之膨胀,遂要求宋廷为其封"赞普"号,遭到宋廷的回绝。李立遵因所欲未遂而怨恨宋廷,遂"遣人至渭州缘边,扇摇熟户","欲别立文法"。同时,因其峻酷专恣而失部族民心。是年八月,伏羌砦厮鸡波与宗哥族李磨

---

① 刘建丽:《宋代西北吐蕃研究》,甘肃文化出版社1998年版,第178~189页。

② 移公城,又作"一公城",即今甘肃夏河县甘加乡的斯柔城。"斯柔"恐即"厮啰"之变音。

第六章 分裂时期的青海藏族及青唐政权

青唐城遗址

论聚众欲立文法谋叛,秦州将曹玮"领兵趣之,悉溃散,夷其城帐。九月,(曹)玮又言宗哥唃厮啰、羌族马波叱腊鱼角蝉等率马衔山、兰州、宠谷、毡毛山、洮河、河州羌兵至伏羌砦三都谷(今甘肃甘谷县境),即率兵击败之,逐北二十里,斩馘千余级,擒七人,获马牛、杂畜、衣服、器仗三万三千计。吹麻城张族都首领张小哥以功授顺州刺史"。十一月,"诏给秦州七砦熟户首领、都军主以下百四十六人告身"。三都谷之战使青唐政权受到重创而陷于困境,且唃厮啰与李立遵之间嫌疑日深,难以共处。"厮啰遂与立遵不协,更徙邈川,以温逋奇为论逋,有胜兵六七万,与赵德明抗,希望朝廷恩命。知秦州张佶奏请拒绝。泾原钤辖曹玮上言,宜厚唃厮啰以扼德明。"并以封六谷部厮铎督例,授李立遵为"保顺军节度使"。①唃厮啰因三都谷之战兵败而势蹙,遂与宋和好,双方因抵御西夏的共同目的而彼此靠拢,相互间的经济联系也因此日益密切。

---

① 《宋史》,卷四九二《吐蕃传》。

-151-

1032年（明道元年）八月，宋朝正式册封"邈川大首领唃厮啰为宁远大将军、爱州团练使，亚然家首领温逋奇为归化将军"。①不久，温逋奇发动政变，将唃厮啰囚禁于穽中，并大肆缉捕异己，唃厮啰幸而被守穽人相助逃走。唃厮啰随后集兵杀温逋奇，徙居青唐，从此结束了长期受制于地方豪酋的政治困境，开始独立从事政治活动。

唃厮啰徙居青唐后，又与当地吐蕃乔家族结盟并与之联姻。乔家族世居青唐西四十里的临谷城（亦称历精城）。临谷城当时正好处在中西交通的青海道上，控制了临谷城，就等于控制了这条商道，从而获得了发展商业贸易的有利条件。"（唃）厮啰居鄯州，西有临谷城通青海，高昌诸国商人皆趋鄯州贸卖，以故富强。"②而宋朝为了牵制西夏，不断加强与唃厮啰的关系。

1035年（景祐二年），宋加授唃厮啰为保顺节度观察留后，岁给奉钱，令秦州就近拨付。正当此时，宋夏关系恶化，元昊为巩固后防，遂向唃厮啰发动进攻，并在兰州筑城，置戍屯守，以阻断吐蕃和宋王朝的交通。是年十二月，元昊遣其大将苏奴儿率兵25 000人侵入唃厮啰境内牦牛城，"败死略尽，苏奴儿被执"。元昊乃自率大军趋河、湟，急攻牦牛城，大战一月，不克。乃诈约议和，城开，元昊纵兵入城，大肆屠杀。然后进攻青唐、安二、宗哥、带星岭诸城，唃厮啰遣部将安子罗以10万人断元昊后路，元昊昼夜奋战200余日，安子罗战败，部兵溺于宗哥河及饥饿而死者过半。元昊乘胜而进，兵临河湟，唃厮啰自知寡不敌众，乃坚壁鄯州不出，暗中派人探知元昊虚实。"元昊已渡（宗哥）河，插帜志其

---

① 《续资治通鉴长编》，卷一一一，明道元年八月。
② 《宋史》，卷四九二《吐蕃传》。

第六章 分裂时期的青海藏族及青唐政权

浅,厮啰潜使人移帜深处以误元昊。及大战,元昊溃而归,士视帜渡,溺死十八九,所掳获甚众。自是,数以奇计破元昊,元昊遂不敢窥其境。及元昊取西凉府,潘罗支旧部往归唃厮啰,又得回纥种人数万。"①"宗哥河之役,是关系到青唐政权生死存亡的一战。是役,唃厮啰团结、联合河湟吐蕃击退元昊的进攻,不仅保卫了刚刚建立起的吐蕃政权,而且极大地提高了他在今甘青地区吐蕃人中的威望,它使一些为元昊所降服、欺凌的吐蕃人,以及近邻的其它少数民族,纷纷归附于青唐政权之下。"从此,青唐政权日渐强盛,成为西夏的心腹大患,并在宋、辽、夏三国对峙中具有了举足轻重的地位。②

1039年(宝元二年)六月,夏竦上疏陈边情"十策",其中第二、三款是:"羁縻属羌,以为藩篱","诏唃厮啰父子并力破贼"。这便是宋仁宗时期"联蕃制夏"政策的正式提出。③"时以元昊反,遣左侍禁鲁经持诏谕(唃)厮啰,使背击元昊以披其势,赐帛二万匹。""唃厮啰奉诏出兵四万五千向西凉,西凉有备,唃厮啰知不可攻,捕杀游逻十人亟还,声言图再举,然卒不能也。"④同年底,鄜延、环庆副都部署刘平上攻守之策,再次提出联合唃厮啰的主张。之后,石延年又上疏,建议募人出使唃厮啰,直接与其订立军事联盟。宋仁宗采纳其建议,诏令招募愿出使唃厮啰之人。1040年(康定元年)八月,屯田员外郎刘涣请

---

① 《宋史》,卷四九二《吐蕃传》。
② 祝启源:《唃厮啰——宋代藏族政权》,青海人民出版社1988年版,第54页。
③ 李华瑞:《宋夏关系史》,河北人民出版社1998年版,第396页。
④ 《宋史》,卷四九二《吐蕃传》;《续资治通鉴长编》,卷一二三,宝元二年六月。

行，"蕃法，唯僧人所过不被拘留，资给饮食，浼乃落发，僧衣以行，""出渭州，经河州，逾廓州，直抵青唐城。""唃氏皆顿首悔谢，请以死捍边，因图画其地形，并誓书，还奏，仁宗嘉叹。"遂与唃厮啰正式订立军事联盟。"值得注意的是，此次募人出使唃厮啰，除因康定春宋军在三川口大败，大将刘平被俘，军事压力很大外，还有一个历来被人们忽略的重要原因，即在宋廷联络唃厮啰的同时，元昊也在积极争取唃厮啰，并使用离间计，破坏唃厮啰父子的关系，故宋出使唃厮啰还有防止唃厮啰倒向元昊的目的。"①当时北宋政府为了表示对青唐政权的优厚，还在唃厮啰通往宋朝的陕西缘边四路州县，特设驿站，以接应来自青唐及西域的使臣、商贾，谓之"唃家位"。②

在宋朝"联蕃抗宋"政策推动下，唃厮啰与宋朝的联盟不断发展，而与此同时，青唐政权内部却再次酝酿着一场新的政治危机。唃厮啰迁都青唐后，与乔家族联姻，乔氏成为唃厮啰第三位妻子，生子董毡。"乔氏有色，居历精城，所部可六七万人，号令明，人惮服之。"唃厮啰原娶李立遵两女为妻，生瞎毡及磨毡角；李立遵死后，李氏宠衰，令其出家为尼，置于廓州，并锢其子瞎毡。"磨毡角结母党李巴全窃载其母奔宗哥，厮啰不能

---

① 《清波杂志》，卷下；《续资治通鉴长编》，卷一二八，康定元年八月；《渑水燕谈录》，卷二。李华瑞：《宋夏关系史》，河北人民出版社1998年版，第396~397页。

② [宋]邵伯温：《邵氏闻见录》，卷十三。关于"唃家位"，参见任树民：《北宋时期丝绸东路的贸易网点——唃家位》，载《西北民族学院学报》，1997年第2期；芈一之主编：《西宁历史与文化》，辽宁民族出版社2005年版，第238~239页。

第六章 分裂时期的青海藏族及青唐政权

制，磨毡角因抚有其众。"①其后瞎毡据宛谷，磨毡角据宗哥。元昊闻知唃厮啰二子怨其父，因以重赂离间之，且阴诱诸豪，并在攻占河西瓜、沙、肃三州后，举兵南下，进击兰州吐蕃部落。当地吐蕃大族首领禹藏花麻降附元昊。西夏军队南侵至马衔山，筑城瓦川会（瓦川砦），留重兵镇守，以扼断河湟吐蕃与宋朝的交通。至此，"党项集团北面控制了凉州，东面扼制了兰州；宗哥重镇掌握在与唃厮啰为敌的李氏集团手中；邈川重镇掌握在拥众万余且与唃厮啰'结为世仇'的温郢成俞龙手中；黄河南部被唃厮啰无法控制的兄长扎实庸咙掌握，河州地区则被背叛唃厮啰的瞎毡掌握。唃厮啰的王城青唐完全处于他的敌人和背叛者的三面包围之中，不得不暂时放弃青唐而南徙乔氏的根据地——历精城自保"。②

这种分裂局面维持了大约20余年，直到唃厮啰晚年才重又归于统一。据时人张方平《乐全集》载："向时唃厮啰、瞎毡、磨毡角分据地界，各统部族，今既并合为一，力量足见强盛。"③这时，唃厮啰已年迈多病，故国事皆委之于董毡。

1065年（治平二年）十月，青唐政权的缔造者唃厮啰去世，享年69岁。其子董毡继为青唐国主，仍以青唐城为首府。唃厮啰执政时期，青唐、西夏两大地方政权与北宋王朝都处在发展、繁荣时期。

---

① 《宋史》，卷四九二《吐蕃传》。

② 汤开建：《唃厮啰统治时期青唐吐蕃政权历史考察》，引自汤开建：《宋金时期安多吐蕃部落史研究》，上海古籍出版社2007年版，第201~202页。

③ ［宋］张方平：《乐全集》，卷二十二。参阅汤开建：《唃厮啰统治时期青唐吐蕃政权历史考察》；刘建丽：《宋代西北吐蕃研究》第四章及《中国西北少数民族通史·辽宋西夏金卷》第二篇第二章。

当时，西夏把向四邻扩张作为基本国策，在控制河西地区后，力图进一步向河湟地区推进；北宋则利用青唐与西夏之间的矛盾，招抚河湟吐蕃以此牵制西夏南进；而唃厮啰也清楚地看到宋夏之间的矛盾，宋廷寄希望于青唐与西夏抗衡，以扳其势。唃厮啰因之借助宋人的力量与西夏周旋，实现了河湟吐蕃自保的目的。

四、北宋开边与青唐政权的衰落解体

唃厮啰去世后，由董毡继承其权力。在唃厮啰三子中董毡最强，"独有河北之地"。①董毡继位后，基本执行了唃厮啰生前制定的内外施政措施，因之，青唐政权得以继续巩固和发展。

董毡年少时，唃厮啰就曾向宋朝请求封爵，宋于康定元年授董毡为会州刺史。及至青年，董毡便参与政事，随父南征北战，屡立战功，成为青唐政权内一名重要的人物。1068年（熙宁元年），宋神宗继位，"诏西蕃邈川首领保顺军节度使检校司空董毡除检校太保"，又加太傅；封其母乔氏为安康郡太君，以其子蔺通叱（又作欺丁磨彪苏南蔺通叱）为锦州刺史。②1070年（熙宁三年）八月，西夏大举出兵宋环、庆二州，攻大顺城、柔远砦等沿边城镇，宋军损兵折将，死伤惨重。这时，董毡提兵助宋，乘夏国西线空虚，沿边抄掠，虏获甚多，从而使宋军大部将士得以生还。宋神宗为了嘉奖董毡之功，遂"赐诏奖谕，并衣带鞍马"。"这样做，一方面加强同河湟吐蕃的抗夏联盟；另一方面是企图稳住董毡这一支势力，以实现'复河湟，以断西夏右臂'。而复河湟的第一步必须开拓熙河地区，成为进入湟水流域的根据地，进而完成东西夹击西夏的战略部署。因此，由宋朝统治阶级

---

① 《宋史》，卷四九二《吐蕃传》。
② 《宋史》，卷四九二《吐蕃传》。

第六章 分裂时期的青海藏族及青唐政权

发动、在熙河地区进行的一场旷日持久的战争就迫在眉睫了。"①

此时,青唐政权内部因唃厮啰去世,董毡与其兄弟后嗣间再次出现矛盾,这成为西夏向北宋、吐蕃之间的地区伸展的契机,也使宋廷借助青唐吐蕃力量来牵制西夏的作用大为削弱,于是如何经营该地区成为宋廷的新议题。1070年(熙宁三年),王韶上"平戎策",提出武力夺取青唐吐蕃以"断西夏右臂"的开边方略,得到宋神宗的赞赏和主持变法的王安石的大力支持。"从此,北宋对河湟吐蕃的经营政策发生根本性转变,即是以招纳征略,取为郡县为主,而联蕃制夏为辅。"②

王韶曾任建昌军司理参军,后任职陕西,为应制科,乃采访边事。宋神宗即位后向朝廷上奏《平戎策》,陈述其开边方略。③随后又进献《和戎六事》,进一步提出"复河湟"、"断西夏右臂"这一方略的具体方案,其六事为:

1. 对秦渭河陇地区的吐蕃,"宜择通材明敏之士,心虑轩豁能周知羌人情意者,令朝夕出入于其间,往来巡行,察其疾苦,平其冤滥,治其郁结,如汉护羌校尉之比,有不服者即稍以恩信绥之,身与之为帅,使其倾心向慕,欣然有归伏(服)之意,然后激作而用之,则十数万之兵不出疆场而可集矣"。

---

① 祝启源:《唃厮啰——宋代藏族政权》,青海人民出版社1988年版,第80页。
② 李华瑞:《宋夏关系史》,河北人民出版社1998年版,第400页。
③ 《宋史》,卷三二八《王韶传》;《宋名臣奏议》,卷一四一。祝启源引注:"王韶向朝廷上《平戎策》,宋史王韶传说是三篇,且仅载其要点。《太平治迹统类》只说王韶以《平戎策》献朝廷,未言有三篇,并说他献《平戎策》后又献《和戎六事》。"并将《太平治迹统类》卷十六《神宗开熙河》记事条载之《平戎策》录于后。见祝启源:《唃厮啰——宋代藏族政权》,青海人民出版社1988年版,第99页。

2. 唃厮啰死后,其子孙皆"孱弱不能自立","宜遣人往河州与木征计议,令入居武胜军或渭源城,与汉界相近,辅以汉法。因选官二员,有文武材略者,令与木征同居,渐以恩信招抚。沿边诸羌有不从者,令木征挟汉家法令以威之。其瞎征及欺巴温之徒既有分地,亦宜捐以爵命,制其心腹,使其习用汉法,渐同汉俗,于藩界实有肚(肘)腋之助,且使西贼不得与诸羌结连,此乃制贼之上策也"。

3. 借鉴鄜延、环庆两路番兵为宋守边御夏之法。"宜择朝臣有文武材略者,往泾原秦凤择番兵可教者教之,固其部族,合其心力,使劝勉奋励,荣为吾用,则十万余番兵不费官中粮食而可以为心腹之用矣。"

4. 加强对泾原、秦凤两路番兵的管理。"蕃人欲其可用,须令有合有离,离之所以弱其势,合之所以齐其力。""泾原、秦凤两路蕃兵可为十部,每部置都巡检一人,以蕃官有材能识略、为众所服者统之,而以汉官一员为都大提举以总之,但得蕃人畏其首领,而以汉官(摄)其权任,自然不敢作过,而久远并为吾用矣。"

5. "沿边蕃部欲其可用,莫若使其与汉人杂居。"其最可行的办法是在沿边蕃部招纳弓箭手,使其散处在沿边蕃部族帐中,沿边诸族"大约十余万帐可招弓箭手一万人。以一万人散居十余万(帐)之间,则何患其心腹不二(三)思虑不专乎?是则招添弓箭手一万人,便可获番兵十余万人之用也"。

6. "令弓箭手得耕在沿边族帐之间,使中国羁游无事之民耕蕃部荒闲之地","若国家厚以恩信抚之,其土地皆可贾易而致。臣切(谓)古渭州一带至洮、河、兰、鄯之间,漠(汉)陇西、

第六章 分裂时期的青海藏族及青唐政权

南安、金城三(郡)地,所谓湟中、浩亹、枹罕、大小榆谷,土地肥饶,宜(五)谷者皆在洮、河、兰、鄯之间,诚得而耕之,其利岂止威伏(服)羌戎而已耶"。①

王韶的《平戎策》及《和戎六事》与宋神宗"欲先取灵州灭西羌乃图北伐"之志正相符合,又迎合了王安石改革派开边拓疆的主张,因而王安石力荐王韶开边,随之,"神宗始用师于西方,历哲宗、徽宗,遂渐夺其横山之地,又旁取熙河湟鄯以制之"。②

宋神宗为实现"旁取熙河湟鄯"以制西夏的方略,遂于1068年(熙宁元年)发动熙河之役。熙河之役可分为三个阶段:

第一阶段:1068年(熙宁元年)二月,王韶以"管勾秦凤路经略司机宜文字"赴秦州,翌年又改任为"提举蕃部兼营田市易"。王韶到任后,首先在秦州沿边招纳弓箭手进行屯田,并建议在古渭州设市易司,与蕃部开展贸易。其次招抚沿边蕃部归附宋朝以助抗夏。1069年(熙宁二年)招抚青唐大族俞龙珂部,俞龙珂率属部12万口内附。1072年(熙宁五年)宋授"青唐大首领俞龙珂为西头供奉官,仍宠以阶勋,赐姓包名顺"。五月"以古渭寨为通远军,以王韶兼知军"。古渭寨通远军之设置,为宋朝取熙河地区建立了一个桥头堡,至此,王韶已拓地千二百里,招附蕃众30余万口。③

---

① 《宋名臣奏议》,卷一四一《边防门》。参见祝启源:《唃厮啰——宋代藏族政权》,青海人民出版社1988年版,第82~83页;刘建丽:《宋代西北吐蕃研究》,甘肃文化出版社1998年版,第211~213页。

② [宋]李心传:《朝野杂记》,乙集卷十九,《西夏扣关》。

③ 《宋史》,卷三二八《王韶传》。祝启源:《唃厮啰——宋代藏族政权》,青海人民出版社1988年版,第81~86页。

第二阶段：目标直指熙河。熙河是唃厮啰之子瞎毡诸子和青唐族大酋俞龙珂兄弟瞎药等吐蕃首领的势力范围。要取熙河，必须降服木征、瞎药等。木征原居龛谷，承其父业后，迁至河州。王韶的开边步骤引起木征的注意。

1072年（熙宁五年）二月，木征遣人到秦州与王韶交涉。对木征就宋军深入吐蕃腹地所提出的"抗议"及如何应对木征等熙河吐蕃诸部，宋廷内产生不同意见。宋神宗、王安石力主攻取熙，并令王韶、高遵裕等人具体实施。①七月，王韶率兵城渭源堡（今甘肃渭源），以当地蕃部大首领蒙罗觉抢劫西域"般擦"和不肯内附为由，发兵讨伐，随后宋军遂城乞神平堡。不久，王韶又破抹耳、水巴族。继而进兵武胜，在距武胜城十里的地方遭到当地吐蕃的迎击，但吐蕃部卒多系临时集结，遭到宋军偷袭，多逃散山谷，大酋豪瞎药等弃城夜遁，首领曲撒四王阿珂降宋。八月，宋军攻占武胜城，改为镇洮军，由高遵裕知镇洮军。十月又改镇洮军为熙州，分熙州、河州、岷州、通远军为一路，置马步军都总管经略安抚使，命王韶为熙河路都总管经略安抚使兼知熙州，高遵裕知通远军兼权熙河路总管。至此，熙河之役第二阶段以占领武胜军而告结束。

第三阶段：攻占河州。1072年（熙宁五年）九月，宋神宗下诏秦凤路缘边安抚司，遣人晓喻木征，限其一月内归降，并以官爵俸禄招降熙河地区的吐蕃首领。十一月，河州吐蕃首领瞎药归附，授为内殿崇班、本州蕃部都监，并赐姓包，名约；穆楞川大首领温逋昌厮鸡及所部首领387人降附，各补副军主等职。这样

---

① 《续资治通鉴长编》，卷二三三，熙宁五年五月。

第六章 分裂时期的青海藏族及青唐政权

河州木征之辖地受到王韶开边的严重威胁。1073年（熙宁六年）二月，在招降吐蕃首领的基础上，宋军进兵河州。经过香子城之战等战役，最终占领了河州，并乘胜进军宕州等地，岷州、叠州各地的吐蕃首领不断归降。至此，整个熙河地区的主要交通要道和城镇为宋军所占领，历时一年半的熙河之役以宋军占领河州而告终。"收复熙、河、洮、岷、叠、宕等州，幅远二千余里，斩获不顺蕃部一万九千余人，招抚大小蕃族三十余万。"①

宋在熙河之役取得胜利，攻下了熙河，但是并没有像王安石、王韶等人所设想的那样，置夏国于死地。"相反，熙河地区成了宋朝的一个大包袱。宋政府每年要给熙河支军粮22万石，马料10万石，买草80万束，方能养活驻扎的兵卒和官吏。开边费用，'自开建熙河，岁费四百万缗，七年以来，财用出入稍可，今岁常费三百六十万'。这对当时宋朝的财政已是一个沉重的负担。"而"对唃厮啰政权来说，熙河之役以及后来与宋军在熙河一带所进行的大小战争，都超过了其本身所能承受的人力、物力的损失。但是，这场战争却使河湟吐蕃进一步加强了团结，增强了抵御宋军继续深入的力量。"②

当宋军占领熙河立足未稳时，董毡派大将鬼章率众数万入熙、河、洮、岷地区，与木征互为表里，联兵抗宋。"此时，虽然宋朝已将熙、河、洮、岷四州之地纳入了统治范围，但吐蕃各

---

① 《宋史》，卷三二八《王韶传》；王安石：《临川先生文集》，卷五十六《百寮贺复熙河路表》。祝启源：《唃厮啰——宋代藏族政权》，青海人民出版社1988年版，第91页。

② 祝启源：《唃厮啰——宋代藏族政权》，青海人民出版社1988年版，第96~97页。

部却仍然存有强烈的抵触情绪,尤其宋军将官在战时往往滥杀无辜,冒功请赏,更使当地民心背逆,所以当鬼章进入河州后,立即得到当地吐蕃部众的响应和支持。"①1074年(熙宁七年)二月,鬼章率众二万余人邀击宋将景思立于踏白城,血战十合,击溃宋军,景思立、王宁及包约等战死。踏白城之战是继熙河之役后唃厮啰对宋的最大一次战役。此后,鬼章"时出之以慑制西域,于阗等诸国皆畏惮之。董毡籍此一战之胜,遂复其国,而王师亦不复西矣"。②

踏白城之役的失败,引起北宋朝野震动,有人甚至主张放弃熙河,但王韶等人力主不可放弃。是年三月,王韶率部两万众由熙州西渡洮河,在结河川破额勒锦部,又乘胜进兵宁河寨,分兵入河州南山镇压反宋部落。四月,王韶军由河州间精谷出踏白城西,连连获胜。而后宋军从北至黄河、南至河州南山,进行大范围清剿,前后斩七千余级,焚帐两万顶,掳获牛羊八万余头只,最终将河州一带反宋部落镇压下去。与此同时,岷州宋将高遵裕在蕃官包顺(即俞龙珂)等的协助下,击退了围城的吐蕃部落。至此,"熙河边事渐就安帖"。③木征见大势已去,遂率酋长80余人归降宋朝,宋赐姓赵,名思忠。

鬼章仍以岷州铁城堡(后改滔山)为根据地,继续在熙、河、岷一带活动。宋朝为了对付鬼章的骚扰,除了调兵遣将镇守该地外,还起用当地归附的吐蕃部落首领,如包顺、李临占纳

---

① 崔永红等主编:《青海通史》,青海人民出版社1999年版,第228页。
② 《续资治通鉴长编》,卷四〇二,元祐二年六月。
③ 《续资治通鉴长编》,卷二五四,熙宁七年四月。

第六章 分裂时期的青海藏族及青唐政权

芝、郎格占等与鬼章作战,为宋朝守边。1076年(熙宁九年),宋军岷州守将种谔出兵攻陷铁城堡,鬼章撤出岷州。同时,宋朝为翦除鬼章,在熙河缘边"榜谕"格杀或擒拿鬼章,宣称:"诸人及生熟蕃部得果庄(鬼章)首来献,授左藏库使,赏钱五千缗,与本族巡检使";如生擒鬼章,更与优奖;如鬼章本人悔过归顺,"官赏亦如之"。①但终"十余年不能得,竟以汉爵縻之",于1077年(熙宁十年)授鬼章为"廓州刺史"。②1082年(元丰五年),宋朝乘西夏发生政变幼主秉常失位被囚之机,出动五路大军进攻西夏,欲一举荡平西夏。为此,宋朝特派苗履为入蕃抚谕使至青唐,约董毡出兵,配合宋军作战。董毡遂集六部兵马十三万众,预计分兵三路出击西夏。后由阿里骨率兵三万,积极配合熙河一路宋军作战,从而使宋将李宪克复兰州。宋军欲一举荡平西夏的进军目的虽未实现,但宋神宗对董毡出兵配合深表满意,遂于1082年(元丰五年)"以其协济军威,事功可纪,由常乐郡公进封武威郡王。鬼章、阿里骨、党令支皆团练使。心牟钦毡、阿星、李叱腊钦为刺史"。③

董毡与宋结好,并全力协济宋军,使夏相梁乙埋深感不安。为打破董毡与宋的结盟,以求西夏西部边境稳定,西夏遂于1082年(元丰五年)三月遣使青唐与董毡言归于好,并答应以割让斫龙以西土地给董毡作为和好的条件。其时,辽国也相继遣使到青

---

① 《续资治通鉴长编》,卷二七九,熙宁九年十二月。
② 《宋会要辑稿》,蕃夷六之一三。参见祝启源:《青唐政权名将鬼章生平业绩考述》,见《祝启源藏学研究文集》,中国藏学出版社2002年版,第79~87页。
③ 《宋史》,卷四九二《吐蕃传》。

唐活动。但是，董毡深知，宋、夏、辽三国中，还是宋朝对青唐关系重大，因此，出于政治、经济方面的考虑，董毡拒绝了西夏的和好要求，并训整兵甲，积极备战，以应付西夏的报复，同时遣使通报宋朝。宋神宗闻知后，一方面命令兰州守将李宪加强备御，防止夏人袭击河湟，另一方面亲自召见青唐使者，"使归语董毡尽心守圉"，重申宋朝对董毡的承诺。之后，西夏又派使臣到青唐，以割地及官禄等相诱，又被董毡拒绝，双方关系因此恶化。是年十月，正当西夏出兵围攻北宋永乐城（今陕西米脂县西）时，董毡乘其后方空虚之机，派阿里骨和鬼章领兵攻取西夏侵占的斫龙、龊口移等城，俘获甚多，遂派人向宋朝献捷请功，以表对宋忠贞如一。[1]1083年（元丰六年）八月，西夏托辽国使臣向董毡请和修好，以求停止边境纷争；宋朝也命李宪速派人去晓谕董毡，"坚守前后要约，协力出兵攻讨西夏"。[2]西夏为报复董毡拒绝和好之举，派兵围攻邈川，阿里骨率兵击溃西夏军，并乘胜攻入西夏境，沿边抄掠。由上可见，董毡在宋、夏之间，是坚定不移地站在宋朝一边的。

1086年（元祐元年）董毡卒，由其养子阿里骨（鄂特凌古）嗣立。"阿里骨本于阗人。少从其母给事董毡，故养为子。元丰兰州之战最有功，自肃州团练使进防御使。董毡病革，诏诸酋领至青唐，谓曰：'吾一子已死，惟阿里骨母尝事我，我视之如子。今将以种落付之，何如？'诸酋听命。既嗣事，遣使修贡。"

---

[1]《续资治通鉴长编》，卷三三一，元丰五年十一月。
[2]《续资治通鉴长编》，卷三三八，元丰六年八月；《宋会要辑稿》，蕃夷六之一八。

第六章 分裂时期的青海藏族及青唐政权

宋因阿里骨进奉，"诏阿里骨承袭，仍除节度使"。①

阿里骨为巩固其既得权力，除继续处理好与宋、夏的关系外，还要解决与唃厮啰家族的矛盾。鉴于这种形势，阿里骨在执政初期一度改变董毡时既定的对外政策，即改变董毡依宋抗夏自保政策，企图利用西夏的力量，收复熙宁年间被宋朝占领的熙河六州失地，以扩大其统治区域，并想通过对外战争，将内部矛盾引向宋朝，用民族矛盾来缓和其政权内部的斗争。宋人也称："阿里骨自知不当立，而忧鬼章之讨也。故欲借力于西夏以自重，于是始有解仇结好之谋，而鬼章亦不平朝廷之以贼臣君我也，故怒而盗边。夏人知诸羌之叛也，故起而和之。"②可见，阿里骨发动收复熙河六州战事的目的是很明确的。

1087年（元祐二年），阿里骨与夏国相梁乙逋相约共同进兵攻宋，"如得地，以熙、河、岷三州归西蕃，兰州定西城归夏

---

① 《宋史》，卷四九二《吐蕃传》；《续资治通鉴长编》，卷三六五，元祐元年二月。另据《续资治通鉴长编》等史籍记载，阿里骨继位是阴谋篡权的。《续资治通鉴长编》卷三四〇载，董毡卧病后，委政阿里骨，甚得亲信，"又得幸于董毡妻乔氏，内外咸服，遂谋篡夺。董毡先有子奇鼎，夏人及回鹘皆以女妻焉。奇鼎性轻佻，好易服微行，阿里骨阴使人贼杀奇鼎。及董毡死，阿里骨与乔氏匿丧，出令如它日。悉召诸族首领至青唐城，矫董毡之命曰：'吾一子已死，惟阿里骨母尝事我，今当以种落付阿里骨。'仍厚赂大酋鬼章、温溪心等，于是诸族首领共立阿里骨为董毡嗣。"按苏辙所奏，董毡本人也是被阿里骨所杀。参见祝启源：《唃厮啰——宋代藏族政权》，青海人民出版社1988年版，第127~133页；崔永红等主编：《青海通史》，青海人民出版社1999年版，第230~231页。

② 《经进东坡文集事略》，卷三二《因擒鬼章论西夏人事宜札子》。参见祝启源：《唃厮啰——宋代藏族政权》，青海人民出版社1988年版，第136~137页。

国"。①四月,阿里骨遣鬼章进行具体实施。鬼章与其子结呎龊袭破洮州,驻兵常家山,"分筑洮州为两城以居,北城周四里,楼橹十七,南城周七百步,楼橹七,跨洮州为飞桥"。②五月,鬼章从常家山进兵,围河州南川寨;西夏梁乙逋领兵数万会师河州,大肆焚掠。继而,鬼章配合西夏围定西城宋军,杀都监吴猛。七月,西夏派大首领鬼名阿吴往青唐,同阿里骨约定大举攻宋,阿里骨亲率河北十万大军由讲朱城围攻河州;又发廓州兵五万余人与夏军会师熙州城东王家坪。这是阿里骨执政以来向宋朝发动的最大的一次军事行动,宋廷为之大震。面对阿里骨与西夏的联合进攻,熙河告急,宋哲宗召集群臣问计,群臣推荐游师雄前往熙河措置,解洮州、河州之围。游师雄到熙州后,欲先发制人以扭转战局,遂兵分两路向鬼章发起进攻。游师雄遣姚兕部洮西,领武胜正兵合河州熟户直捣讲朱城,又遣人走间道焚河桥以绝西援。命种谊部洮东,以岷州蕃将包顺为前锋,由哥龙谷会通远寨蕃兵,直趋洮州。鬼章因后无援兵,夏人失约,只能孤军奋战。宋将种谊包围洮州城,吐蕃兵士仓促据城拒守,宋军四面攻之,呼声动天地,一鼓而破城,"擒果庄及其大首领九人,斩馘数千,获牛、羊、器甲数万计。城中万余人为官军所蹙,入洮水而死者几半"。此役惨败,不仅使鬼章一心恢复故土、重振河湟吐蕃的夙愿付之东流,而且使阿里骨一蹶不振,成为青唐政权由盛转衰的转折点。

　　阿里骨收复熙河失地的希望破灭后,使他不得不重新考虑恢复唃厮啰以来联宋抗夏的对外政策,效法唃厮啰、董毡,改善与宋朝的关系,遂于1088年(元祐三年),遣使入宋进贡,上表谢罪,并要

---

① 《西夏书事》,卷二十八。
② 《续资治通鉴长编》,卷四〇〇,元祐二年六月。

第六章 分裂时期的青海藏族及青唐政权

求释放鬼章。此时,宋哲宗即位不久,由高太后听政,起用司马光等保守派,罢废新法,对外主张静边息兵。因此,宋朝同意了阿里骨请求,诏令"熙河无复出兵,许贡奉如故",并降诏阿里骨,希望他"约束种类,共保边陲"。①是年八月,阿里骨遣使入宋朝贡,宋加封阿里骨金紫光禄大夫、检校太保,"又封其妻溪尊勇丹为安化郡君,子邦彪篯为鄯州防御使,弟南纳支为西州刺史"。②

但是,青唐政权原有的内部矛盾并未消除,特别是河、洮战争的失败,更导致青唐政权人心涣散,许多原归附于青唐政权的部落首领不愿受其支配和约束,纷纷离去,或投宋,或自立。除邈川温溪心家族公开归附宋朝外,邈川东界齐暖城等处大首领乌戬新雅克举部万余口迁河南归宋,廓州城主罗遵遣首领垮克章(又名立章)到熙河,言欲焚拆河桥归汉。董毡的侄子辖扬乌尔在距青唐二百里的西海(青海湖)一带率领部分吐蕃人、回鹘人自立为部,斯纳、森摩、陇逋等三族人悉归之。辖扬乌尔声称要推翻阿里骨,继立董毡的王位。斯纳族中的一支,在其首领的率领下,奔夏国与回鹘交界的地方立董矩为主,自成一部。阿里骨囚禁温溪心父子后,温氏的侄子阿明又率众亡入夏国,欲借夏人的力量恢复故土。③"厮那、心牟二族向属青唐,阿里骨杀董毡妻

---

① 《宋史》,卷四九二《吐蕃传》;《宋大诏令集》,卷二三九《赐阿里骨诏》。

② 《宋史》,卷四九二《吐蕃传》。

③ 《续资治通鉴长编》,卷四〇七,元祐二年十二月;卷四二六,元祐四年五月;卷四七四,元祐七年六月。《东都事略》,卷一二九《附录七·吐蕃》;《宋会要辑稿》,蕃夷六之二二、二五、二七。祝启源:《宋代青唐政权略述》,见《祝启源藏学研究文集》,中国藏学出版社2002年版,第58~59页。

心牟氏,厮那等不平,与陇逋、心牟二族率众奔夏,(梁)乙逋纳之,共谋青唐。"①这一切致使阿里骨陷入众叛亲离之境地。1096年(绍圣三年)九月,阿里骨卒,终年57岁。其子瞎征继嗣。

瞎征,又名邦彪篯。阿里骨在世时,宋封其为"鄯州防御使"。1097年(绍圣四年)正月,宋朝正式许其承袭其父封爵"为河西军节度使、检校司空、宁塞郡公"。②

瞎征嗣位不久,青唐政权上层即发生内讧。"大酋心牟钦毡之属有异志,忌瞎征季父苏南党征雄勇多智,共诬其谋逆,瞎征不能察而杀之,尽诛其党,独篯罗结逃奔溪巴温。溪巴温者,董毡疏族也,自阿里骨之立,去依陇逋部,河南诸羌多归之。篯罗结奉溪巴温长子杓拶据溪哥城。瞎征讨杀杓拶,篯罗结奔河州,说王赡以取青唐之策。已而(溪巴)温入溪哥城,自称王子。"③

此时,宋哲宗开始亲政,罢元祐党人,改"元祐"为"绍圣",决心绍述先帝神宗业绩,陆续起用章惇等变法派人物,推行新政,并向西夏发动新的进攻。而作为宋、夏大国之间角逐的河湟地区,因宋王朝的所谓"断西夏右臂"的战略决策又卷入战争的旋涡。

正当瞎征内外交困之时,篯罗结奔河州,向河州知州、洮西安抚王赡进献取青唐之策,欲借宋朝之手,推翻瞎征的统治。王赡曾因"诈增首级"而戴罪在身,正急欲建功赎罪,因此,听篯罗结之说,便"密画取青唐之策",并遣门客黄亨赴汴京向宰相章惇陈述。同样想建功立业,树立新派威信的章惇对王赡"取青唐之策"大加赞同。1099年(元符二年),哲宗采纳王赡"取青

---

① 《西夏书事》,卷二十九。
② 《宋史》,卷四九二《吐蕃传》。
③ 《宋史》,卷四九二《吐蕃传》。

第六章 分裂时期的青海藏族及青唐政权

唐之策",令熙河兰岷经略使孙路等筹划取青唐事宜。七月,孙路以王赡统河州官兵为先锋,王愍统岷州及熙州军马为策应,西进湟水流域。王赡作为先锋先渡河,下陇朱黑城,从而拉开了元符河湟之役的战幕。①

宋军由河州发兵,从安乡关渡过黄河,很快便占领了邈川。八月,宋军进据宗哥城(今青海乐都县碾伯镇),并自邈川至宗哥之间置"流星马",开星章峡(今老鸦峡)路,为"取青唐"创造条件。此时,瞎征已被心牟钦毡逐出青唐旧城,后又移居青唐新城,与其妻削发为僧尼。后为形势所迫,与妻子、亲信数十人趋宗哥归降宋军,阿里骨家族统治青唐的历史至此宣告结束。瞎征降宋后不久,王愍将其迁往邈川,后又为王赡送往熙州居住。1100年(元符三年)三月,瞎征与陇拶赴宋京师朝见,宋授其为"检校太傅、怀远军节度使",返回河湟后与陇拶居住于湟州。后不堪小陇拶威迫,于1101年(建中靖国元年)迁往河南邓州(今邓县),1102年(崇宁元年)死于邓州。②

瞎征被迫降宋后,心牟钦毡一面挟契丹公主凌结摩(董毡遗孀之一)"主行号令",一面则联同契丹公主、夏国公主(阿里骨遗孀)以及回鹘公主等遣首领李阿温到宗哥城与宋军议和。但宋军自渡过黄河,占领宗哥后,未能乘青唐上下混乱之机迅速西进取青唐。于是,回到青唐城的篯罗结说服心牟钦毡,于1099年(元符二年)八月与契丹、夏国公主一起将溪巴温次子陇拶由河南迎入青唐,立以为青唐主。陇拶虽受拥立,实权却操在心牟钦

---

① 《宋史》,卷三五〇《王赡传》。祝启源:《宋代青唐政权略述》,见《祝启源藏学研究文集》,中国藏学出版社2002年版,第61~62页。

② 祝启源:《唃厮啰——宋代藏族政权》,青海人民出版社1988年版,第156~157页。

毡手中。但心牟钦毡及其党羽"挟势恃强攻夺,余部上下厌苦,尽怀离贰",因而未能组织起真正能够抵御宋军的力量。是年九月,宋朝以胡宗回代孙路为主帅,即督令王赡西进,王赡遂令部将魏真等率千骑攻取安儿城(今平安县平安镇),控制了宗哥与青唐间的通道。同时,又派人到青唐规劝陇拶、心牟钦毡等早日归降。在宋军压境下,心牟钦毡自知力不能敌,遂引王赡入青唐。陇拶与各部首领及契丹、西夏、回鹘公主皆出城而降。①王赡遂率步骑万余入青唐城,青唐政权至此瓦解。"这是河湟地区自唐天宝年间陷没吐蕃后,三百五十年来,第一次复为内地皇朝军队所征服。"②

宋取青唐后,吸取过去皇朝"有其地而不有其民"的教训,组织陇拶及诸部首领分批到京师朝觐。宋廷还诏令熙河兰会路经略司,"候陇拶到熙州,馆舍供帐,优加礼待,其余大小首领各令随溪巴温、陇拶及瞎征作两番赴阙。瞎征,差入内供奉官黄经;陇拶,差入内供奉官李縠,并前去熙州照管进发,务从优渥"。③同时又令胡宗回将取青唐时没收的"所有的王子应干僣拟乘舆服御之物、金银、佛像",以及"瞎征先进真珠一袋,并传国印、朔方军节度使等印,共四十四,二匣"等,押送至京师。④

陇拶等一行,于是年十一月由王赡属将王仲达、高永年率骑兵千人护送,连同契丹、夏国、回鹘公主及董毡姊妹等,从青唐向邈川出发,经熙河入宋地,⑤于十二月陆续到达开封。但因宋

---

① 《续资治通鉴长编》,卷五一六,元符二年闰九月。

② 祝启源:《唃厮啰——宋代藏族政权》,青海人民出版社1988年版,第163页。

③ 《宋会要辑稿》,蕃夷六之三十四。

④ 《宋会要辑稿》,蕃夷六之三十四。

⑤ 《续资治通鉴长编》,卷五一八,元符二年十一月。

第六章 分裂时期的青海藏族及青唐政权

哲宗此时病危,翌年正月驾崩,由于朝廷上下忙于奔丧,因而无暇顾及这批来自河湟的吐蕃首领及眷属,他们只好奉旨等候新皇帝召见。1100年(元符三年)三月,陇拶一行受到新即位的宋徽宗的隆重接见。陇拶一行虽以"阶下囚"的身份被押解赴阙,但宋廷从河湟的战略地位和灭西夏的战略高度出发,对他们以礼相待,视为上宾,并赐以各种官爵封号,成为宋朝统治河湟吐蕃的朝廷命官。

在招降安抚吐蕃上层的同时,宋朝又任命汉蕃官员,派兵镇守要塞,建立起维持正常政治统治的机构。1099年(元符二年)九月,先后改青唐为鄯州,邈川为湟州,宗哥为龙支城,廓州为宁塞城。命王赡知鄯州,兼陇右沿边安抚使,兼都巡检使;王厚知湟州,兼陇右沿边同都巡检使。同时命陇拶为河西节度使知鄯州,充西蕃都护,封武威郡公,并赐姓赵名怀德。但陇拶从京师返回河湟,前往鄯州上任时,其弟溪赊罗撒(又作"小陇拶")已被大首领篯罗结与嘉勒摩巴桑济等共立为新的青唐主,并安抚聚集当地吐蕃诸部,组织力量对抗宋军。陇拶因而不得前往,遂改知湟州。①

当时,宋军入青唐立足未稳,而王赡等将领却纵兵掳掠,大失吐蕃民心。同时,宋朝廷内部对于河湟之地的退与守问题意见分歧,争论激烈,迟迟不作决断。在这种情况下,大首领心牟钦毡、篯罗结以及陇拶旧属嘉勒摩等内外策应,发动吐蕃诸部十余万众围攻青唐城。交战中,心牟钦毡被王赡擒斩,篯罗结、嘉勒摩等退保青唐岘,继续与宋军抗衡。与此同时,邈川吐蕃部落聚众数千人,在西夏十余万军队的配合下围攻湟州。"先断炳灵寺桥,烧省章峡栈道,

---

① 《宋会要辑稿》,蕃夷六之三九。

四面急攻，城中兵才二千四百余人，器械百无一二。总管王憨令军士撤户负之为盾，剡木墨之为戈，籍城中女子百余人衣男子服以充军，童儿数十人以瓦炒黍供饷，募敢死士三百人帽以黄布巾。憨年六十七矣，身被甲跨马率死士开门出战。门上豫穴窍，投巨石磲数人死，羌莫敢前。"后又拼死抵抗达十六日，幸在城即将被攻破时，姚雄、苗履等率秦凤路援军及时赶到，湟州才得以保全。随后，姚雄、苗履又西援青唐，与王赡会师，并联兵攻打青唐岘，宋军虽然取胜，但遭到吐蕃兵的殊死抵抗。溪赊罗撒继任青唐主后，再度拒守青唐岘，湟州通往鄯州的道路尤其省章峡也被吐蕃部落阻遏，鄯州守军几乎陷入孤立无援之境。

在鄯、湟地区频频告急的同时，河南地区也有郎家部落大首领朗阿克章策动周邻诸族围攻讲朱、丹巴、一公、错凿诸城，并利用熟知的山势地形数败宋军援兵，"汉兵三入三败"，河州知州种朴战死。"自种朴之死，熙河将士气夺，无敢复言战者"，讲朱等城相继陷落。

宋军发动河湟之役本无雄厚的人、物、财力保障，西取青唐又激起吐蕃诸族的强烈反抗，更导致进驻鄯、湟的宋军陷入困境。被辽和西夏拖得精疲力竭的宋王朝唯恐再背上一个卸不掉的包袱，因此，朝内要求退出鄯、湟的意见渐居上风。1099年（元符二年）十二月，宋朝授予已归宋的陇拶河西节度使、差知鄯州军州事，"令仍旧文法管事"。同时，授其弟邦辟勿丁呕（赵怀义）为廓州团练使、同知湟州军州事兼本州管下部族同都巡检使，预想宋军东撤后，委其措置鄯、湟、廓三州事。1100年（元符三年），宋哲宗去世，徽宗继位，二月诏令王赡撤出青唐，返回湟州，又"谕溪巴温或小陇拶依旧主青唐"。不久，首议"取青唐之策"的王赡

第六章 分裂时期的青海藏族及青唐政权

等以"开边起衅"、"侵盗青唐府库"等罪名受到处罚。1101年（建中靖国元年），宋朝军队、官员又从湟州撤出。

宋军东撤后，宋朝廷正式授给小陇拶西平军节度使及邈川首领。但大小陇拶互相敌对，大陇拶最终无法在湟州立足，在逃到河南时被朗阿克章等人"挟以令众种落"。由于两陇拶间的斗争，河湟地区各吐蕃部落首领"互有猜忌，遂以兵革更相侵掠杀戮，其下人众缘是愈更携贰"。因此为宋军第二次西进创造了有利条件。①

宋徽宗即位后，决心"绍述先志"，遂于1102年（崇宁元年）起用"新派"人物蔡京为相。蔡京执政后，"日以兴复熙宁、元丰、绍圣为事"，对内打着变法的旗号，变乱新法以营私；对外欲以边功炫耀。但若对辽、夏用兵，绝难取胜，因而又将河湟地区作为建取边功之地。为此，1103年（崇宁二年）即任用"畅习羌事"的王厚知河州兼洮西安抚使，主持收复鄯湟诸州事宜。②六月，宋军兵分两路西进。一路以主帅王厚和监军童贯统领由河州安乡关北渡黄河趋金巴岭，连克宁洮、来宾及安陇诸寨，很快就兵临湟州城下；另一路由岷州蕃将高永年和权知兰州姚师闵率领，出兰州京玉关，破通川、通湟诸寨，然后与王厚所部会师围攻湟州。湟州吐蕃大首领丹波秃令率众坚守城池，与宋军激战三

---

① 《宋史》，卷三五〇《王赡传》；卷四九二《吐蕃传》。《续资治通鉴长编》，卷五一七，元符二年十月；卷五一九，元符二年十月。《宋会要辑稿》，蕃夷六之三四。参见祝启源：《唃厮啰——宋代藏族政权》，青海人民出版社1988年版，第170~175页；崔永红等主编：《青海通史》，青海人民出版社1999年版，第235~238页。

② 《宋史》，卷三五〇《王厚传》。

日,终因不敌,弃城出走。青唐主溪赊罗撒闻湟州被围,即率众东援,但到安儿城时闻知湟州城已陷,遂退守宗哥城,并以弃城罪斩丹波秃令。①

湟州既平,王厚奉诏措置河南吐蕃诸族。因其地连接河、岷,如其出没熙河州界,则会对宋军进兵鄯、廓构成牵制之势,因此必须"先事抚存,据其要害"。遂于是年八月,"留王端、王亨在湟州,与高永年等就近招纳宗哥、青唐一带部族,存抚新属羌人。甲子,大军由来宾城济河,南出来羌,拔当标城,又进至分水岭、平一公城,达南宗。癸酉,厚引军赴米川城,遇蕃贼三千余骑,与战,破之,贼焚桥遁去"。②十月,吐蕃郎阿章领河南部族寇来宾、循化等城,洮西安抚李忠统兵往救之,行至骨廷岭,距循化城尚五六里,与郎阿章部相遇,三战三败,李忠及诸将李士且、李叔詹、辛叔献皆为贼所伤,退入怀羌城,李忠死。③其时,宋廷令王厚班师熙州,由童贯领护大首领掌牟抈拶遵厮鸡及酋长温龙彪赴阙。至此,从宋廷进取河湟的战略部署而言,王厚取得了战役第一阶段的胜利。

1104年(崇宁三年)三月,童贯自京师返回熙州,与王厚讨论发动进取河湟战役第二阶段事宜。四月,宋军始由湟州兵分三路西进鄯州,并约定在宗哥城会师。青唐主溪赊罗撒在宗哥城东二十里的葛陂汤地方凭借数条大涧,据险布阵,迎战宋军,结果大败,仅以单骑逃回青唐。宗哥城公主前安化郡夫人瞎吒牟蔺毡

---

① 《续资治通鉴》,卷八八,崇宁二年六月。
② 《续资治通鉴》,卷八八,崇宁二年八月。
③ 《续资治通鉴》,卷八八,崇宁二年十一月。

第六章 分裂时期的青海藏族及青唐政权

兼率诸首领开城门降宋。不久,胜宗谷首领钦厮鸡也率众降宋。①

宗哥城陷没后,青唐城危在旦夕。溪赊罗撒返回青唐后,本想重新组织力量据城抗击宋军,但因主力葬送于宗哥城,又"部族莫肯从",遂挈其长妻逃入溪兰宗山中。其后,宋将冯瓘率轻骑万人由青唐城南青唐谷入溪兰宗追捕,溪赊罗撒又率亲信逃往青海湖畔。宋军进取青唐西部战略要地林金城,其首领河奘等出降。冯瓘部将郭祖德城溪兰宗堡。王厚则亲率大军自青唐趋保敦谷,过晒厮温厮岭南入廓州界。当地大首领洛施军令结率众出降,王厚进驻结啰城,不久又取廓州城,并派人向朝廷"驰表称贺"。随后,"王厚过湟州,沿兰州、大河并夏国东南境上耀兵巡边归于熙州"。

至此,河湟之役宣告结束,"开拓疆境幅员三千余里。其四至正北及东南至夏国界,西过青海至龟兹国界,西至卢甘国界,东南至熙、河、兰、岷州,接连阶、成州界"。②1104年(崇宁三年)五月,宋朝改鄯州为西宁州,从此西宁这一地名沿用至今。

此次河湟之役,宋军前后历时一年,再度占领河湟,青唐政权作为一个地方政权最终被瓦解。从此,河湟吐蕃再也没有形成统一的地方政权。

五、青唐政权解体后的河湟吐蕃及其与宋、金、夏的关系

青唐政权解体后,北宋在河湟地区的经略延续了20余年,后为金所灭。其后河湟地区相继为金、夏所控制,双方大致以黄河

---

① 《宋史》,卷三二八《王厚传》。参见祝启源:《唃厮啰——宋代藏族政权》,青海人民出版社1988年版,第186~187页;崔永红等主编:《青海通史》,青海人民出版社1999年版,第238~239页。

② 《续资治通鉴长编拾补》,卷二三。

为界，肢解青唐政权故地，分而治之。这种局面直到1227年蒙古大军进取河湟才结束。

宋朝占领河湟后，末代青唐主溪赊罗撒和聂农族大首领多罗巴相继投奔西夏，西夏国主乾顺（崇宗）接纳其归附，并于1105年（崇宁四年）四月派数万夏军围西宁州宣威城（牦牛城），欲助其"复国"。宋西宁知州、陇右都护高永年率兵前往解围，却为其所招纳的"帐下亲兵"执拿，并劫送至多罗巴处，被多罗巴所杀。西夏大举进攻河湟，与宋展开争夺河湟的斗争，并得到河湟一带部分吐蕃部落的响应，随之西宁州、湟州甚至洮州不断发生吐蕃部落反叛宋朝的事件。如廓州大首领洛施军令结、熙州的勇丁丹溪等集六族部相继"叛宋"，并焚烧大通河桥以自守，派兵攻廓州、肤公城、怀和寨（旧名丁令谷）等地；洮州一带则有鲁黎族首领结毡庞箧与溪哥城王子臧征扑哥互为声援，与宋军抗衡，数年不靖。

面对这种形势，宋朝内部对占领河湟之利弊及如何处置等再起争论。1106年（崇宁五年）八月，冯澥进奏议《上徽宗论湟廓西宁三州》，认为宋朝兵力有限，难以在河湟长期固守，主张"采前世羁縻之义，擢其酋豪，授以旄钺，第其首领等级命官"，使其"稽颡听命，输诚效顺，长为汉守。有得地之名，无费财之患"。但是，宋徽宗认为冯澥"有羁縻之请，实为捐弃之谋"，①因此罢其官职。1108年（大观二年），宋徽宗诏令童贯继续用兵河湟。四月，童贯进兵河南吐蕃诸部，命冯瑾、辛叔献率兵自岷州入洮州，镇压这一地区"叛宋"蕃部。冯瑾、辛叔献首先遇到洮州南境的鲁黎族首领结毡庞箧的抵抗。据有溪哥

---

① 《宋会要辑稿》，官职六八之一二。

第六章 分裂时期的青海藏族及青唐政权

城的吐蕃"王子臧征扑哥欲与官军斗,亦无意出降"。童贯遂派统制官刘法、张诫、王亨自循化城,焦用城、陈迪等自廓州,兵分两路向溪哥城进兵。同时令陇右都护刘仲武于溪哥城对岸的撒逋谷口结桥过师,直逼溪哥城。又令顺义郡王赵怀德随军前往开谕臧征扑哥归降,臧征扑哥派人送银饰鞭给赵怀德,以为归附宋军的信物。随后,臧征扑哥派人前往宋军驻地纳款,于是宋军进驻溪哥城,"臧征扑哥迎降,并女弱才二十八人而已"。①宋改溪哥城为积石军。是年,宋朝封赵怀德为顺义郡王、昭化军节度使、河南蕃部总领,招纳和安抚黄河以南的吐蕃各部落。

1115年(政和五年),宋朝为巩固湟州,派熙河经略使刘法率兵出湟州,与夏人战于古骨龙城。夏人溃退,宋在古骨龙地筑城据守。1116年(政和六年)六月,赐古骨龙新筑城寨为震武城。七月,改为震武军,"至是唃厮啰之地悉为郡县"。可见,北宋直到灭亡前十年,才基本控制了河湟地区。②

1125年,金灭辽。金军遂大举南下,长驱中原,直逼北宋都城汴京。北宋灭亡前夕,急于应付金军打击,再也无暇西顾河湟。1127年(靖康二年)六月,陕西经制使钱盖经抚河湟,建议宋朝放弃河湟,寻找唃厮啰后裔封立,"使抚有其旧部以为藩臣"。宋室南迁后,钱盖之议即被采纳,遂封唃厮啰族孙、小陇拶弟益麻党征为陇右郡王,赐姓名赵怀恩,受诏"措置湟鄯事",

---

① 《宋史》,卷三二八《刘仲武传》。
② 《皇宋十朝纲要》,卷一七,政和六年七月。祝启源:《唃厮啰——宋代藏族政权》,青海人民出版社1988年版,第197页。

成了南宋在河湟地区的第一任吐蕃官员。①

北宋灭亡后，河湟地区先后降金。1130年（建炎四年），金太宗派皇子右副元帅宗辅经略今陕西、甘肃、青海一带，次年，巩、洮、河、乐、西宁、兰、廓、积石等州先后降金，宋泾原、熙河两路亦为金所征服。在金人的威逼下，赵怀恩弃离部族田宅，携老小前往川中。1134年（绍兴四年）到达四川阆州（今阆中），举家投附南宋，宋高宗诏"宣抚司依条勘给，不得纽折，务要优恤，无令失所"。1136年（绍兴六年），又命赵怀恩为"指挥都总领河南诸兵"，以示勿忘收复故土。其后，赵怀恩举家迁往四川成都府居住，其用资由四川安抚制置使司每月支供给钱一百贯。1137年（绍兴七年），川陕宣抚使吴璘招诱西蕃部落二十八族，由其首领董谷（赵继忠）率领归附南宋。南宋授赵继忠官职，由修武郎进武翼郎兼阁门宣赞舍人，其余首领各补官职有差。②之外，据《囊谦王系谱》载，其先祖为吉乎·古隆荣布，曾任过内地王朝的大相。又《拔戎金蔓》载：吉乎·古隆荣布之长兄曾系十万户之王，二兄长居住于哲拉卡一带（今康定地区）。吉乎·古隆荣布传至40代后裔直瓦阿路时，携领其妾及七个孩子到今囊谦地方居住，因其先祖吉乎·古隆荣布曾充任"囊论钦布"（内大相），遂称所居之地为"囊谦"。迨及1175年（淳熙二年），直瓦阿路偕僧人勒巴噶布赴黎州（今四川汉源）会见南宋地方官官员，表示归顺南宋王朝。南宋黎州官府发给文

---

① 祝启源：《唃厮啰政权崩溃后的河湟吐蕃及其与宋、金、西夏的关系》，见《祝启源藏学研究文集》，中国藏学出版社2002年版，第75页。

② 《宋史》，卷三六六《吴璘传》。赵继忠，《宋史》卷二八《高宗本纪五》，卷四八六《夏国传下》，皆作"西蕃三十八族首领"。

第六章 分裂时期的青海藏族及青唐政权

册,承认邓拉滩(今四川邓柯一带)、达金滩(西藏昌都)、劳达秀(今西藏三十九族达查)、杰瑗虎(囊谦桑珠)等六个部落,凡万户百姓为囊谦领地和属民。从此便确立了囊谦与中央王朝的隶属关系。①

由于南宋无力攻入河湟地区,所以特别注意招抚当地尚未降金的吐蕃诸部首领,许以官爵,让其有朝一日以应朝命,报效朝廷,但终有南宋一代,收效甚微。赵怀恩举家定居成都府后,虽曾一度为南宋朝廷器重,望其能收复河湟,重返故里,但终其生也未能如愿,最后约在1170年(乾道六年)故去。②

金朝占领河湟后,形成金朝占领河南,西夏占有河北的对峙局面。唃厮啰后裔巴毡角(赵醇忠)之子赵永吉、孙赵世昌归附金朝。金朝授赵世昌为"忠翊校尉",后被鬼芦族首领京臧所杀,金人因之执拿京臧,斩于临洮,并任命赵世昌之子铁哥继任把羊族都管。1164年(隆兴二年),南宋攻破洮州,赵世昌的另一子结什角与其母为躲避宋军锋芒,迁居乔家族,乔家族首领播逋与木波、陇逋、庞拜、丙离四族耆老大僧等,拥立结什角为木波四族大首领,号称"王子"。结什角以金人执杀京臧为其报杀父之仇,故于1165年(乾道元年)率众归附金朝。这是青唐政权解体后,由唃厮啰后裔在金朝扶持下建立的一个地方小政权。史称:"其疆境共八千里,合四万余户。""其地北接洮州、积石军,其南陇逋族,南限大山,八百余里不通人行。东南与叠州羌接。其

---

① 黎宗华、李延恺:《安多藏族史略》,青海民族出版社1992年版,第79页。

② 祝启源:《唃厮啰政权崩溃后的河湟吐蕃及其与宋、金、西夏的关系》,见《祝启源藏学研究文集》,中国藏学出版社2002年版,第76页。

西丙离族,西与卢甘羌接。其北庞拜族,与西夏容鲁族接。"结什角附金称王后,每年向金朝进贡马匹、骆驼,金世宗念其忠效,派临洮尹移剌成前往慰抚,赐礼甚厚。①

其时,西夏于1136年(绍兴六年)乘金朝不备,出兵袭击湟水中下游,相继攻占乐州和西宁州,并于翌年九月"遣使以厚币如金,表乞河外诸州。金主以积石、乐、廓三州与之"。西夏占有积石州后改名为祈安城。②西夏祈安城辖区吐蕃部落中势力较大的"庄浪族(吹折、密藏、陇逋、庞拜),虽属西夏,但在西夏国统治期间,一直叛服无常。1166年(乾道二年),陇逋、庞拜二族又叛夏归金,并引诱吹折、密藏二族也阴附于金。西夏遂以庄浪族叛乱之名,于是年冬派殿前太尉任得聪率兵二万袭击吹折、密藏二族,大掠人畜而还。陇逋、庞拜二族闻后,因惧怕被袭,遂携族帐逃离西夏辖境,依附结什角。1169年(乾道五年),任得敬趁结什角到庄浪族探望母亲之机,发兵围攻结什角,逼其降附夏国。结什角不从,率部族奋力抵抗,突围逃走,但被夏兵砍断一臂,不久因伤势过重而死;其母为任得敬所虏。为此,金世宗派人到夏国任得敬处诘问结什角被袭事,后查实其被袭之地确在夏境而不了了之。1170年(乾道六年),金朝尊重结什角另立首领的遗言,立其侄子赵师古为木波、乔家、丙离、庞拜四族都铃辖,加宣武将军。

赵师古继任后,为结什角报仇,多次率兵攻打西夏祈安城。任得敬派心腹任纯忠带三万之众前往据守。不久,任得敬及其党

---

① 《金史》,卷九一《移剌成传附结什角传》。
② 《西夏书事》,卷三十五。

第六章 分裂时期的青海藏族及青唐政权

羽被夏仁宗所杀,任纯忠闻讯,只身逃出祈安城,躲藏于金朝辖境,后被金朝巡逻兵捕获,执送给陇逋族处置。赵师古杀任纯忠祭结什角。此后,这一支势力一直归附金朝。

之外,归附金朝的赵氏还有巴命者世居临洮,其子赵阿哥昌于金贞祐年间(1213~1217年)以军功授熙河节度使。

金夏占领河湟时期,赵氏中亦有不归附金而继续效力宋王朝者,如赵醇忠(巴毡角)、赵继忠(董谷)之后裔,皆赐姓名,承袭官爵,在宋金战争中屡有战功。1227年,蒙古军队进入河湟,取积石、临洮、西宁诸州,整个河湟吐蕃遂归于蒙元统治之下。①

第四节　分裂时期的青海藏族经济与文化

在凉州六谷部政权和青唐政权统治时期,青海藏族经济逐渐得到了恢复和一定程度的发展,从经济构成看,其经济部门主要有牧业、农业、手工业和商业贸易等。②

一、农牧业

唃厮啰时期的农牧业情况,史籍记载大多都很简略,目前看到的最具体的记述首推宋人李远的《青唐录》。从藏汉文史籍记载来看,当时青唐城一带的封建领主经济已有较高的发展。北宋崇宁年间(1102~1106年),宋军占领鄯、湟、廓等州时,曾招纳

---

① 祝启源:《唃厮啰政权崩溃后的河湟吐蕃及其与宋、金、西夏的关系》,见《祝启源藏学研究文集》,中国藏学出版社2002年版,第76~78页。

② 祝启源:《唃厮啰——宋代藏族政权》,青海人民出版社1988年版,第207页。

当地居民70余万户。[①]可见，唃厮啰时期青唐吐蕃人口比吐蕃王朝时期有了较大增加。历史上，人口是经济发展的一个重要参照，因此可以说，唃厮啰时期经济比吐蕃王朝统治时有了进一步的发展。

当时，唃厮啰政权的腹心之地青唐，农业经济十分发达。北宋元符年间（1098~1100年）李远曾到青唐，看见湟水谷地"川皆沃壤，中有流水，羌多相依水筑屋而居，激流而硙。"宗哥川长百里，"宗河（即湟水）夹岸皆羌人居，间以松篁，宛如荆楚"。在李远眼中，西宁一带吐蕃农家和田园简直与荆楚相仿佛。李远的这段描述，使人不禁想起史家对盛唐时陇右"闾阎相望，桑麻翳野"的描绘。北宋崇宁五年（1106年）三月，时任右相的赵挺之上书奏称："湟、鄯之复，岁费朝廷供亿一千五百余万，……盖鄯、湟乃西蕃（唃厮啰）之二小国，湟州谓之邈川，鄯州谓之青唐，与河南本为三国，其地滨河，多沃壤。若三国分据时，民之供输于其国厚，而又每族各有酋长以统领之，皆衣食赡足，取于所属之民。……若以昔输于三国者百分之一入于县官，即湟州资费有余矣。"[②]从赵挺之奏言中可见，唃厮啰时期国主与各部落酋长取于属民的租赋是非常可观的，若没有较高的农牧业生产水平，是很难实现的。

北宋哲宗时，唃厮啰故地成为北宋郡县。当时孤军深入的宋军遇到了供给不济的困难，为了摆脱这种困境，北宋政府采取的措施便是屯垦。但是，北宋在河湟地区屯田与两汉、隋、唐有较

[①]《通鉴长编纪事本末》，卷五四〇。见崔永红《青海经济史》（古代卷），青海人民出版社1998年版，第92页。

[②]《宋史》，卷一九〇《兵志四》。

第六章 分裂时期的青海藏族及青唐政权

多不同,"既区别于典型的军屯,又不同于一般的民屯,其形式比较特殊,即实行的是招募弓箭手进行屯垦、戍守之法。弓箭手属于乡兵的一种,性质相当于近代的民兵。沿边且耕且守的弓箭手来自贫苦民户,不隶军籍,基本上不脱离农牧业生产"。①起初招募来的弓箭手"旋募旋散",极不稳定。崇宁后,经过边郡循吏的苦心安抚治理,在赵隆、何灌等人主持西宁州等地方政务时,招募弓箭手的举措有了较大改善。1115年(政和五年),何灌曾上奏宋廷:"今西宁、湟、廓一带可入水之地甚多,又汉唐故渠间亦依稀可考,今欲乞于本路近里弓箭步人内轮差三五百人,每月一替,开渠引水,以变荒旷难辟之田,以劝富强难募之民。"②随后,何灌招募兰州、河州等地汉蕃弓箭手轮番到西宁、湟、廓一带,垦殖荒芜之田,修葺汉唐故渠,使得上万亩"荒旷难辟之田"变为灌溉便利的膏腴沃壤。《宋史·何灌传》载,何灌"引邈川水溉闲田千顷,湟人号'广利渠'"。③同在政和五年,"知西宁州赵隆请引宗河(湟水)水灌溉本州城东至青石峡一带川地数百顷,从之"。④仅西宁城东至青石峡一带就有水浇川地数百顷,足见当时青唐地区农业生产水平了。

二、手工业

青唐政权时期,青唐城成为东西方各族商贾进行商贸活动的都会,商品繁多,商业繁华。《宋史·吐蕃传》记载,青唐城"西有临谷城通青海,高昌,诸国商人趋鄯州贸卖,以故富强"。

---

① 崔永红:《青海经济史》(古代卷),青海人民出版社1998年版,第92页。
② 《宋会要辑稿》,兵四之二二。
③ 《宋史》,卷三五七《何灌传》。
④ 《宋会要辑稿》,食货六三之八二。

"市易用五谷、乳香、硇砂、氍毹、马牛以代钱币。贵虎豹皮，用缘饰衣裘。妇人衣锦，服绯紫青绿。"①上述史载中的五谷、乳香、硇砂、氍毹、马牛、虎豹皮及绯紫青绿之锦等，有些物品来自青唐境外，但从当时高昌诸国商人到青唐贸易的情景看，可以肯定当地有许多物品则是青唐国人制造的。其中氍毹是毛纺织品的泛称，在当时是青唐吐蕃的主要手工制品。据《续资治通鉴长编》载，"宋神宗时，河湟吐蕃商人拿到熙河市场上交易的商品中毛织品占有较大比例，毛织品的品种也比较多，有茸褐、驼褐、三雅褐、花蕊布等"。②

除上述各种手工制品外，由于当时战事频繁，制造用于战争的铠甲、武器在青唐国制造业中也占有重要地位，如唃厮啰时期青唐吐蕃制造的铠甲就曾名扬天下。宋人沈括在《梦溪笔谈》中称："青堂（即青唐）羌善锻甲，铁色青黑，莹彻可鉴毛发。以麝皮緌旅之，柔韧。镇戎军有一铠甲，椟藏之，相传以为宝器。韩魏公（韩琦）帅泾、原，曾取试之。去之五十步，强弩射之不能入。尝有一矢贯札，乃是中其钻空。为钻空所刮，铁皆反卷，其坚如此。凡锻甲之法，其始甚厚，不用火，冷锻之，比原厚三分减二乃成。其末留筋头许不锻，隐然如瘊子，欲以验未锻时厚薄，如浚河留土笋也，谓之'瘊子甲'。"③冷锻技术直到现代仍是提高金属硬度和韧性的重要方法之一，上述史载表明，青唐吐蕃人早在900多年前就已经熟练掌握了这项技术。同时，他们还

---

① 《宋史》，卷四九二《吐蕃传》。

② 崔永红：《青海经济史》（古代卷），青海人民出版社1998年版，第118~119页。

③ [宋]沈括：《梦溪笔谈》，卷十九《器用》，安徽科学技术出版社1979年版，第37页。

第六章 分裂时期的青海藏族及青唐政权

能运用"制成铁铠甲所必须掌握的冶炼、切削、磨钻及柔化处理等与冷锻工艺有密切关系的一系列综合技术。这些技术在当时是处于领先地位的"。在当时技术条件下,采取留瘊子之法来检验加工铠甲的厚薄,又是一种既简便又易行的方法。史载表明,唃厮啰时期的金属冶炼、锻造技术已达到非常成熟的水平。《青唐录》中称:青唐国主议事的大殿中,"旁设金冶佛像,高数十尺,饰以真珠,覆以羽盖"。青唐城之西也建有佛祠,广五六里,"为大像,以黄金涂其身"。从这些佛像制作可知,当时已有以黄金冶炼、制造、做花、装饰、镶嵌等多种技术。

青唐政权与北宋关系密切,在相互交往中,中原地区烧制陶瓷的技术通过不同的方式传播到青唐。20世纪80年代以来,西宁等地发现了大量北宋和青唐时期瓷器,"由于唃厮啰瓷器和西夏瓷器均源出宋瓷,又因两国地域毗连,互相影响很大,故而唃厮啰瓷器与西夏瓷器十分相像"。1137年以后,包括青唐城在内的青海黄河以北地区大部为西夏控制,唃厮啰瓷器遂渐渐变样成为一个地方类型。从西宁等地出土的宋代瓷器种类看,有高足碗、斜壁碗、高足灯、浅盘、扁壶及坛、罐、变形经瓶("牛腿瓶")等,与宋、西夏瓷器相仿,但西宁等地常见的多耳瓷器在宋境和西夏其他地区所罕见。有的学者认为,喜用多耳器物是"青海地区(包括西宁)自卡约文化以来制作陶(瓷)器一脉相承的风格,很有地方特点"。①

此外,据《青唐录》记载:青唐城中的佛舍、宫殿都覆盖有瓦,还有琉璃,称"过仪门北二百余步,为大殿九楹,柱绘黄龙,基高

---

① 崔永红:《青海经济史》(古代卷),青海人民出版社1998年版,第117~119页。

八九尺，去坐丈余矣，碧琉璃砖环之，羌呼'禁围'"。"城中之屋，佛舍居半。惟国主殿及佛舍以瓦，余虽主之宫室，亦土覆之。"由此看，青唐时期青唐已有砖、瓦用于建筑。

三、商贸和交通

在历史上，每个地区商业贸易的繁荣，每每与当地交通之兴密切相连。宋元时的西宁是河湟地区的政治、经济、文化中心，特别是在青唐政权时期，随着丝绸之路青海道的一度复兴，在近百年间青海道成为中原与西域交通贸易的主干道，青唐城由此而成为青海道最重要的枢纽，因此这条连接当时东西方的交通线又有"青唐道"之称。当时，西域诸国及内地的蕃汉商人、使臣都曾取青海道进行各种政治、经济、文化交流活动，青唐城因此而成为东西方贸易的一大都会。据《青唐录》记载，当时青唐城内仅于阗、回纥往来商人就有数百家之多。当时西域诸国使臣、商贾往往通过青唐吐蕃的引导、护送而入北宋，有时青唐吐蕃还为西域使臣担任翻译。①

随着青唐道的畅通和商贸活动的繁荣，青唐政权与北宋和西域各民族间的经济、文化交往也日益密切。北宋对唃厮啰的贡使和商队曾予以高度重视。"据史载，当时青唐吐蕃、河西回纥及于阗的进奉使和贸易团队相望于途。于是，宋王朝诏令在陕西缘边四路所属州县，特置驿站，以接应来自青唐的西域使者和商客，谓之'唃家位'。""'唃家位'，是指北宋王朝宋真宗大中祥符八年至宋英宗治平二年（1015~1065年）的半个世纪中，在陕西缘边的秦凤路、泾源路、环庆路和鄜延路所属州县，专为接待

---

① 《宋史》，卷四九〇《于阗国传》。

第六章 分裂时期的青海藏族及青唐政权

河湟吐蕃唃厮啰地方政权朝贡使和商队而设置的驿站。事实上，'唃家位'同时还接待西域诸国使者和商贾，形成一个较为密集的互市网络点。'唃家位'的出现，是汉蕃以'茶马互市'为主体的边境贸易迅速发展和汉蕃亲谊进一步加深的必然产物，也是宋代丝绸之路上的中西经济文化交流在特殊历史条件下继续向前推进的反映。"① 从史籍中对唃家位的记载来看，唃厮啰时期西宁的商贸之兴盛与北宋有着很密切的关系。当时，唃家位网点的设置与唃厮啰及于阗等西域诸国使臣、商贾入宋朝贡贸易的路线相一致，其路线大致有二：一是自青唐经湟州，沿湟水而下，出京玉关（今兰州市西固新城一带）过西关堡到兰州，再由兰州东出会宁关（静远县西北黄河岸边）过石门关（固原县西北），出木峡关入渭州；或由木峡关入原州过泾州、邠州而到长安。二是自青唐经廓州，渡黄河出河州凤林关，而后循马尔巴山经通远军古渭寨进入伏羌县（今甘肃甘谷县境），再经三阳寨（今天水西北）至秦州城（今天水市），在秦州休整并接受北宋官员检验身份、贡物及书信等之后，经大震关（陕西省陇县西北）至长安。这条商道向西延伸，又与西域于阗、龟兹诸国相通。仰赖于这条商道，西域胡商和内地汉商来到青唐，并有许多人定居于此，从而使青唐成为一个多民族相互依存的国度。当时来自西域的胡商中就有许多是穆斯林，他们来此经商定居，伊斯兰教随着他们的到来被带入青唐；宋朝使臣、商贾的到来则带来了儒释道合流的汉文化。由此，西宁地区便形成了一种以藏传佛教为标志的藏文化为底蕴，汉文化、西域文化和蒙古草原文化为因素的多元文化格局。

---

① 任树民：《北宋时期丝绸东路的贸易网点——唃家位》，载《西北民族学院学报》，1997年第2期。

四、青唐佛教文化

青唐"其国大抵吐蕃遗俗也","重释氏"。①可见青唐文化的主流是吐蕃文化的继续和发展。宋人孔仲平在其《谈苑》中说：吐蕃人"自称曰倘，谓僧曰尊，最重佛法。居者皆板屋，惟以瓦屋处佛。人好诵经，不甚斗争"。②

这一时期，吐蕃佛教为了求得发展，积极攀附于各地割据政权，寻求政治力量的支持。而当时的各割据政权在没有力量统一吐蕃的现实面前，都从各自的政治愿望出发，往往争取其所辖地区的教派法主，有的甚至出家，直接主持寺院，来稳固自己的统治地位。而且，随着藏传佛教后弘期的兴起，藏传佛教各教派相继形成，割据一方的各地方政权统治者以宗教为旗号，进行着不可调和的政治斗争。这种斗争的形式，将僧侣推上了一种特殊的地位，从而使佛教与地方政治势力的联系推进到一个新的时期。

从史载看，青唐政权的建立即与佛教有密切的关系。曾与唃厮啰一起创建青唐政权的宗哥族首领李立遵，被称为"郢成蔺逋叱"。"蔺逋叱"，是藏族对佛教高僧的尊称，现在一般译作"仁波齐"或"仁布且"。可见，李立遵是当时青唐境内的一位佛教高僧，在社会上具有较高的声望。他拥立唃厮啰为青唐国主后，自任大相，辅佐朝政，因而，青唐政权具有较明显的政教合一的统治特点。青唐政权建立后，即奉佛教为国教，予以大力扶植。

青唐佛教兴盛，也与这一地区的历史有密切关系。西宁自古是丝绸之路南道的交通要冲，有许多内地和西域的佛僧取道西宁或西行求法，或东来传教。吐蕃王朝建立后，大力推行崇佛政

---

① 《宋史》，卷四九二《吐蕃传》。
② [宋]孔仲平：《谈苑》，卷一。转引自祝启源：《唃厮啰——宋代藏族政权》，青海人民出版社1988年版，第271页。

第六章 分裂时期的青海藏族及青唐政权

策,佛教因之大兴。河湟地区更成为唐蕃之间文化交流的中联站,而佛教则是双方文化交流中的桥梁之一,曾有许多唐朝僧人进入吐蕃传扬佛法,翻译佛经;吐蕃也曾派僧人到唐

白马寺

朝取经求法,还涌现出了一批汉藏文兼通的高僧,其中长期生活在河西敦煌等地的管·法成就是最有影响的代表者之一。正因为这样,河湟地区成为吐蕃佛教文化中心之一。

吐蕃王朝末年,赞普达磨下令灭佛,当时正在西藏曲臣日地方(今西藏曲水县境)静修的三位佛僧藏饶赛、约格迥和玛释迦牟尼,带上律典佛经逃往阿里,后又逃到于阗(今新疆和田县),最后辗转来到河湟地区,并继续在这里修行弘法,建立了许多寺院。藏传佛教史上把他们称为"三贤哲"或"三贤士"。后来他们收贡巴饶赛(892~975年)为徒。三贤哲和贡巴饶赛的弘法活动迎来了藏传佛教后弘期下路弘法的蓬勃兴起,河湟一带成为藏传佛教文化的复兴基地。青唐政权建立后,由于青唐统治者的大力支持,藏传佛教得到了更大的发展,社会影响更加深广,因而史书中便有了青唐"最重佛法"之说。①

---

① 先巴:《唐五代河西佛教与藏传佛教后弘期"下路弘法"》,载《青海民族研究》,2004年第4期。

唃厮啰为了利用佛教巩固统治，在青唐城等地广建佛寺，推崇佛法。李远《青唐录》中说：青唐城之西，"有青唐水，注宗河，水西平远，建佛祠，广五六里，缭以冈垣，屋至千余楹。为大像，以黄金涂其身，又为浮屠十三级以护之。僧丽（罹）法无不免者。城中之屋，佛舍居半"。从这段记载中，我们可以想见当时唃厮啰政权境内佛教兴盛的状况。由于统治者的大力倡导，寺塔遍布，佛僧剧增。统治者役使大量民众建寺造塔，也会引起民众的不满。史书中记载：青唐主阿里骨"尤好营塔寺，勤于立功"。就连国主处理军政大事的王宫中也供奉着"金冶佛像，高数十尺，饰以真珠，覆以羽盖"。

青唐佛教的日常活动可从《广仁禅院碑》中的记载知其概貌。碑文中说："西羌之俗，自知佛教，每计其部人之多寡，推择其可奉佛者使为之。其诵贝叶傍行之书，虽侏离缺舌之不可辨，其音琅然，如千丈之水赴壑而不知止。又有秋冬之间，聚粮不出，安坐于庐室之中，曰'坐禅'。"又说"虽然其人多知佛而不知戒，故妻子具而淫杀不止，口腹纵而荤酗不厌。"这是对当时藏传佛教的真实描写，其情景大致与后来的宁玛派相一致。

正因为有青唐时期的河湟佛教作为历史文化基础，河湟佛教在元明清几代封建王朝的大力扶持下，走向了鼎盛时期。在藏传佛教得以弘扬发展的同时，西宁等地的藏族社会中也保留了大量古代文化遗俗，如《青唐录》中所说，青唐城中唃厮啰国主所居之"禁围"大殿中有"高数十尺"的佛像，而在"直南大衢之西有坛，三级，纵广亩余，每三岁，冕祭天于其上"。这与吐蕃王朝时，一年一小盟、三年一大盟，"令巫者告于天地、山川、日月星辰之神"的传统是一脉相承的。这种以万物有灵为基础的多神崇拜,是羌藏文化的"本教"信仰,也可以说是一种神巫文化。西宁等地藏族社会这种崇尚佛教而又信奉传统"本教"的文化传统,实际上一直延续至今。

第七章 元代青海藏族及其地方行政机构的设置

1206年（开禧二年），成吉思汗统一了蒙古诸部，建立起蒙古汗国，随之展开大规模军事行动，先后并西辽，降西夏，灭金朝，并于1227年（宝庆三年）春进军临洮、河州及西宁州等地，将青海东部地区纳入蒙古汗国版图之内，派章吉驸马镇守。窝阔台汗时（1229~1241年），其次子阔端以凉州为据点，经略吐蕃各地。至蒙哥汗时，在河州置"吐蕃等处宣慰使司都元帅府"，开始对整个青海藏族地区进行全面的统治与管理。

第一节 蒙古汗国与藏族地区的早期接触

根据汉、藏和蒙古文史籍中的记载，藏族与蒙古族的接触可以追溯到成吉思汗时期，但又有不同的说法。据《贤者喜宴》载，蔡巴噶举派尚蔡巴的弟子藏巴东库哇等七人先到西夏传法，后到蒙古，在山间修行，被蒙古军派充牧羊人。因为在一次雹灾中他们所放牧的羊群未受损失，所以被蒙古人称为管天的有福德

第七章 元代青海藏族及其地方行政机构的设置

的人。成吉思汗即位后,听闻其事,立即召见了藏巴东库哇,因他曾在西夏住过,熟悉西夏情形,衣着又和西夏人一样,所以受到正在对西夏用兵的成吉思汗的重视。他向成吉思汗讲说佛经,使成吉思汗对藏传佛教有了了解并生起敬仰之心。但是由于在蒙古的道士和也里可温(景教)信徒的嫉妒,他返回了西夏,继续修行。1226年成吉思汗攻打西夏时,蒙古军在战争中摧毁了许多佛寺并杀戮僧人,他到成吉思汗身边去请求,被成吉思汗尊为告天(向上天祷告)的长老。他还通过向成吉思汗讲说因果,劝说成吉思汗信奉佛法。由于他的劝说,更可能是因为成吉思汗看到藏传佛教在西夏社会中的地位,认识到要统治西夏就要争取和优待佛教僧人,因此成吉思汗发布了免除僧人差税兵役、不准在寺院内驻兵的诏书,还修复了战争中毁坏的西夏地区的一些寺院。窝阔台即位后不久,藏巴东库哇在蒙古去世,临终遗言要蒙古人迎请他的师兄弟贡塘巴。①

《安多政教史》记载,从前,西纳族中有西纳兰巴和西纳格西两兄弟到西藏,"哥哥在彼处建立基业,后又发展为宗吉坚赞桑波和多杰仁钦官人等支系;弟弟到了萨迦,读了许多经典,学习显密经教,后来成为著名的学者。他于结业后闭关修习期间,见到了文殊菩萨和度母圣容。度母还授记'前往北方蒙古地区,弘扬佛法'。于是从后藏觉摩隆、拉萨和贡塘三地各带领一位最有学识的格西作为随从,前往北方。觐见正在相多地方居住的成吉思大汗",并为成吉思汗讲说佛法、显示下雨止雨等神通,赢

---

① 陈庆英、高淑芬主编:《西藏通史》,中州古籍出版社2003年版,第169~170页。

得成吉思汗的敬重。后成吉思汗返回皇宫时将西纳格西留在身边带回皇宫中。成吉思汗的小儿子拖雷还将西纳家族的西纳泽觉收养为义子。①这一说法不见于其他史籍，真伪尚待考查。但蒙古汗国时，成吉思汗家族在战争中常有收养义子的记载，说明西纳家族当时已与蒙古王室建立了密切的关系。这种关系在蒙古统一西藏的历史过程中自然会发挥一定的作用。后来，阔端派人敦请萨班到凉州会晤，或有西纳家族的影响。

另外，当年成吉思汗西征时，曾于1218年率兵进入喀什噶尔、叶尔羌、和田等地，当时可能有一支蒙古骑兵从叶尔羌南下进入到西藏西端的阿里（包括现今在境外的拉达克），占领了部分地区，设置都元帅，并征兵从征。由于这一原因，1220年成吉思汗派哲别、速不台追击花剌子模国王摩诃末时，其军中有吐蕃兵随征。《元史》载：郭德海"从先锋柘柏（即哲别）西征，渡乞则里海，攻铁山……逾雪岭西北万里，进军次答里国，悉平之。乙酉（1225年），还至峥山，吐蕃帅尼伦、回纥帅阿必丁反，复破斩之"。②1222年，成吉思汗曾亲率大军追击摩诃末之子扎阑丁到印度河西岸，次年又溯印度河而上，打算取道吐蕃地区返回蒙古，但军队行进一段后因路途险阻而折回白沙瓦。当时成吉思汗可能有武装深入藏族地区的打算。《元史》载："帝（成吉思汗）将伐西蕃，患其城多依山险，问（郭）宝玉攻取之策，对曰：'使其城在天上，则不可取，如不在天上，至则取矣。'帝

---

① 智观巴·贡却乎丹巴绕吉著，吴均等译：《安多政教史》，甘肃民族出版社1989年版，第161~162页。

② 《元史》，卷一四九《郭宝玉传附郭德海传》。

第七章 元代青海藏族及其地方行政机构的设置

壮之,授抄马都镇抚。"①约在1246年出使蒙古的罗马教皇英诺森四世的使者约翰·普兰诺·加宾尼向教皇报告蒙古情况的《蒙古史》中记载了流传在蒙古人中间的成吉思汗西征的故事,其中提到成吉思汗率蒙古军在进攻印度后回国的途中,"他们来到不里吐蕃(Burithabet)的地方,他们在交战中把它征服了。该地居民是异教徒,他们有一种难以置信的或毋宁是不名誉的风俗,这就是当任何人的父亲去世时,他们就把全家人集合到一起,把尸体吃掉。这是被当做一件确凿的事实告诉我的。"②这里的"不里吐蕃"应是阿里西部和拉达克一带,所谓父亲去世时全家人把尸体吃掉的风俗,应是蒙古军最初与藏族接触时对藏族天葬习俗的误解。《蒙古源流》中说,成吉思汗45岁(1206年)用兵于土伯特之古鲁格多尔济汗。彼时土伯特汗遣尼鲁呼诺延为使,率三百人前来进献驼只、辎重无算,会于柴达木疆域。成吉思汗赏赐其汗及使臣,并送礼物和信件给萨迦察克罗咱斡阿南达噶尔贝喇嘛,信中说:"尼鲁呼诺延之还也,即欲聘请喇嘛,但朕办理世事,未暇聘请,愿遥申皈依之诚,仰恳护佑之力。"由是收服阿里三部属八十万土伯特人众,遂进征额纳特珂克(印度)。③《蒙古佛教史》亦载:"皇帝(成吉思汗)四十五岁之藏历第四绕迥火兔年(1207年)之时,用兵于吐蕃之乌思地方,第悉觉噶与蔡巴贡噶多尔济等人闻之,遣使三百人来迎,奉献盛宴,说:'愿归入你之治下。'将纳里速三围、乌思藏四如、南部三岗等地面全部呈献,皇帝对此大加赏赐,将吐蕃全部收归治

---

① 《元史》,卷一四九《郭宝玉传》。
② 道森编著,吕浦译:《出使蒙古记》,中国社会科学出版社1983年版,第23页。
③ 萨囊彻辰著,道润梯步译校:《蒙古源流》,内蒙古人民出版社1980年版,第158~159页。

下。此后，寄送礼品及书信给萨钦·贡噶宁布，书信中说：'我要迎请大师你，但是还有数件国事未曾完成，一时未能迎请。我在此地依止于你，请你在彼处护佑于我。今后我之事务完结之时，请你及你的弟子来蒙古地方弘扬佛法。'此次虽未亲自与上师相见，但已遥拜上师，向乌斯藏之三所依（佛像为身所依，佛经为语所依，塔为意所依）及僧伽献了供养，故皇帝已成为佛法之施主、教法之王。其后，为直接将印度之王臣收归治下，乃向彼处进军。"①对此，东噶·洛桑赤列在其《论西藏政教合一制度》中指出：蔡巴贡噶多吉（1309~1364年）和萨钦贡噶宁布（1092~1158年）不是同时代的人，而且他们都和成吉思汗不是同时代的人，故这一说法在年代上是错误的。也有学者对蒙古史籍所说的以蔡巴家族为首的西藏地方势力在成吉思汗时代就归降蒙古的说法表示应该存疑，上述史载，"只能说，在成吉思汗时代蒙古汗国与藏传佛教的一些僧人有了接触，蒙古军在灭西夏和征中亚的战争中进入过阿里和甘青藏族地区的边缘部分，这种接触为后来蒙古汗国统一藏族地区打下了基础。一些蒙古史料说整个藏族地区都向成吉思汗表示归顺，可能是后来的一些蒙古佛教僧人为了把藏传佛教传入蒙古与成吉思汗联系起来而附会上去的"。②而著名蒙古族学者札

---

① 固始噶举巴·洛桑泽培著，陈庆英、乌力吉译注：《蒙古佛教史》，天津古籍出版社1990年版，第9页。

② 陈庆英、高淑芬主编：《西藏通史》，中州古籍出版社2003年版，第170~171页。参见王辅仁、陈庆英编著：《蒙藏民族关系史略》，中国社会科学出版社1985年版；黎宗华、李延恺：《安多藏族史略》，青海民族出版社1992年版，第83~85页；蒲文成、王心岳：《汉藏民族关系史》，甘肃人民出版社2005年版，第89~90页。

第七章 元代青海藏族及其地方行政机构的设置

奇斯钦先生在对《元史》、《蒙古源流》、《黄金史》及《世界征服者史》等史籍中的有关记载进行比较分析后认为:"在成吉思汗时代,可汗的威望,已经镇慑了土番贵族和僧侣,蒙古与土番之间,已经有了正式的往来和象征性的从属关系。"①

第二节 凉州会晤与蒙古统一吐蕃

从史载看,蒙古在西征和灭金、夏的过程中,最初从西夏藏传佛教僧人那里了解到了藏族及其社会文化的基本情况。1229年(绍定二年)蒙古灭西夏和金之后,将原西夏故地及已经归顺蒙古的今甘青藏族地方划为阔端的领地,并让其负责对吐蕃的统一事业。在阔端的策划经略下,萨迦班智达赴凉州与其会晤,这次历史性的会晤被称为"凉州会晤"。凉州会晤使蒙古王室与藏族正式建立联系,并推动了整个藏族地区纳入元朝版图的历史进程。

一、阔端对吐蕃的经略与青海藏族地区归于蒙古

1226年(宝庆二年)蒙古军队集中兵力攻打西夏,接连攻取西夏的黑水城(亦集乃城)、甘州、肃州、凉州、灵州,然后长驱东进,包围了西夏国都中兴府。翌年春,成吉思汗亲率大军渡过黄河,开始向金朝控制的陇右地区进军。《蒙兀儿史记》载:"(成吉思汗)二十有二年丁亥春正月,汗留别将攻中兴,自率师渡河攻金积石州。二月破临洮,三月破洮、河二州及西宁县。"蒙古攻取西宁后,还曾"徙西宁民于云京"。②

---

① 札奇斯钦:《蒙古与西藏历史关系之研究》,(台湾)正中书局1978年版,第24页。

②《元史》,卷一三四《刘容传》。

1227年，成吉思汗去世后，由蒙古诸王贵族在克鲁伦河畔举行库勒台大会，遵照成吉思汗的遗嘱，推举窝阔台继任大汗。窝阔台继汗位后，将原西夏故地及河湟吐蕃地区赐给他的次子阔端作为封地，并命其统军攻南宋四川。

蒙古大规模经略吐蕃之地即始于阔端。1235年，阔端受命攻取金未降之秦（今天水）、巩（今陇西）等州，金巩昌便宜总帅汪世显、熙河节度使（治临洮）蕃部首领赵阿哥昌等降，以赵阿哥昌为叠州（今甘肃迭部）安抚使，招集吐蕃部落，立城垒，课耕桑。这是蒙古最早任命的吐蕃官员。①1236年，阔端又奉命进军四川，他命宗王穆直（察合台子）与先锋按竺迩等分兵向四川进军，攻破宕昌、阶州，进攻文州，招降吐蕃酋长勘陁孟迦等十族，皆"赐以银符"。设文州吐蕃万户府，由按竺迩之子国宝为蒙古汉军元帅，兼文州吐蕃万户府达鲁花赤，与勘陁孟迦皆赐金符。②这是史籍中蒙古最早在吐蕃地区设立的军政机构。

阔端自四川北返后，驻营于西夏重镇凉州附近，开始着手对吐蕃的经营。1239年，阔端派属将多达那波（又译作"道尔达"）领军进攻卫藏地区，从青海一直攻到藏北，热振寺及杰拉康寺在战乱中被焚毁，以大德索敦为首的僧俗共500余人，遭到杀害。③随后由于窝阔台病故，多达那波即撤兵北返甘肃。多达那波返回

---

① 《元史》，卷一二三《赵阿哥潘传》。韩儒林：《元朝史》（下册），人民出版社2008年版，第640页。

② 《元史》，卷一二一《按竺迩传附国宝传》。

③ 廓诺·迅鲁伯著，郭和卿译：《青史》，西藏人民出版社1986年版，第60页。

第七章 元代青海藏族及其地方行政机构的设置

后,向阔端汇报了他所了解的有关吐蕃社会的情况,分析了当时藏传佛教各派在吐蕃的影响和地位,并建议阔端召请萨迦派法主萨迦班智达衮噶坚赞。1244年,阔端遂派金字使臣多达尔赤入西藏,敦请萨迦班智达衮噶坚赞(以下称萨班)到其驻地凉州相会。同年,萨班应蒙古使臣之请,"从萨迦动身前往,路上走了三年,于萨迦班智达六十六岁之阴火羊年(1247年)到达凉州之幻化寺与蒙古之王额沁阔端会见"。①

萨班在吐蕃面临蒙古武力威胁的危急之秋,为了使吐蕃免遭战火的洗劫,受吐蕃各地领主之委托,前往凉州与阔端进行会谈,体现了萨班以民族利益为重的高尚精神。当时,随同萨班同行的人员中还有他的两个侄子洽那多吉和八思巴,带领两个年幼的侄子前往,这种举动似有人质担保的意味,也符合蒙古对其他民族的征服惯例。萨班与阔端会晤,阔端极为欣悦。据说萨班治愈了阔端的疾病,并向阔端说法,劝其善待佛教。阔端第一次接触到了新的宗教仪式和教义,从这种新宗教的咒术中他感触到了一种令人敬畏的神秘力量,萨班因此也赢得了阔端的敬重。但是,阔端作为一个争作蒙古大汗的政治人物,他善待佛教和礼遇萨班,更重要的还是出于政治目的,是一种怀柔之策。

萨班与阔端达成政治上的协调后,萨班即遵照阔端之旨意,致书吐蕃各地领主,劝其归顺蒙古,这就是史籍所说的《萨迦班

---

① 达仓宗巴·班觉桑布著,陈庆英译:《汉藏史集》,西藏人民出版社1986年版,第161页。《萨迦世系史》作:"法王萨班于65岁的阳火马年八月到达北方凉州。"

智达致蕃人书》。①此书是萨班致吐蕃各地僧俗领主们的一封公开信，同时亦是蒙古对吐蕃的一道通牒。书中提出了吐蕃归顺蒙古的条件，并指出，若不接受其中的条件，则会遭到蒙古的军事征服；即使有人不归顺而欲反抗，最终的结局亦必然是被蒙古所征服。吐蕃各地领主听取萨班"致书"中的规劝，归顺了蒙古，并向蒙古统治者纳贡。

另外，为了促成统治者之间的政治联合，阔端授予萨迦款氏家族"金字符"，以提高其在吐蕃社会政治中的威望，并作为蒙古的代表管理吐蕃。从而，萨迦派法主在蒙古统治者的支持下，声威大震，一跃而成为吐蕃的王者，并促成了佛教与吐蕃社会政治的更进一步结合。这样，在阔端为首的蒙古统治者的经略下，没有诉诸武力而"利用宗教首领来压制世俗领主"以实现对吐蕃的统一。萨迦派与蒙古政权所建立的政治联盟，标志着吐蕃历史进入了一个全新的时期。从此，整个吐蕃社会被纳入到一个新的统一政权之中，它原有的社会结构由于元王朝这个外部强大的政治力量的作用，从而发生了根本的变化。蒙古统治者实现对吐蕃的统一之后，便着手建立新的社会秩序，并不断将统治权力集中到元朝中央。

1251年，蒙古和吐蕃政治联盟的两位创建者阔端和萨班，相继在凉州去世。正在这个时候，蒙古内部的最高统治权力亦曾发

---

① 此书收在《萨班全集》和《萨迦世系史》中。见阿旺贡噶索南著，陈庆英等译注：《萨迦世系史》，西藏人民出版社2002年版，第88~91页；王尧先生亦曾将全文译为汉文，见王辅仁、陈庆英编著：《蒙藏民族关系史略》，中国社会科学出版社1985年版，第30~31页，注18；另意大利学者杜齐曾将其译为英语，见〔意〕杜齐：《西藏中世纪史》，中国社科院民族研究所1980年内部版，第14~19页。

第七章 元代青海藏族及其地方行政机构的设置

生重大调整，即蒙哥继贵由之后登上蒙古大汗位，这标志着蒙古最高统治权力的大汗位由窝阔台系转到拖累系。随之，漠南汉藏地区的统治权亦从阔端之属转到了忽必烈属下（忽必烈和蒙哥为兄弟）。

蒙哥即汗位后，对吐蕃的统治仍然继承了阔端所开创的策略，即继续依靠萨迦派来统治吐蕃，并在阔端开创的基础上进一步完善。据八思巴1252年（蒙古蒙哥汗二年）在萨班去世后给卫藏高僧大德的信，蒙哥在向各方宣布即位诏书的同时，还曾颁布"对僧人免除兵差、劳役、贡赋，使臣们不得在僧舍住宿，不得向僧人们摊派乌拉。使僧人们依照教法为朕告天祝祷，所有的僧人之事俱有萨迦派掌领"之诏书，并"派金字使臣去吐蕃各处清查户口，划定界限"。①但与此同时，蒙哥汗又命令和里斛"统土蕃等处蒙古、汉军，皆仍前征进"，对青海等地不归顺蒙古的吐蕃部落进行军事征讨。②

同年秋，忽必烈奉命南征大理。第二年，"次忒剌地，分兵三道以进"，越过大渡河，直抵金沙江畔，今四川西部和青海南部等地的许多吐蕃部落次第降服。③其后，蒙哥汗亲征四川时，亦曾派兵征讨朵思麻、朵甘思等地，或遣使招谕各族首领，先后将这一带的吐蕃部落或征服、或招抚，收归治下。④至此，蒙古基本上统一了吐蕃全境。

在用兵的同时，阔端、窝阔台、蒙哥和忽必烈等亦十分重视

---

① 王辅仁、陈庆英编著：《蒙藏民族关系史略》，中国社会科学出版1985年版，第22页。
② 《元史》，卷三《宪宗本纪》。
③ 《元史》，卷四《世祖本纪一》。
④ 韩儒林：《元朝史》（下册），人民出版社2008年版，第641页。

笼络吐蕃佛教上层人物。吐蕃佛教各派面对社会的急剧变化，都看到"要发展和巩固各自的宗教势力就必须依靠在政治、经济、军事各方面力量雄厚的统一的政治势力"，因而，"萨迦、帕木竹巴、止贡、蔡巴、达垅、雅桑等教派都派人到蒙古地方去，萨迦派向窝阔台汗表示归顺，帕木竹巴和雅桑两派向王子旭烈兀投诚，止贡和藏古莫两派向王子忽必烈投诚，达垅向王子阿里不哥投诚，蒙古汗王及王子也分别封给他们在西藏的势力范围大致相等的地方和属民"。①如1239年阔端派多达那波进兵卫藏时，途经今青海海南、果洛、玉树等地，蒙古军经过玉树囊谦境内扎曲河一带时，囊谦首任千户贡巴阿吾（即"万户长"阿路）及根蚌寺住持鲁梅多杰（1226~1292年）闻讯后，万分惶恐，因而立即携带重礼相迎表示归顺。多达那波等亦以礼相待，回赠礼品，并赐以"六地一万户"（一说"六地十二万户"）作为领地与属民。从此，根蚌寺成为政教合一的寺院。②

贵由和蒙哥在位时，对藏族地区的经略完全继承了阔端的政策，即利用萨迦派来建立蒙古对藏族地区的统治。当时，西夏僧人那摩在蒙古汗廷中很活跃。蒙哥即尊那摩为国师，授以玉印，让其总领天下释教。那摩之兄亦是僧人，曾封为"迦什弥儿（克什米儿）万户"，派往当地。③这种作法，开创了由一个家族成员

---

① 东嘎·洛桑赤列著，陈庆英译：《论西藏政教合一制度》，中国藏学出版社2001年版，第36页。

② 黎宗华、李延恺：《安多藏族史略》，青海民族出版社1992年版，第86页。"六地"，指邓拉滩（今四川邓柯一带），达金滩（今西藏昌都一带）、劳达秀（今藏北三十九族之达查一带）、杰乃胡（今囊谦吉曲一带）、羌柯玛（今玉树香达一带）、当卡加（今囊谦桑珠一带）。

③《元史》，卷一二五《铁哥传附那摩传》。参见编写组：《藏族简史》，西藏人民出版社1985年版，第137页。

第七章 元代青海藏族及其地方行政机构的设置

掌握政教大权的先例,也是其后萨迦政权的雏形。

1253年,蒙哥汗派忽必烈南征大理途经临洮进入川西地区,闻知噶玛噶举派在当地有很大势力,遂派人召请噶玛噶举派法主噶玛拔希前来与他相会。噶玛拔希因召请来到川西北与忽必烈相见之后,忽必烈让其留侍左右,而噶玛拔希未接受忽必烈的好意,离开了忽必烈,并从绒域(四川西北)向北到今天甘肃、宁夏、内蒙古一带弘法传教,还在宁夏和内蒙古交界处修建了一座名为吹囊朱必拉康的寺庙。1256年,当噶玛拔希准备返回时,蒙哥听到他在上述地区传教的消息,命令他到蒙古去见面,于是噶玛拔希又到了漠北。据藏文史籍记载,蒙哥封给噶玛拔希"国师"的称号,赐给一枚象征权力的金印和一顶金边黑色僧帽,因此,噶玛拔希传下来的活佛转世系统被称为噶玛噶举黑帽系。噶玛噶举派的创始人都松钦巴被追认为黑帽系第一世活佛,噶玛拔希为第二世。

随着蒙古王室与藏传佛教上层间关系的不断发展,蒙哥于1252年在西藏进行括户后,在藏族地区开始推行千百户制度,在西藏等地建立了一批万户;同时又采取蒙古的传统制度——诸王分封制。藏文史籍《朗氏家族史》载:"此时,西藏由在凉州的王子阔端治理,由阔端阿哈(蒙古语对兄长的称呼)那里迎取应供喇嘛,蒙哥汗管理止贡派;忽必烈管领蔡巴噶举,王子旭烈兀管理帕木竹巴派,王子阿里不哥管领达陇噶举派。四位王子分别管辖各万户。"①由此,"在宗教和俗人之间结成了一种充满危险

---

① 大司徒·绛求坚赞:《朗氏家族史》(汉译本),西藏人民出版社1989年版,第75页。

的联盟：它使贵族最终地没落，而寺院将成为胜利者，寺院权力和扩张欲望与日俱增，很快变成西藏命运的主宰"。①

综观蒙元时期，特别是从窝阔台到忽必烈时期，蒙古在各个藏族地区先后设立若干"宣慰司"、"宣抚司"、"安抚司"，通过这些机构的建立，逐步将藏族地区纳入蒙古汗国的统治之下。"大体上先在西北，再西南，最后是西藏本部，设立地方行政机构，后以宣政院总摄各地以形成一个行政体系。"②

二、帝师制度及宣政院的建立

1259年，蒙哥在四川合州钓鱼山病死后，忽必烈与阿里不哥争夺汗位。1260年三月，忽必烈抵达开平，诸王合丹、阿只吉等率西道诸王，塔察儿、移相哥、忽剌忽儿、爪都等率东道诸王，都会集在开平，召开库勒台，宣布即位，并定当年为中统元年，开始建元纪岁。"以国朝之成法，援唐宋之故典，参辽金之遗制，设官分职，立政安民，成一代王法。"③1271年（至元八年），"取《易经》'乾元'之义"，建国号曰"大元"。④

以元世祖忽必烈为代表的元朝统治者一方面认识到"必行汉法，乃可长久"，因而注重立朝仪、建都邑，以中书省总政务，以枢密院秉兵权，以御史台司黜陟，作为经久之规；另一方面，又充分考虑到边疆民族众多及不同特点，认识到必须实行"因其俗

---

① ［意］杜齐：《西藏中世纪史》，中国社科院民族研究所1980年内部版，第4页。

② 邓锐龄：《元明两代中央与西藏地方的关系》，中国藏学出版社1989年版，第20页。

③ ［元］郝经：《陵川集》，卷三二《立政议》。韩儒林：《元朝史》（上册），人民出版社2008年版，第239页。

④ 《元史》，卷七《世祖本纪四》。

第七章　元代青海藏族及其地方行政机构的设置

而柔其人"的政策，才能保持边疆地区的稳定。1260年，忽必烈即位后便仿照西夏制度，封八思巴为国师，赐玉印。1264年迁都大都，在中央设立掌管全国佛教事务和藏族地方行政事务机关——总制院，授命八思巴以国师身份兼管总制院的院务。在中央机构中设置总制院（宣政院），是元朝在统治藏族地区的政治制度上的一个新创。

1270年，因八思巴奉旨创制蒙古新字，升号为"帝师。"帝师之设是忽必烈的一个创举，是对以往西夏国师制度的继承与发展。帝师在宗教上是皇帝之师，比皇帝更崇高，因而"百年之间，朝廷所以敬礼而尊信之者，无所不用其至。虽帝后妃主，皆因受戒而为之膜拜。正衙朝会，百官班列，而帝师亦或专席于坐隅。且每帝即位之始，降诏褒护，必敕章佩监络珠为字以赐，盖其重之如此"。① 忽必烈之后的历任皇帝，竞相优待帝师，成为元朝的一种风气。

帝师之职掌，主要是：1.作为皇帝的上师，向皇帝传授戒法，举行密宗灌顶仪式。2.主持各种佛事活动。3.统领全国佛教，传播和宏扬佛法。② 4.领吐蕃之地。元朝在中央设立宣政院，统领全国的佛教事务，并统辖吐蕃各地，"乃郡县土番之地，设官分职，而领之于帝师"。"于是帝师之命，与诏敕并行于西土。"③

八思巴任帝师时，曾"向薛禅皇帝（忽必烈）及后妃、皇子等三次传授萨迦派特有的密宗大灌顶。作为第一次灌顶的供养，

---

① 《元史》，卷二〇二《释老传》。
② 廓诺·迅鲁伯著，郭和卿译：《青史》，西藏人民出版社1986年版，第144页。
③ 《元史》，卷二〇二《释老传》。

（皇帝）奉献了乌斯藏十三万户。……作为第二次灌顶的供养奉献了三却喀（却喀意为区）。这三个却喀是：由嘉玉阿贡塘以下到索拉甲沃以上为正教法区；自索拉甲沃以下黄河河曲以上为黑头区；自黄河河曲以下到汉地大白塔以上为俯行马区。人、马、法三却喀虽是按照奉献供养的例规奉献的，但各个却喀都有一位本钦，是按照皇帝与上师（即帝师八思巴）商议决定而任命的"。①从此，八思巴以佛教特有的方式取得了统领吐蕃朵甘思、脱思麻、乌斯藏三区（即吐蕃全境）的权利。作为萨迦派法主，其政治荣誉和权力达到了顶峰。正是因为帝师的这种荣誉和权力，元朝管理吐蕃的统治体系被深深烙上了佛教的印迹。

帝师之下又设有各级行政官员：本钦、万户长、千户长、宗本、庄主及其相应的行政机构，还设有宗教上的侍从官员：索本、森本、却本、仲译等十三人。这样，吐蕃的政治和宗教，在一个新建构的社会模式背景下，更进一步结合在了一起，由萨迦派法主作为最高统领，在中央以帝师身份担任宣政院的最高领事者。

"总制院者，掌浮图氏之教，兼治吐蕃之事。"②1288年（至元二十五年）改总制院为宣政院，"秩从一品，印用三台，以尚书右丞相桑哥兼宣政使"。③宣政院的职权范围很广，"国家混一区宇，而西域之地尤广，其土风悍劲，民俗尚武，法制有不能禁者。惟事佛为谨，且依其教焉。以故自河以西，直抵吐蕃、

---

① 达仓宗巴·班觉桑布著，陈庆英译：《汉藏史集》，西藏人民出版社1986年版，第170~171页。

② 《元史》，卷二〇五《桑哥传》。

③ 《元史》，卷一五《世祖本纪十二》，卷二〇五《桑哥传》。

第七章 元代青海藏族及其地方行政机构的设置

天竺诸国邑，其军旅、选格、刑赏、金谷之司，悉隶宣政院属，所以控制边陲，屏翰畿甸也"。①从整个元朝政治制度看，"宣政院自成系统，与中书省、枢密院、御史台并立，宣政院直辖的吐蕃地区是与行省平级的行政区划单位。宣政院的官属由本院自选，不需经过中书省。但在吐蕃地区有重大军事行动，宣政院需与枢密院会商。宣政院的文牍和官员不法行为，在皇帝特诏的情况下，可由御史台检核与督察"。②此外，在吐蕃等地设行宣政院。通过宣政院及其所属机构，元朝对吐蕃地区实行政教合一的统治。③

同时，元朝在吐蕃地区设三个宣慰使司都元帅府，隶属于宣政院，作为地方机构管辖吐蕃地区。这三个宣慰使司都元帅府，一是吐蕃等处宣慰使司都元帅府，又称朵思麻宣慰使司都元帅府，治河州。管辖吐蕃东北部地区，即今甘肃、青海及四川西北等地的藏族居住区，其地大致与安多地区相当。二是吐蕃等路宣慰使司都元帅府，又称朵甘思宣慰使司都元帅府，治参卜朗。管辖吐蕃东部地方，即今四川西南、云南西北及青海玉树等地的藏族居住区，其地大致与康巴地区相当。三是乌思藏纳里速古鲁孙等三路宣慰使司都元帅府。管辖吐蕃西部和中部地方，即今西藏自治区，其地与卫藏、阿里三围相当，下辖纳里速古鲁孙元帅、

---

① [元]朱德闰：《存复斋文集》，卷四《行宣政院副使送行诗序》。
② 白钢主编：《中国政治制度史》（下册），天津人民出版社2002年版，第677页。
③ 《元史》，卷二〇二《释老传》。参见赵云田：《中国治边机构史》，中国藏学出版社2002年版，第177~178页；马大正主编：《中国边疆经略史》，中州古籍出版社2000年版，第203~204页。

乌思藏管辖蒙古军都元帅及卫藏等地十三万户等。①

从地方行政建置来看元代青海藏族地区主要由吐蕃等处宣慰使司都元帅府管辖,而西宁州则隶属于甘肃行省管辖,玉树的囊谦地区隶属于吐蕃等路宣慰使司都元帅府管辖。

第三节 元朝对青海藏族地区的"双轨"统治

元朝在青海的施政,汉藏文史载较为缺乏而又凌乱,大致来看,元朝在中央设立宣政院而领之于帝师,"统西蕃诸宣慰司","郡县土番之地,设官分职",处在以帝师为首的宗教系统和以宣政院为中心的行政系统的有效管辖之下,实行政教合一的统治。同时又派宗王出镇"边徼襟喉之地",进行有效的军事防范和威慑。因而,元朝对青海藏族地区实行的是一种"双轨"统治。大致上,"元代湟水流域和西宁州一带隶属于甘肃行省,巩昌元帅府所辖24城隶属于陕西行省,行省管理农业区;黄河南岸的积石州、贵德州一带牧区则由设在河州的吐蕃等处宣慰使司管辖,上隶于宣政院。"②

一、宗王出镇

宗王出镇是元廷派皇室宗王"将兵镇边徼襟喉之地"的一项重要军事措施,目的在于控御边徼,藩屏朝廷。

"综合汉、藏、蒙三种史料之记载,可以判断吐蕃(至少它的

---

① 《元史》,卷八七《百官志三》。参见赵云田:《中国治边机构史》,中国藏学出版社2002年版,第187~188页;《藏族简史》,西藏人民出版社1985年版,第129~133页。

② 高士荣:《西北土司制度研究》,民族出版社1999年版,第114页。

第七章 元代青海藏族及其地方行政机构的设置

一部分）是从太宗窝阔台可汗七年（1235年）以后，直至顺帝至正十四年（1354年），都是由宗王阔端和他的子嗣们镇抚的。"①阔端去世后，由第三子只必·帖木儿承袭其职，镇摄吐蕃和唐兀的。《元史》载，赵阿哥潘从皇子阔端征吐蕃边地，拜临洮府元帅之后，称"子重善，侍皇子阔端为亲卫。……制（只）必·帖木儿王承制，使摄父职，为元帅，赐金符，为临洮府达鲁花赤"。②到1334年（至正三年），中书省认为：阔端分地接连西番，脱脱木儿（只必·帖木儿之孙）卒，无人承嗣，遂以其地置永昌等处宣慰司都元帅府治之，因而阔端王系在河西的统治至此结束。

1272年（至元九年）冬十月，"封皇子忙哥剌为安西王，赐京兆为分地，驻兵六盘山"。③安西王驻兵六盘山，目的有二：一是防范西北叛王从这一路进兵；二是加强对吐蕃的镇慑力量。

忽必烈即位后，甘青地区成为其第七子奥鲁赤的辖地，其中西宁州是章吉驸马（后封宁濮郡王）的封地。1269年（至元六年），奥鲁赤被封为西平王。其子铁木儿不花承袭王位后，元成宗封为镇西武靖王。

上述三系宗王在吐蕃镇抚的具体情况因史载较缺而难以详知，从现有的史料来看，应是奉上命，互相协作的。综合上述阔端、忙哥剌、奥鲁赤三系宗王镇抚吐蕃的情况，"可以看出，阔端王系驻甘肃西部，忙哥剌一系驻甘肃东部，奥鲁赤一系驻

---

① 札奇斯钦：《蒙古与西藏历史关系之研究》，（台湾）正中书局1978年版，第183页。本节宗王出镇的内容多取自札奇斯钦《蒙古与西藏历史关系之研究》的相关论述，以下不再一一注出。

② 《元史》，卷一二三《赵阿哥潘传》。

③ 《元史》，卷七《世祖本纪四》。

四川，对吐蕃形成一个半圈形的部署。他们可能不直接管理吐蕃事务，但吐蕃处于他们势力影响之下，应该是无疑的"。①

除上列蒙古宗王外，镇抚吐蕃的还有巩昌总帅汪世显，其统领的巩昌路等处元帅府在元初也具有突出的重要地位。1235年底，蒙古军兵分两路攻南宋，西路军由皇子阔端统帅进取四川时兵临陇右。时金朝"秦巩二十余州未下"，由汪世显统辖，"合力据战"。但此时汪世显已叛金，又遭到南宋宰相郑清之的坚决拒纳，正进退维谷，蒙古军采用耶律楚材的抚柔策略进行招抚，遂"率军民万家为口十万来降"。因此蒙古军实现了迅速平定秦巩、入蜀作战的战略意图。汪世显归降后，"官以便宜都总帅，凡其前所节度二十四城还受节度"。汪世显遣长子汪忠臣、次子汪德臣分别质于窝阔台汗及皇子阔端帐下，并率兵从阔端入蜀作战，在阳平关（今陕西宁强县西北）之役，尽歼关外宋军主力，杀大将曹友闻等。1240年秋，窝阔台汗召汪世显入觐，"帝数其功，赐金虎符"。1243年春阔端承乃马真皇后制，正式拜汪世显为"便宜都总帅"，秦、巩、兰、洮二十余州，"事无巨细，惟公裁决。"汪氏因之跻身于世侯之列，辖有甘肃中东部。②据《元史·地理志》载：元初，将金巩昌府改为巩昌路便宜都总帅府，统五府、二十七州。

二、吐蕃等处宣慰使司都元帅府

元朝在藏族地区设置的军政机构，总的可以分为两大类，一类是在元朝封授藏族原先的僧俗封建领主的基础上建立起来的，

---

① 札奇斯钦：《蒙古与西藏历史关系之研究》，（台湾）正中书局1978年版，第189页。

② 杨建新主编，马曼丽、切排著：《中国西北少数民族通史·蒙、元卷》，民族出版社2009年版，第146~147页；

第七章 元代青海藏族及其地方行政机构的设置

元朝承认这些封建领主对其属民的占有和统治关系，而这些封建领主则承认元朝的统治，如乌思藏地区的十三万户、甘青川藏族地区的部落首领等；另一类是元朝直接设置在藏族地区行使军政权的地方行政机构，如宣慰使、都元帅等，吐蕃等处宣慰使司都元帅府便是设在青甘川安多藏族地区的地方行政机构，统辖于宣政院。而宣政院统辖设在藏族地区的三个宣慰使司管理藏族地区的这一体制是经过一个发展过程才完善起来的。

"从元朝治理藏族地区的体制的发展看，在窝阔台、贵由和蒙哥汗时期，蒙古在藏族地区主要是招降各地的僧俗首领，对他们委以相应的官职，依照原来的政教统属关系，建立上下隶属关系。……但是直到忽必烈即位以前，蒙古在藏族地区并没有建立起正式的行政管理机构。"①忽必烈即位后，元朝在建立行省、路、府、州、县的行政体制过程中，在一些距离行省较远的地区，在路和行省之间设置宣慰司，作为掌管当地军政事务的机构。正是在这样的行政机构调整过程中，1262年（中统三年），"立陕西四川行省，治京兆"。此时巩昌等处便宜总帅府隶属于陕西四川行省，所以巩昌汪氏家族中有多人任陕西四川行省的主要官员。也正是在这一时期，在邻近巩昌的甘青藏族地区设置了朵思麻路。据《元史·地理志》载："至元五年（1268年），割安西州属朵思麻路总管府。"第二年，又"以河州属吐蕃宣慰使司都元帅府"。依据上述记载，可以推断朵思麻宣慰司应当是在至元五年到至元六年（1268~1269年）之间设立的。八思巴受封为帝师以及吐蕃宣慰使司都元帅府的设立，标志着元朝对藏族地区的

---

① 陈庆英、丁守璞主编：《蒙藏关系史大系·政治卷》，外语教学与研究出版社2002年版，第130页。

统治体制的初步建成。在当时，元朝一方面是扶植以八思巴为首的萨迦地方政权管理乌思藏地区，另一方面又以设在河州的吐蕃宣慰使司都元帅府管整个藏族地区的军事、司法和驿站交通。因此，河州在当时是元朝管理藏族地区的最主要的根本基地。"①

随后，八思巴于1271年（至元八年）移居紧邻河州的临洮，并让其弟子在当地建立华基德钦寺等寺院，又派弟子到与河州相邻的卓尼、隆务、文都等地建立萨迦派寺院。"八思巴这次以帝师的身份在临洮居住了三年多，其原因可能是多方面的，学者们以前曾推测是八思巴在大都不适应气候，身体不好，因此到临洮藏族地区修养，或者是处理当地的一些紧急事务。现在看来，更主要的原因还是作为领总制院事的帝师需要在河州、临洮办理新设置的吐蕃宣慰使司都元帅府的事务，特别是委任朵思麻各地的藏族僧俗首领担任地方的各级官职。"②这可从八思巴当时对玉树囊谦部落头人和根蚌寺主持的委任中得到印证。③

从史载中看，元初忽必烈在位时期，元朝并非一开始就把藏族地区划分为三个地区，分别设置三个宣慰使司都元帅府来加以管理的。"其实，按照忽必烈最初的设想，除乌思藏地区扶植萨迦派地方政权管理行政外，其它藏族地区是由设在河州的'吐蕃宣慰使司都元帅府'管理，后来由于贡噶桑布之乱，元朝才在乌思藏设置乌思藏纳里速古鲁孙等三路宣慰使司都元帅府，直到忽

---

① 陈庆英、丁守璞主编：《蒙藏关系史大系·政治卷》，外语教学与研究出版社2002年版，第131页，第133~134页。

② 陈庆英、丁守璞主编：《蒙藏关系史大系·政治卷》，外语教学与研究出版社2002年版，第134页。

③ 陈庆英主编：《中国藏族部落》，中国藏学出版社2004年版，第6页。

第七章 元代青海藏族及其地方行政机构的设置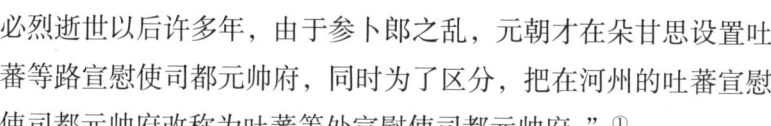

必烈逝世以后许多年,由于参卜郎之乱,元朝才在朵甘思设置吐蕃等路宣慰使司都元帅府,同时为了区分,把在河州的吐蕃宣慰使司都元帅府改称为吐蕃等处宣慰使司都元帅府。"①

吐蕃等处宣慰使司都元帅府起初叫吐蕃宣慰司,管辖整个藏族地区的驿站和驻军等。其主要管辖区,即脱思麻路军民万户府和西夏中兴河州等处军民总管府的辖区,因其主要管辖的藏族地区为脱思麻路,故俗称为脱思麻宣慰司或朵思麻宣慰司,后来元朝又将在甘肃东南、四川西北、青海等地的一些军政机构划归它管辖,所以其管辖范围比藏文史籍所说的朵思麻(安多地区)的范围大得多,其中还包括了原西夏王朝所占有的一些地区。②《元史》中它被同时列于宣政院和陕西等处行中书省下,则它可能一度受宣政院和陕西行省的双重统属。

按《元史·百官志》的记载,吐蕃等处宣慰使司都元帅府秩从二品。设宣慰使五员,经历二员,都事二员,照磨一员,捕盗官二员,儒学教授一员,镇抚二员。其下属机构有脱思麻路军民万户府和西夏中兴河州等处军民总管府。

西夏中兴河州等处军民总管府,管辖今宁夏回族自治区及甘肃省东部地区,西夏中兴府和河州路曾合在一起设立军民总管府,后来西夏中兴府分出并于甘肃行省,河州路划归吐蕃等处宣慰司,但仍保留着"西夏中兴河州等处军民总管府"的名称。这样,吐蕃

---

① 陈庆英、丁守璞主编:《蒙藏关系史大系·政治卷》,外语教学与研究出版社2002年版,第136页。

② 朵思麻(又作"脱思麻"),即藏族传统地理区划的"多麦",别名"野摩塘",不包括西宁以北及华热祁连山地区。见黎宗华、李延恺:《安多藏族史略》,青海民族出版社1992年版,第101页。

等处宣慰使司主要管辖之地仍是河州路和朵思麻路两路。①

从藏文史籍记载看，朵思麻即安多地区，包括从祁连山北麓的武威、庄浪到阿尼玛卿山以南的广大地区。但在元代，青海黄河以北地区属甘肃行省，所以朵思麻路应是包括青海黄河以南、黄河源以东的藏族地区及今甘肃甘南州的东部、四川阿坝州的北部。这一地区当时是连成一片的藏族游牧部落分布区，元朝对这一地区的藏族部落首领封授万户、千户等官职，划归朵思麻路管辖。

吐蕃等处宣慰使司都元帅府辖下军政机构在青海的主要有：1.积石州元帅府，达鲁花赤一员，元帅一员，同知一员，知事一员，脱脱禾孙一员。青海东部循化等地属之。2.吐蕃等处招讨使司，秩正三品，招讨使二员，知事一员，镇抚一员。其下属有：（1）脱思麻探马赤军四万户府，秩正三品。万户五员，千户八员，经历一员，镇抚一员。（2）脱思麻路新附军千户所，秩从五品。达鲁花赤一员，千户一员，副千户一员。（3）贵德州，达鲁花赤、知州各一员，同知、州判各一员，脱脱禾孙一员，捕盗官一员。（4）必呈（里）万户府，达鲁花赤二员，万户四员。

另外，今玉树藏族自治州元代属吐蕃等路宣慰使司都元帅府管辖，而且其治所似在今青海境，或曰在果洛州玛沁一带，或曰在玉树或甘孜北部某地。②

从上可见，元朝在青海藏族地区的上述机构的设置，情况较

---

① 陈庆英、丁守璞主编：《蒙藏关系史大系·政治卷》，外语教学与研究出版社2002年版，第137~138页。又陈庆英：《元朝在藏族地区设置的军政机构》，见《陈庆英藏学论文集》，中国藏学出版社2006年版，第270~271页。

② 陈庆英、丁守璞主编：《蒙藏关系史大系·政治卷》，外语教学与研究出版社2002年版，第148页。

第七章 元代青海藏族及其地方行政机构的设置

为复杂又前后多有变化,而且这些机构所管辖的对象亦很复杂。但与宣政院下设朵甘思和乌思藏两个宣慰使司相比较看,元朝对包括青海在内的朵思麻宣慰使司管辖地区的统治更直接,特别是当时青海黄河以北的西宁州等地已被纳入行省管理体系中了。1320年(延祐七年),元英宗由于"脱思麻部宣慰使亦怜真坐违制不发兵,杖流奴儿干之地"。①

尤其值得注意的是,元朝在继承唐宋以来在边疆民族地区实行"因俗而治"的羁縻制度时,将其创造性地转变为土官土司制度。元朝建立后,在青海藏族地区广泛推行土官制度,在设置的统治机构中,任用藏族僧俗首领为长官,代表元朝行使对当地的统治权。"土官的主要特征是世袭其职、世有其地、世领其民;在其辖区内实行旧有的统治方式不变;土官必须向封建国家承担规定的政治、经济义务,战时还要率所部土兵奉调出征。"历史表明,因俗而治的土官土司制度适应当时青海藏族的政治、经济发展水平和文化习俗,有利于元朝对藏族地区的统治。据史载,元时必里万户、宗喀万户都是"世袭万户"。

第四节 元代青海藏族社会经济与文化

元朝的大统一,对青海藏族社会经济和文化的发展带来了新的历史机遇,特别是青海藏族地区由于其特殊的地域区位和多元的文化生态,为其吸收外部文化营养以丰富和发展自身文化提供了有利条件。

---

① 《元史》,卷二七《英宗本纪一》。

青海藏族简史

一、农牧业

由于元朝对藏族地方经济曾给予大力扶持和多方面的优待，使元代青海藏族农牧业经济得到迅速发展，成为青海藏族经济发展史上的一个重要时期。当时，"处于分割动乱中的藏区归属中央王朝，在大一统的中央政权支持下，政教合一的封建农奴制度逐步确立并不断发展，使生产力得到解放，藏区各封建领主经济稳定发展。在元中央王朝的扶持下，藏区的经济随着与内地交通的开拓，丝织品和茶等的赏赐，物品的交流，以及对寺院赋税的豁免，得到不断发展，从此开始，无论是寺院集团还是世俗社会，都拥有了相当规模的封建庄园。元廷对帝师赐有庄园土地，使其成为吐蕃地方的封建主"①。如《汉藏史集》所载："薛禅皇帝之时，在对吐蕃广大地面清查人口户籍时，是从朵思麻开始清查的。在河州的热布卡地方，有属于囊索管辖的庄园，在城墙根有叫做拉哇城的，再往下有叫做典康溪的庄园，这些是按照圣旨奉献给上师八思巴的份地，不负担府库及驿站等汉地、吐蕃的任何税赋差役，不在编籍之内。据说有可以下五百蒙古克种子的土地。"②在帝师之下，吐蕃等处宣慰使司都元帅府及下属的万户、千户及寺院上层等僧俗首领如囊谦部落头人和根蚌寺主持、宗喀万户、必里万户等，也因拥有一定数量的庄园而成为大大小小的领主。因此，青海藏族农业经济开始向封建领主经济过渡。

当时镇抚青海地区的宗王率兵出镇，按元朝制度，镇戍军

---

① 杨建新主编，马曼丽、切排著：《中国西北少数民族通史·蒙、元卷》，民族出版社2009年版，第146~147页。
② 达仓宗巴·班觉桑布著，陈庆英译：《汉藏史集》，西藏人民出版社1986年版，第170页。

第七章 元代青海藏族及其地方行政机构的设置

"上马则备战斗,下马则屯聚牧养"。①镇戍军的"屯聚牧养"对当地藏族的农牧业生产必会有一定的促进作用。

从史载中看,元代青海藏族农业经济有所发展,但畜牧业在总体上仍具有主导地位。"世祖中统四年,设群牧所,隶太府监。……其牧地,东越耽罗,北踰火里秃麻,西至甘肃,南暨云南等地,凡一十四处。""马之群,或千百,或三五十,左股烙以官印,号大印子马。""牧人曰哈赤、哈剌赤;有千户、百户,父子相承任事。自夏及冬,随地之宜,行逐水草,十月各至本地。朝廷岁以九月、十月遣寺官驰驿阅视,较其多寡,有所产驹,即烙印取勘,收除见在数目,造蒙古、回回、汉字文册以闻。"②

元朝还采取了一系列保护和促进畜牧业发展的政策措施。如"大德七年(1303年)十月,中书省。户部呈:'宣徽院经历司呈:照得各处隘口抽分羊马人员,年例七、八月间,钦赍元受圣旨,各该铺马驰驿前去拘该地面抽分,限十月已里赴都送纳,各人饮食已有定例外,据常川取要饮食分(倒)〔例〕、长行马疋草料,州县搭盖棚圈,别无许准文凭。本部参详:抽分羊马人员,每岁扰动州县,苦虐人民。今后拟合令宣徽院定立法度,严切拘钤,至抽分时月,各给印押差剳,明白开写所委官吏姓名,并不得多余将引带行人员、长行马疋,定立回还限次,钦赍元领圣旨,经由通政院倒给铺马分例前去,须要同本处管民正官,眼同依例抽分羊马牛只,随即用印烙记,趁好水草牧放。如抽分了毕,各取管民官司印署保结公文,明白开写抽分到数目、村庄、

---

① 《元史》,卷九八《兵志一》。
② 《元史》,卷一〇〇《兵志三》。

—217—

物主花名、毛皮、齿岁,申覆本院。……中间若有违法不公,欺隐作弊,宜从本道廉访司严加体察。其余一切搭盖棚圈并常川马疋草料、饮食等物,不须应付,庶革扰民欺诳之弊"。同时,在牧区"将人户验事产多寡,以三等九甲为差"。①由于有政府法律和政策保护,青海藏族地区畜牧业当有较大发展。

二、交通与商业

从成吉思汗、窝阔台到忽必烈,蒙元统治者都非常重视驿站的设置。元朝在藏族地区设立驿站,改善驿道交通,不仅保证了元朝政令畅通,也大大促进了藏族地区与外界联系和商业贸易的发展。

忽必烈即位后,为加强中央对藏族地区的统治,建设由内地通往乌斯藏的驿道遂成为元朝的一项重要政治举措。早在成吉思汗时,为便于各部落之间的联络,即在境内设立驿站,蒙古语称作"站赤",并颁布过乘传的有关规定。元朝建立后,为通达边情、宣布号令,在全国范围内遍设驿站。"元有天下,薄海内外,人迹所及,皆置驿站,使驿往来,如行国中。"②据1331年(至顺二年)成书的《经世大典》的记载,全国驿站总数达1 500多处构成以大都为中心的交通网,驿道往西南通到乌思藏宣慰使司辖境。当时,由大都至奉元(西安),再由奉元经河州至西宁州,是元朝管辖藏族地区往来所经的重要交通线。③青海正处在这条交通线的主干线上。

---

① 方贵龄校注:《通制条格校注》,卷十五《厩牧·抽分羊马》;卷十七《赋役·科差》,中华书局2001年版,第439~440页,第494页。
② 《元史》,卷六三《地理志六》。
③ 中国公路交通史编审委员会编著:《中国古代道路交通史》,人民交通出版社1994年版,第377、401页。

第七章 元代青海藏族及其地方行政机构的设置

1264年（至元元年），忽必烈定都燕京后，便开始大规模设置驿站，并进行了大力改革。"一是随着政治中心的转移和全国的统一，建立了以中都为中心，通向全国的驿传网络。二是改革蒙古站赤及汉地驿站制度。至元元年（1264年），改革汉地驿站，定《站赤条例》。新建立的元代驿传，并不是原来蒙、汉驿制的混合体，而是按照新王朝的需要，进行了变革和改造。如蒙古的站户制度虽被保留，但一些落后的管理方式被淘汰了；宋代公文传递方式被沿袭下来，但繁琐的多种递铺组织形式并没有照搬过来。三是建成'两网制'，即以驿站为主的马递驿传网络和以急递铺为主的步递驿传网络，从而构成完整的元代驿传系统。四是陆续制定和颁布一套驿传管理制度，如《站赤条例》、《品从铺马条例》、《站户条例》、《使臣驰驿禁律》，等等。"①正是在这种历史大背景下，元朝也在藏族地区开始了大规模的驿站设置。

据藏文史载，忽必烈继位之初，即派"受任宣政院之职"的答失蛮前往吐蕃，令其"自萨迦以下，可视道路险易，村落贫富，选择适宜建立大小驿站之地，仿照汉地设立驿站之例，立起驿站来。使上师八思巴前往吐蕃之时，一路顺利"。"失蛮接受了上师的法旨、皇帝的札撒（诏书）等，带领许多随从，携带来往路上所需物品，以及从大小御库领出的对吐蕃各级僧俗首领赏赐所需的物品，前来吐蕃。首先，他到了吐蕃地方佛教再弘的发源地——朵思麻的丹底水晶佛殿，依次经过朵堆（即朵甘思）、卓多桑珠、藏，最后到了具吉祥萨迦寺。一路上在各地召集民

---

① 中国公路交通史编审委员会编著：《中国古代道路交通史》，人民交通出版社1994年版，第432页。

众，颁发堆积如山的赏赐品，宣读诏书和法旨。从汉藏交界之处起，直到萨迦以下，总计设置了27个驿站。若分别叙述，由朵思麻站户（支应的）7个大站，在朵甘思设立了9个大站，在乌斯藏设置了11个大站。乌斯藏的大站中，由乌斯地方（前藏）的人支应的大站有：索、夏克、孜巴、夏颇、贡、官萨、甲哇等7个，由藏地方（后藏）之人支应的大驿站有：达、春堆、达尔垅、仲达等4个。并规定了各个万户支应驿站的办法。"①其中，"由朵思麻站户（支应的）7个大站"，有学者认为即明代汉文史书中的河州"山后"的"纳邻七站"。②

有元一代，管辖吐蕃地区的最高机构宣政院设在大都，历任帝师都在大都供职，有关吐蕃地区的重要军政事务都从大都发布命令，遇有重大或特殊事件时则派官到当地处理。"吐蕃各地僧、俗上层人物经常往返于大都，或为谋求官职，或为解决相互间的纠纷，或为邀取赏赐。因此，驿站的设置，对传达和贯彻中央政令，维持元朝对吐蕃地区稳固的统治，具有很重要的意义。"③

驿站除了保证元朝政令通达藏族地区三大宣慰使司及其下属机构外，也大大便利了蒙藏汉各民族之间的经济文化交流。由于驿站畅通，藏族地区的种种方物土产源源不断地被输送到元朝宫廷及全国各地，同时内地的丝绸、茶叶、瓷器等物品也大量输入到藏族地区，使元代藏族商业贸易呈现出新的繁荣景象。当时藏族僧俗官员及汉藏商贾，经上述驿站往返于从大都至西安、河州、甘州、拉萨及沿途的各城镇，他们将元朝统治者的大量赏赐

---

① 达仓宗巴·班觉桑布著，陈庆英译：《汉藏史集》，西藏人民出版社1986年版，第168~169页。
② 崔永红等主编：《青海通史》，青海人民出版社1999年版，第300页。
③ 韩儒林：《元朝史》（下册），人民出版社2008年版，第657页。

第七章 元代青海藏族及其地方行政机构的设置

和自己采购的货物,利用国家的驿道运往藏族地区,进行贸易,从而丰富了蒙藏汉等各民族的物质文化生活。从史载看,元代藏族对元朝的贡品名目有所谓"年例出产职贡",有所谓"宣政院所辖西番课程钱物"及专门供奉皇太后的"西番出产货物"等,不一而足。①

在元代,茶仍是内地输往藏族地区的主要货物。元世祖至元初,元朝废除了设官高价专卖之法,让茶商纳课自由交易,从而使自唐宋以来的藏汉茶马贸易进一步发展。1278年(至元十五年),元军占领四川全境,四川向西藏和西北输送茶叶的交通得以恢复。元朝仿效宋朝榷茶制度,针对专门销往藏族地区的茶叶设置了"西番茶提举司",在保证藏族茶叶需求的同时,征收茶课。元代称藏族为"西番",因此从四川销往西藏、青海等藏族地区的茶叶被称为"西番茶"。在元代,西番茶不仅是销往藏族地方的上品,也是元朝皇宫中的御用珍品。元朝至治初年,皇宫中一位叫忽思慧的饮膳太医,收集当时宫中和民间的饮食之方,著成《饮膳正要》一书,并将此书进献给了文宗皇帝。其中记录了用产自四川雅州等地的西番茶制作酥油茶的事情:"西番茶,出本土,味苦涩,煎用酥油。"②这是酥油茶在史籍中最早的记载。

三、元代藏传佛教在青海的发展

八思巴任帝师后,于1271年(至元八年)移居临洮,驻锡于

---

① 杨建新主编,马曼丽、切排著:《中国西北少数民族通史·蒙、元卷》,民族出版社2009版,第186页。

② 李朝贵、李耕冬:《藏茶》,四川民族出版社2007年版,第99~100页,第101页。

"香根"（行宫），因其在此多年驻锡，故称为"八思巴行宫"。①八思巴在此驻锡其间，曾在青海藏族地区进行广泛活动，对当时青海藏传佛教的发展起到了重要的促进作用。

　　1264年（至元元年），八思巴从大都返回萨迦途中，途经今玉树称多县的噶瓦隆巴地方，曾在此举行了有僧俗万余众参加的盛大法会，在当地产生了极大影响，因此，该地就改名为"称多"（意为"万人集会"）。八思巴还在噶瓦隆巴上庄接受一家兄弟二人为徒，携往萨迦寺学经，受比丘戒，并为兄弟分别起法名噶阿尼胆巴·贡噶扎巴、噶阿尼仲巴·贡噶扎巴。其中噶阿尼胆巴便是元代声名显赫的藏传佛教高僧胆巴国师。据称多县尕藏寺当地的口碑传说，噶阿尼胆巴兄弟随八思巴到萨迦寺学经三年后，二人又遵八思巴之命返回称多，修建了一座寺院，八思巴赐名"尕藏班觉林"，此寺即今称多县之尕藏寺。其后二人又在当年八思巴讲经传法处建了一座"白玛噶波"（白莲台），以纪念八思巴。1268年（至元五年），八思巴奉旨返回大都途中再次经过称多县，为刚刚建成的尕藏寺赐给释迦牟尼十二岁身量之唐卡一幅、用金汁书写的《大藏经》一套、一尺五寸高的镀金佛塔一座、九股金刚法铃一把、法螺一个，并赐给噶阿尼胆巴掌管当地政教事务的象牙图章和白檀香木图章各一枚，至今仍保存在寺内。同时，八思巴还颁给尕藏寺一道法旨，用蒙、汉、藏三种文字书于锦缎之上，规定当地属民向该寺交纳酥油、青稞、黄金、牲畜等，任何人不得侵扰寺院。由于八思巴的支持和关照，尕藏

---

　　① 黎宗华、李延恺：《安多藏族史略》，青海民族出版社1992年版，第94页。

第七章 元代青海藏族及其地方行政机构的设置

寺在元代很快发展成为当地最大的寺院,僧众达1 900多人。

之外,1264年(至元元年)夏,八思巴还曾去称多县南部的歇武地方讲经传法,且应僧众请求,将歇武多干寺改为萨迦派寺院。八思巴回到萨迦后,又派其弟子尖却仁增秋仲到多干寺主持寺务,又从萨迦寺派一名长老"萨迦喇干"住于多干寺讲法,并协助其管理寺务,之后成为多干寺定制。尖却仁增秋仲成为多干寺第一世活佛。

1268年(至元五年),奉诏回大都途中,八思巴途经称多时,曾在今称多县称文乡称文沟讲经说法。当地僧人智文措吉多杰按照八思巴旨意,在今称多县城北侧的当囊山山坡上修建了东程寺,全名"噶称多东程散丹群科尔林"(意为"静虑法轮洲"),其后渐渐发展成称多县萨迦派第二大寺院。八思巴又应当地僧众请求,将歇武乡塞巴沟下赛巴村的本教寺院赛达寺改宗为萨迦派寺院,并赐名"特钦达尔杰林"(意为"大乘昌盛洲"),即今下赛巴寺。

1274年(至元十一年)夏,八思巴在皇太子真金护送下离开临洮返回萨迦途中,在今果洛黄河源头地方受到当地僧俗首领及群众的盛大迎接和供养。《萨迦世系史》载:"在吐蕃之黄河河曲地方,蚌拉山像神鸟站立,黄河像天河降落,犹如一双日月之施主和上师,在此聚会,边地四王的军队以及十一位诸王之随从等数十万人环绕,无数的资财像夏天之祥云装饰天空一般布满施主和上师之脚下,供养十分丰厚。"[1]经过玉树县境时,八思巴曾到下拉秀、巴塘、小苏莽等地的萨迦派寺院视察,在仁庆楞寺讲

---

[1] 阿旺贡噶索南著,陈庆英等译注:《萨迦世系史》,西藏人民出版社2002年版,第141页。

经说法,并赐给跳羌姆用的护法神面具等大量器物等,该寺因此在其大经堂安设"八思巴赤玛",以资纪念。八思巴还曾在玉树县下拉秀乡秋林多多寺讲经说法、传授灌顶,并将自己使用过的有百根支杆的大伞盖和彩绘有百条龙的瓷碗赠送给该寺,作为纪念。之外,还曾于1267年(至元四年)特意让噶阿尼胆巴兄弟给扎武部落头人带了一幅释迦牟尼像唐卡(至今仍保存于结古寺嘉纳活佛经堂内)和檀香木度母像等。扎武部落头人因此与之结下法缘,相传1398年(洪武三十一年)萨迦派大喇嘛党钦瓦·嘉纳西饶坚赞(1376~?)至结古地区讲经传法时,扎武头人因思念八思巴对祖先的恩德,遂强迫当地的两座噶玛噶举派小寺迁往别处,而原寺院基础上正式建成了信奉萨迦派的结古寺,并发展成为玉树北部地区的萨迦派主寺。

总之,八思巴在宣政院管辖的青南尤其是在玉树地区以其帝

结古寺

第七章 元代青海藏族及其地方行政机构的设置

师身份影响和威望，大力弘扬萨迦派教法，培育弟子，建立寺院，使青海藏传佛教萨迦派得到前所未有的发展。今天黄南同仁县的隆务寺、循化县的文都寺、湟中县的西纳寺也是

西纳寺

元代建立起来的萨迦派著名寺院。①

与此同时，噶当派、噶举派等藏传佛教教派高僧也纷纷到青海弘法传教，如噶当派高僧曲杰东主仁钦曾在同仁、尖扎、化隆、湟中等地活动，并建立夏琼寺。

正是由于元朝的大力支持和倡导，使藏传佛教在青海藏族地区得到广泛的传播和发展，并成为蒙藏两个民族相互联系的文化纽带，"即使在元朝灭亡以后，蒙藏民族间的交往也没有中断，而是在元朝奠定的基础上，在新的历史条件下有了新的发展。"②

---

① 参见周生文、陈庆英：《大元帝师八思巴在玉树的活动》，载《西藏研究》1990年第1期；吴均《关于藏区宗教一些问题的辨析》，载《青海民族学院学报》，1980年第4期，1981年第1期。

② 王辅仁、陈庆英编著：《蒙藏民族关系史略》，中国社会科学出版社1985年版，第79页。

第八章　明代青海藏族及藏传佛教的鼎盛

1368年（洪武元年），朱元璋建立明朝，元顺帝弃大都退据漠北。元朝虽亡，但仍保有相当的军事力量，与明朝长期处于对峙状态，明朝设立"九边"以防御蒙古。而青海因其处于"南捍诸番，北拒蒙古"的特定地理位置，在军政建置上大都成为管军管民的军民卫所，明朝在藏族地区也推行卫所制度，遂有所谓"西番诸卫"。又继承元朝"因俗而治"的传统，采取"因其俗尚，用僧徒化导"的政策，充分利用藏传佛教势力来加强对藏族地区的统治。

第一节　明朝"西番诸卫"的建立

明朝将甘青藏族称为"西番"，对其管理基本上沿袭元代的制度，又将其官职纳入地方行政系统的体制之内，因而进一步加强了中央集权统治。

一、明代青海藏族部落

明代青海藏族部落及其分布较为复杂，按明朝"西番诸卫"

第八章 明代青海藏族及藏传佛教的鼎盛

辖区看，当时青海黄河以南由河州卫管辖，黄河以北主要由西宁卫管辖。现根据《明史》、《明实录》等的记载，将上述两个卫所属的在今青海境内的藏族部落分述如下：

河州卫属68族，其中分布在青海的主要有：1.必里族。永乐九年十月，"镇守河州卫都指挥刘昭言：河州归德千户所，去卫七百余里，东距川卜千户所，西距必里卫番族，南距朵土川藏，北距黄河罕东卫界。"①2.黑章嗏族。永乐二十二年十一月，"陕西必里等卫禅师罗卓星吉等及黑章嗏族剌麻失加等贡马，赐之钞币。"②3.捏纳卜嗏族。宣德元年十一月，"命镇守西宁都督佥事史昭等捕贼。初，陕西行都司指挥佥事康寿奏，其家属居捏纳卜嗏族，被番贼劫杀。敕昭与土官都督李英追理。昭等言：'此贼乃西宁、河州必力卫所管西番两族，其党甚众，请用兵捕之。'"4.双奔族。正统元年十月，"陕西河州卫奏：属番双奔族为思朵藏及川藏二族杀伤人口，劫掠财畜。上命镇守河州指挥佥事刘震遣人赍敕抚治之"。5.阿尔官族。正统七年正月，"敕镇守陕西都督同知郑铭、右佥都御史王翱及陕西都、布、按三司：近得镇守河州都指挥刘永奏，往岁冬，阿尔官等六族番人三千余列营归德城下，声云交易，后却抄掠屯军，杀伤番民，夺其居室，夺其什器。其着亦嗏族番人又累于暖泉亭外潜为寇盗。"③6.果吉族。景泰四年正月，"镇守河州都指挥同知蒋斌奏：欲将果吉族移往黄河迤南莽剌等处旧地，恐因而激变，宜仍存留黄河迤北住牧，令河州必力卫管束。善加抚恤，密切防闲。不许擅去西宁等处抢掠头畜。如违，

---

① 《明太宗实录》，卷七九，永乐九年十月。
② 《明仁宗实录》，卷七，永乐二十二年十一月。
③ 《明英宗实录》，卷八八，正统七年正月。

该管头目一体治罪从之。"7.挫哈族。万历三十二年十二月，"先是，陕西河州境外属番挫哈、郎家二族构衅仇杀，因而率众截路抢夺公差。保堡防御夏光裕差通官王廷仪、归德守备宋希尧千总宋载功讲谕不服，声言抢掠"。①8.弘化族、灵藏族。隆庆二年三月，"先是，正月中虏三千余骑驻红城子、石棚沟等处，由庄浪飞石崖入犯西宁、河州界，掠熟番灵藏、宗剌等族"。②

西宁卫属178族，因西宁卫在青海境，则其所属178族皆是青海藏族部落，主要有川藏族、炒团族、把沙族（巴沙族）、隆奔族、申藏族、昂藏族、巴哇族、嘉儿即族（加尔即族）、申中族（申冲族、辛迥族）、革咂族（哈咂族）、西纳族（斯纳族）、果迷卜咂族（果迷十族、思果迷族）、章咂族（占咂族）、隆卜族（陇通族）、密罗族、阿吉族、革巴族、念剉族、昝匝族等。明代西宁周边藏族部落又有所谓"十三族"之称，并有"生番"与"熟番"之别，如《秦边纪略》所载：西宁"附近番子，有明，岁时纳茶马者，谓之熟番。其散出山外，易有无于熟番者，谓之生番。有十三族，皆熟番也：曰申藏、曰章咂，曰隆奔、曰巴沙、曰革咂、曰申中、曰隆卜、曰西纳、曰果迷卜咂、曰阿齐、曰嘉尔即、曰巴哇、曰即尔嘉，皆羌也。先零、罕开之遗种也。十三族谓之十三大族，其后小族甚多，如剌卜族、红帽族之类，不可甚计。"③《西宁府新志》卷十九载，明万历中西宁有二十五族。④

---

① 《明神宗实录》，卷四一六，万历三十二年十二月。
② 《明穆宗实录》，卷一八，隆庆二年三月。
③ [清] 梁份：《秦边纪略》，卷一，青海人民出版社1987年版，第51页。
④ [清] 杨应琚：《西宁府新志》，卷十九《武备·番族》，青海人民出版社1988年版，第471~481页。

第八章 明代青海藏族及藏传佛教的鼎盛

之外,果洛、玉树、环湖等地分布着清代所谓的"三果洛"、"玉树四十族"和"环湖八族"等部落,因史料缺乏,其在明代的情况难以确知。

二、明朝推行卫所制度与"西番诸卫"的设立

1369年(洪武二年)二月,徐达率明军西渡黄河,向西北进军,先后攻占西安、凤翔、临洮等。十月,扩廓帖木儿自甘肃引兵进袭兰州。为了彻底消除后患,1370年(洪武三年)正月,徐达与扩廓帖木儿决战,在兰州东沈儿峪口大败扩廓帖木儿,扩廓帖木儿仅与妻子等数人向北逃往和林。经过此次军事打击,"故元遗兵"被迫从应昌、定西一线北撤,明朝北边的局势暂时稳定下来。随后,明朝遣使至西番宣谕明太祖诏旨,又派陕西行省员外郎许允德至河州,劝谕各部首领、官员归附明朝,进京朝贺。1370年(洪武三年),明将邓愈自临洮进兵,攻克河州,世居河州故元吐蕃等处宣慰使何琐南普等请求归降。明朝以何琐南普为河州卫指挥同知,朵儿只、汪家奴为指挥佥事,下属千户所八,百户所七,汉藏军民百户所二。至此,明朝的统治遂伸入到青海东部藏族地区。随后,明朝根据甘青藏族(西番)的地域和民族特点,采取了不同的统治模式,对于靠近农业区的西番诸卫以流官为主,由土官辅佐;而对牧业区的关西七卫和朵甘都司则由土司自治。这是对元朝在西北地区农牧分治政策的继承和发展。

随着甘青地区故元官吏和少数民族首领相继归顺明朝,为了实现"北拒蒙古,南捍诸番"的战略,明朝对故元官吏和土官采取"多授原官"的措施。同时,围绕国防建设,在西北地区建立了严密的军事防御体系,推行"耕战一体"的卫所制度,通过"移民实边",加强对甘青地区的统治。"卫所制度是在总结历代边疆行政管理制度与兵制的基础上产生的,是军事制度与地方行政管理制度在地理上相结合的产物。"它是一种军管型政区。①其管理体制大致为五军都督府—都指挥使司(行都指挥使司)—卫(守御千户所)—千户所。尤其值得注意的是,明代"卫所不仅仅是军事编制单位,在绝大多数情况下它还是一种地理单位,管辖一块不属于行政系统的土地。例如在辽东都司、陕西行都司、四川行都司以及宁夏等广大地区,明代不设府、州、县,而是直接由都司卫所负责管理当地的田土和人民"。②

卫所制度和屯田相结合,"且战且耕,既巩固了国防,又解决了军粮,减轻了国家和人民的负担。卫所强固,则边疆稳定。反之屯田破坏,卫所衰败,则边疆动荡"。在"以夷制夷"思想指导下,一方面封其首领治理其部,另一方面在东西两翼筑起屏藩,以防蒙古鞑靼和瓦剌南下。③

史称:"明以武功定天下,革元旧制,自京师达于郡县,皆立卫所,外统之都司,内统于五军都督府。"④根据五军都督府编制,甘青川滇等地归右军都督府。⑤明朝在全国设置21个都指挥

---

① 郭红、于翠艳:《明代都司卫所制度与军管型政区》,载《军事历史研究》,2004年第4期。

② 梁志胜:《明代卫所武官世袭制度研究》,中国社会科学出版社2012年版,第9页。

③ 马大正主编:《中国边疆经略史》,中州古籍出版社2000年版,第221页。

④《明史》,卷八九《兵志一》。

⑤ 刘展主编:《中国古代军制史》,军事科学出版社1991年版,第409、411页。

第八章 明代青海藏族及藏传佛教的鼎盛

使司（简称"都司"），而在陕西、四川等省又增设行都指挥使司（简称"行都司"）。行都司的治所与都司不在同一地，其目的在于加强对当地少数民族聚居地区的军事控制。其中，陕西行都司下辖卫十二、守御千户所四。①其中被称为"西番诸卫"的河州卫、洮州卫、岷州卫、西宁卫等所辖的河湟地区，当时被视为"西番门户"、"华夷之枢纽"，在明朝经略整个藏族地区的大局中具有特殊重要的地位。

洪武初，明朝还建立了羁縻性的都司卫所，如朵甘都指挥使司、西番诸卫（河州卫、洮州卫、岷州卫、西宁卫、庄浪卫等）、关西七卫（安定、阿端、曲先、罕东、罕东左、沙州、赤斤蒙古）等。西番诸卫中，最早设立的是河州卫和西宁卫。1371年（洪武四年）正月，建立河州卫指挥使司，以韦正为指挥使，同时任命归降的故元吐蕃宣慰使何琐南普为指挥同知，朵儿只、汪家奴为佥事，并允其世袭。其他归顺的大小首领亦授予相应的千户、百户等世官，与朝廷派出的命官（流官）共同治理地方，由此开创了西番诸卫土流参设的模式。1373年（洪武六年），置西宁卫，以故元甘肃行省右丞朵儿只失结、西宁州同知李南哥为指挥佥事，其他大小首领也分别授予千户、百户之职，亦允其世袭。西宁卫辖境东与河州卫、庄浪卫（治今永登）接，西至柴达木盆地与罕东、安定、曲先、阿端等"塞外四卫"相邻，负责管辖青海湖周围藏族和湟水流域及"塞外四卫"诸番。之后，鉴于河州卫、西宁卫辖境过大，"种族最多"等情况，又分割二卫，增置卫所，先后升河州卫岷州千户所为岷州卫、分西宁卫置碾伯卫指挥使司、升洮州千户所为洮州卫，以指挥聂纬、陈晖等领兵

---

① 《明史》，卷九〇《兵志二》。

镇守。"岷州、洮州、碾伯等卫设置后,卫所密度加大,驻兵增多,改变了过分依赖土官统治的局面,明廷对西番诸族的统治渐趋稳定。"①

而这些羁縻性的都司卫所头领,多是洪武、永乐年间归附明朝的故元蒙古、西番等族首领,明朝封他们为都督、都指挥、指挥、千户、百户、镇抚等官衔,赐给敕书印信,令他们世代统领其属部,与处于中央政权直接控制下的都司卫所有着不同的性质。②此外,有的地区卫所制度中还设立一种特种编制——守御千户所,不隶于卫而直属都指挥使司或行都指挥使司。这些军事卫所、羁縻卫所辅以屯田,由临边诸都司、行都司管辖。与内地卫所不同的是,这些边疆卫所有管军、领土、治民的权力,即具有军政合一的性质。③

据《明史》载,实行土司制度,"其道在于羁縻","其要在于抚绥得人,恩威兼济,则得其死力而不足为患。"④根据学者研究统计,明朝陕西行省设有146个土司,其中,土指挥使8个,土指挥同知10个,土指挥佥事12个,土千户28个,土百户86个。而且,这些土司皆为武职,"主要是安置于少数民族地区的襟要之地或国家屏障地方的卫所里的土司"。"在陕西西陲通衢河湟地区,设置有临洮、河州、岷州、庄浪四卫,在临洮卫里安置有土指挥同知一,河州卫里安置有土指挥使一、土指挥同知一、土

---

① 谷苞主编,郭厚安、李清凌分册主编:《西北通史》(第3卷),兰州大学出版社2005年版,第334页。
② 刘展主编:《中国古代军制史》,军事科学出版社1991年版,第414页。
③ 高士荣:《西北土司制度研究》,民族出版社1999年版,第84页。
④《明史》,卷三一〇《土司传》。

第八章　明代青海藏族及藏传佛教的鼎盛

指挥佥事一、土千户二，①岷州卫里安置有土指挥使二、土指挥同知二、土副千户一、土百户三，洮州卫里安置有土指挥佥事二、土百户一，庄浪卫里安置有土指挥使三、土指挥同知二、土指挥佥事二、土千户二、土副千户一、土百户三。"②《明史》载："天下既定，度要害地，系一郡者设所，连郡者设卫。"③《续通志》载，明土官武职，又有"番部都指挥使司、卫指挥使司、万户府、千户所，皆因其俗，以附寨番人官其地，羁縻之而已"。④可见，明朝在民族地区设立的卫所中以"附寨番人"为官，对其属地实行羁縻统治。当时地处陕西西陲的甘青河湟地区有"西番门户"之称，明朝在此设立临洮卫，任命当地蒙古人赵安为土指挥同知；设立河州卫，任命当地藏族头领韩哈麻为世袭指挥使；设立岷州卫，任命当地藏族头领后安为指挥同知。⑤之外，明朝在藏族地区还封授一批僧职土司，如岷州卫的宏济光教国师后录竹坚措、都纲领占伦布，洮州卫的垂巴寺僧纲阿旺老布藏、着洛寺僧纲杨永录、园成寺僧正侯显等。从史籍记载来看，西番诸卫安插的故元土官数量相当大，如《循化志》记载中所谓"二十四关土司"。⑥

这些卫所土司从指挥使至百户长皆有品级，为叙述明了，现根据《明史·职官志》列表如下：

---

① 高士荣：《西北土司制度研究》引王继光《明代河州卫》作：指挥同知一、指挥佥事四、正副千户十一。
② 龚荫：《中国土司制度》，云南民族出版社1992年版，第58~60页。
③ 《明史》，卷六六《兵志二·卫所》。
④ 《续通志》，卷一三六《职官略七·明官制下》。
⑤ 龚荫：《中国土司制度》，云南民族出版社1992年版，第65页。
⑥ 高士荣：《西北土司制度研究》，民族出版社1999年版，第85页。

		指挥使	正三品
卫		指挥同知	从三品
		指挥佥事	正四品
所	千户所	正千户	正五品
		副千户	从五品
		镇　抚	从六品
	百户所	百　户	正六品

明朝土司的隶属关系前后有所变化，据《明会典》载："土官承袭，原俱属验封司掌行。洪武末年，以宣慰、宣抚、安抚、长官等官，皆领土兵，改隶兵部；其余守土者，仍隶验封司。"①

除了任职于卫所的土司外，明朝对河湟地区藏族首领还采取"因其习俗，分其族属，官其渠魁"的政策。②"其诸豪有力者，或指挥、千户、百户，各授有差。"③这些按其地位高低，被授予卫所系列的指挥、千户、百户等职衔，代表明朝统治其属民。但他们在当时一般被称为"某某族土官"，而不称为某某卫土官，其主要区别在于：任职于卫所的土官具有军官身份，而各部落中的土官则不具有军官身份。④

由上可见，"西番诸卫"的建立过程即是明朝逐步在青海藏族地区建立政治、军事统治的过程。同时，明王朝通过实行卫所

---

① 《明会典》，卷六《吏部五·土官承袭》。

② 《明宪宗实录》，卷二九，成化二年夏四月戊辰。

③ 《明经世文编·郑经略奏疏·收复番族疏》，转引自高士荣：《西北土司制度研究》，民族出版社1999年版，第115页。

④ 高士荣：《西北土司制度研究》，民族出版社1999年版，第115页。

第八章　明代青海藏族及藏传佛教的鼎盛

制度，把中原汉文化带到青海"西番"社会，卫所及其属下的一个个屯寨，犹如一个个汉文化传播的据点，嵌入到番地，由此形成番汉杂居的民族分布格局。

第二节　明朝"多封众建"政策与僧官制度的推行

明朝在藏族地区创立卫所制度之同时，又根据藏族笃信藏传佛教的特点和教派众多的实际情况，采取"多封众建，尚用僧徒"的怀柔政策，封授了一批从法王到禅师的僧官，由朝廷颁给印信诰敕，确定其等级、地位，使其"率修善道，阴助王化"，"尊朝廷之法，抚安一方"。①这一政策使其固有的政教合一制度，进一步纳入明朝中央集权统治之下。

一、明初藏族地区僧司机构的创设及在藏族地区的推行

明初，朱元璋针对当时佛教僧团内部弊端丛生，僧徒素质低劣的现象，诏令整饬佛教，强化僧官制度。1382年（洪武十五年）四月，明朝在中央设置僧录司以总天下佛教，"设官不给俸，隶礼部"。②"府僧纲司，都纲一人，从九品；副都纲一人。州僧正司，僧正一人。县僧会司，僧会一人。"③各州县"僧正司、道正司、僧会司、道会司，俱未入流，铜条记，阔一寸三分，长二寸五分，厚二分一厘"。④明朝僧官制度的建立和严密化，是朱元璋加强中央集权诸多政策中的一项重要措施，也是明初中央集权政

---

① 《明太祖实录》，卷七九，洪武六年二月癸酉。
② 《明史》，卷七四《职官志三》。
③ 《明史》，卷七五《职官志四》。
④ 《明史》，卷七二《职官志一》。

-235-

治发展的必然产物。与此同时，明朝将僧官制度和僧司机构从内地州府推行到青海、西藏等边疆地区，从汉传佛教推行到藏传佛教中，自成一个独立的体系，以此作为中央管辖藏传佛教的重要渠道，加强藏族地区与内地的联系。①

明朝将原属于汉传佛教中的僧纲司体制移植到藏传佛教地区，而首先接受这种移植的是当时的河州、西宁二卫。1389年（洪武二十二年）八月，祠部和僧录司按照明太祖谕旨，从陕西布政司选拔十名汉番僧人，考试后携带礼部颁给的札符和僧录司文牒，前往河湟地区筹建僧司机构。②1393年（洪武二十六年）三月，"立西宁僧纲司，以僧三剌为都纲。河州卫汉僧纲司，以故元国师魏失剌监藏为都纲；河州卫番僧纲司，以僧（端）月监藏为都纲。盖西番崇尚浮图，故立之，俾主其教，以绥来远人。复赐以符曰：'自古帝王致治，无间远迩，设官以理庶务。稽诸典礼，复有僧官以掌其教者，非徒为僧荣也，欲其率修善道，阴助王化。非真诚、寡欲、澹泊、自守者，奚足以任斯职？今设僧纲司，授尔等以官，给尔符契。其体朕之心，广佛功德，化人为善，钦哉。'"③据《明史》载："初，西宁番僧三剌为书招降罕东诸部，又建佛刹于碾白南川，以居其众，至是来朝贡马，请敕护持，赐寺额。帝从所请，赐额曰瞿昙寺。立西宁僧纲司，以三剌为都纲。又立河州番、汉二僧纲司，并以番僧为之，纪以符

---

① 谢重光、白文固：《中国僧官制度史》，青海人民出版社1990年版，第266页。

② 《释氏稽古续集》，卷二。参见谢重光、白文固：《中国僧官制度史》，青海人民出版社1990年版，第266~267页。

③ 《明太祖实录》，卷二二六，洪武二十六年三月。

第八章 明代青海藏族及藏传佛教的鼎盛

契。自是其徒争建寺，帝辄赐以嘉名，且赐敕护持。番僧来者日众。永乐时，诸卫僧戒行精勤者，多授剌麻、禅师、灌顶国师之号，有加至大国师、西天佛子者，悉给以印诰，许之世袭，且令岁一朝贡，由是诸僧及诸卫土官辐辏京师。其它族种，如西宁十三族、岷州十八族、洮州十八族之属，大者数千人，少者数百，亦许岁一奉贡，优以宴赉。西番之势益分，其力益弱，西陲之患亦益寡。"①显然，明朝在西宁等地建立僧司乃是"欲其率修善道，阴助王化"，并且使"西番之势益分，其力益弱"，最终实现"分而治之"的政治目的。

随着明朝在西番诸卫设立僧纲司，一大批番僧相继授予剌麻（喇嘛）、禅师、灌顶国师、大国师、西天佛子等名号，并"悉给以印诰，许之世袭"，成为明朝统治"西番诸族"的僧职土司。据清代理藩院追溯统计，明代在庄浪、河州、岷州、洮州、西宁诸卫境内，先后设有番僧僧纲司19所，僧正司3所。他们为了提高其宗教地位和扩大势力，遂争相建寺，辐辏京师，争取明朝统治者的政治、经济支持。由于明朝对这些藏传佛教僧官在政治、经济等方面的大力支持，使其成为明朝统治边疆的地方代表，政治地位和社会影响空前提高，有的番僧地位显赫，权倾一时，如当时任僧录司左觉义的西宁番僧张答里麻。瞿昙寺、宁番寺、夏琼寺、隆务寺、西纳寺等一批番寺及其政教合一统治正是在这种背景下相继建立和发展起来的。这些寺院的大国师、国师、禅师、都纲、喇嘛等僧职实际上就是部落头人，他们以国师、禅师等名号直接行使治民之权，甚至奉调领兵出征。由此形成"国师、禅师管理族民如土司之例"的历史现象。而且，随着藏传佛教势力的发展，

---

① 《明史》，卷三二六《西域传二·西番诸卫》。

-237-

许多寺院和活佛往往凌驾于世俗土司之上,正如果洛地区藏族谚语所说的那样:"山顶之上是日月,土官之上是活佛。"①

明初洪武时期建立的卫所制度、僧官制度及与之相配套的茶马制度等治藏政策,总体上是积极的、可行的。在较短时期内便使藏族地区的故元僧俗首领大都归顺明朝,并接受明朝封授的印信、敕令和官爵,使明朝较顺利地完成了在整个藏族地区的建政,从而很快确立并加强了对藏族地区的统治。但是,由于这一时期所采取的"来者皆授官"的政策,使藏族地区僧俗首领的封授具有一定的权宜性和盲目性,因而难免存在一些缺憾。"从数量上看,在明朝对西藏僧俗首领分封的俗官与僧号两大系统中,基本上是以俗官为主而以僧官为辅。这反映出明初的统治者基本上沿用汉地的施政模式来管理藏族地区,强调的是藏族地区对中央的政治隶属关系,未给予藏地宗教界起码是与俗界同等的重视。显然这不符合藏地实际,也不利于明朝对藏族地区的施政。此外,从官职品级上讲,洪武年间,明朝封授藏地佛界首领的封号等级普遍较低,最高仅为'大国师'和'灌顶国师'。正因为如此,永乐时期对治藏政策进行了大幅度的调整、完善。"②

二、明朝藏族地区僧官制度的调整与完善

从永乐开始,随着明成祖对"多封众建"政策进一步调整,明朝在藏族地区推行的僧官制度也得以完善。史载:"初,太祖

---

① 《明宣宗实录》,卷七,洪熙元年。参见崔永红等主编:《青海通史》,青海人民出版社1999年版,第267页;吴均:《论安多藏区的政教合一制统治》,见《吴均藏学文集》(上),中国藏学出版社2007年版,第307页。

② 赵改萍:《元明时期藏传佛教在内地的发展及影响》,中国社会科学出版社2009年版,第184页。

第八章　明代青海藏族及藏传佛教的鼎盛

招徕番僧，本借以化愚俗，弭边患，授国师、大国师者不过四五人。至成祖兼崇其教，自阐化等五王及二法王外，授西天佛子者二，灌顶大国师者九，灌顶国师者十有八，其它禅师、僧官不可悉数。"①明成祖时，"僧官分教王、西天佛子、大国师、国师、禅师、都纲、喇嘛等，每一级都按受封者的身份、地位进行分封。这就表明明朝治藏政策由招谕政策转向建立僧王为首的僧官制度，突破了元朝在藏区只封帝师和本钦，不封教王的缺陷，开创了中央王朝在藏区施政的新格局"。②

明成祖即位后，便多次派遣内地僧人、中官持节入藏，迎请藏传佛教各派高僧入京受封，其时"多封众建"政策中最为核心的内容就是封授西番"八大教王"，即"三大法王"和"五教王"。其中"三大法王"分别为噶玛噶举派、萨迦派和格鲁派的领袖；"五教王"则是五个区域性政教合一首领。从封授时间上看，"三大法王"与"五教王"的封授基本上是同步施行的。由此可见，明朝中央政府经过朱元璋开国30多年来对藏族地区的政教情况和文化特点都有了更深入的了解，到明成祖时，治藏政策的构思设计更为周到，进一步调整、完善了"多封众建"政策，将法王、教王等不同品级的尊号分别授予几大教派的首领或代表人物。从而，明朝构建起两套管理系统对藏族地区进行管理，"行都司（卫所）的设置旨在行政管理上与明朝整个边疆行政管理体制相统一，教王、法王的封授则是从西藏地方特殊的政治格

---

① 《明史》，卷三三一《西域传三》。

② 赵改萍：《元明时期藏传佛教在内地的发展及影响》，中国社会科学出版社2009年版，第184页。

局出发，尚用僧徒，因俗而治。"①而且明朝改变元朝只推崇萨迦一派的做法，对藏传佛教各个教派的领袖人物都赐加封号，"法王、西天佛子、诸王、大国师、国师等，奉明廷的敕命，行使地方职权，管理所属世官，'忠修职贡'，'管理人民'。也就是说，让他们执行政教合一的职能。"从而推动明朝中央与藏族地区政治关系的更全面的发展。②

1406年（永乐四年）三月，明朝"遣使赍诏封乌思藏帕木竹巴吉剌思巴监藏巴里藏卜（即札巴坚赞）为灌顶国师阐化王，赐螭纽玉印、诰命"。③札巴坚赞被封为"灌顶国师阐化王"，是明朝在藏族地区册封政教首领为王的开端，"表明明成祖此时已洞察到西藏地方'政教合一'的特殊性，所以在灌顶国师宗教名号之外，又加封为'王'，将宗教名号与世俗爵位合二为一，全面确认帕竹首领'政教合一'的领袖地位"。④同月，又"遣使命灵藏着思巴儿监藏为灵藏灌顶国师"。翌年又加封灵藏灌顶国师为赞善王，赐金印、诰命，册封形式与阐化王相同。同时，又设立庄浪卫僧纲司。⑤至此，明朝在今甘青河湟藏族地区先后设立了西宁卫僧纲司，河州卫番僧纲司、汉僧纲司和庄浪卫僧纲司四个僧纲司，使明朝对这一地区藏传佛教的管理得到进一步加强。

明朝在册封阐化王、赞善王等"五教王"的同时，又先后册

---

① 顾祖成编著：《明清治藏史要》，西藏人民出版社1999年版，第40页。参见陈楠：《明代大慈法王研究》，中央民族大学出版社2005年版，第97~98页。
② 吴均：《从＜西番馆来文＞看明朝对藏区的管理》，见《吴均藏学文集》（上），中国藏学出版社2007年版，第61页。
③ 《明太宗实录》，卷四一，永乐四年三月。
④ 顾祖成编著：《明清治藏史要》，西藏人民出版社1999年版，第41页。
⑤ 《明太宗实录》，卷四一，永乐四年三月，永乐五年三月。

第八章 明代青海藏族及藏传佛教的鼎盛

封了"三大法王"。在三大法王中，大宝法王封授最早，礼遇最隆，地位最高，其所属的噶玛噶举派虽然没有形成萨迦、帕竹噶举等教派那样的政教合一统治区域，但该派以其特有的活佛转世方式，建立起一个庞大的寺院集团势力，其领袖人物以周游各地、传法收徒、调停争端、结交地方势力等各种方式来不断扩大自己教派的影响和实力，从而成为明廷治理藏族地区不容忽视的一大政教力量。因而，明成祖于1407年（永乐五年）三月，首先"封尚师哈里麻为万行具足十方最胜圆觉妙智慧善普应佑国演教如来大宝法王西天大善自在佛，领天下释教。赐印诰及金、银、钞、彩币、织金珠袈裟、金银器、鞍马。命其徒孛隆逋瓦桑儿加领真为灌顶圆修净慧大国师，高日瓦禅伯为灌顶通悟弘济大国师，果栾罗葛罗监藏巴里藏卜为灌顶弘智净戒大国师，赐印诰、银钞、彩币"。① 1413年（永乐十一年）五月，封萨迦派昆泽思巴（贡噶扎西）为"万行圆融妙法最胜真如慧智弘慈广济护国宣教正觉大乘法王西天上善金刚普应大光明佛，领天下释教。赐诰、印并袈裟、幡幢、鞍马、伞盖、法器等物"。②明朝在召请册封噶玛噶举、萨迦派领袖的同时，也多次遣使至前藏迎请新兴的格鲁派创始人宗喀巴大师进京。宗喀巴大师由于忙于筹备拉萨传召大法会等事务，无法分身，因而派其上首弟子释迦也失赴京，受到明廷优礼。1415年（永乐十三年）四月，封释迦也失为"妙觉圆通慧慈普应辅国显教灌顶弘善西天佛子大国师，赐之诰命"。③

---

① 《明史》，卷三三一《西域传三》。大宝法王，即藏史中噶玛噶举派黑帽系第五世活佛德银协巴。
② 《明太宗实录》，卷一四〇，永乐十一年五月。
③ 《明太宗实录》，卷一六三，永乐十三年四月。

1426年（宣德元年），明宣宗继位即派遣礼部尚书胡濙等进藏召请释迦也失入京。释迦也失虽已年逾古稀，仍不畏道路艰险，毅然进京觐见皇帝，在京讲经传法，还曾到青海、甘肃等地建寺弘法。1434年（宣德九年）六月，明宣宗遣成国公朱勇、礼部尚书胡濙持节封释迦也失为"万行妙明真如上胜清净般若弘照普应辅国显教至善大慈法王西天正觉如来自在大圆通佛"。①大慈法王成为明朝与格鲁派联系的关键人物。他以明朝所赐财物，扩建甘丹寺，并修建色拉寺。他在青海建立的弘化、灵藏两寺，是格鲁派在安多地区最早建立的地区性政教合一统治之一，其所属弘化、灵藏两族为明朝河州卫"中马番族"。

明朝在藏族地区推行的僧官制度，始于明初，完善于明中期。僧官等级在洪武年间最高封为国师；永乐年间，国师以上又增封大国师、西天佛子、法王。正统初年定为：法王、西天佛子、大国师、国师、禅师、都纲、喇嘛。成化年间都纲下又增设觉义、讲经、喇嘛。各级僧职可逐级晋升，亦可越级升迁，之外因特殊缘故僧职也有被罢黜、降级之事。僧官的升迁、罢黜均由朝廷掌管。各级僧职，一经封授，便可传承袭替，但必须经过朝廷的审查与监督。承袭时，由袭职者自己或遣人到朝廷缴回上一世所领勘合印信作为"左验"，然后再由朝廷颁给新的授职诰敕。所颁诰敕，明朝礼部立文簿逐一登记，以备查对，作为明朝管理世官的凭证。可见，"僧官制度绝非仅是一种宗教管理方面的制度，就其本质而言，是一种'尚用僧徒'的官僧制度。明朝中央在封授僧官时就曾明令他们'协助头目，抚治人民'。僧官制度的推行旨在维护世俗的统治，以加强中央政权对西藏地方的统

---

① 《明宣宗实录》，卷一一〇，宣德九年六月。

第八章 明代青海藏族及藏传佛教的鼎盛

辖,实为行政管理制度的有力补充。"①

第三节 明代青海藏族经济社会发展

随着都司卫所制度和僧官制度的推行及茶马贸易的兴盛,明代青海藏族经济社会得到较快发展。特别是明朝政府十分重视与"纳马番族"的茶马贸易制度的建设,使明代茶马贸易盛极一时,且从未中断,客观上极大地促进了藏汉民族之间经济、文化上的交流。

一、明朝官营茶马贸易体制与金牌信符制的推行

自唐宋以来,茶叶渐渐成为藏族人民日常生活中不可或缺的饮食必需品,随之,茶马互市日益成为中央王朝与藏族地方经济交流的最重要的渠道和维系政治关系的牢固纽带。"番人嗜奶酪,不得茶,则困以病。故唐宋以来,行以茶易马法,用制羌戎,而明制尤密。"②

明朝建立之初,即对茶政、马政予以高度重视。明初,马匹成为防御蒙古的重要军事物资。朱元璋即令"以蜀茶易番马资军中用"。③除军事需要外,明朝统治者还认识到茶马贸易"实以系番夷归向之心",因而建立了一套严密的官营茶马贸易体制。"明代高度垄断的官营茶马贸易体制形成于洪武、永乐时期,一

---

① 顾祖成编著:《明清治藏史要》,西藏人民出版社1999年版,第57页。参阅吴均:《从<西番馆来文>看明朝对藏区的管理》一文,见《吴均藏学文集》(上),中国藏学出版社2007年版,第58~85页。

② 《明史》,卷八〇《食货志四》。

③ 《明史》,卷一八八《杨一清传》。

直延续到明中叶。此后虽经改革,使垄断程度有所降低,而茶马贸易的封建官营,终明一代一直都存在。明廷在'以茶驭番'方针指导下,从茶叶的产销管理到马匹的交易管理都形成了一套较为严密的管理体制。"金牌信符制则是明代官营茶马贸易达到高度垄断的重要标志。①

明朝沿用唐宋榷茶之法,对茶进行专卖,在内地推行茶引法,而在青、甘、川等"西番诸卫"地区则实行榷茶制度,将其作为用以实现对藏族统治的经济杠杆。政府为了垄断茶马贸易,对茶禁政策执行极严,对茶叶走私者处置极重。明太祖朱元璋颁令:"私茶出境者,斩。关隘不觉者处以极刑。"②之外,"小园茶主将茶卖与无引由客兴贩者,初犯笞三十,仍追原价没官,再犯笞五十;三犯杖八十,倍追原价没官"。③同时,对茶商通番私贩行为也予以严厉禁止,"无由引及茶引相离者,人得告捕。置茶局批验所,称较茶引不相当,即为私茶。凡贩私茶者,与私盐同罪"。④"伪造茶引者,处死,籍没田房家产,告捉人赏银二十两。"⑤由于明初对走私惩罚极严,政府的茶叶专卖制度得以健康运行,茶马贸易因此取得了较好的效果,政府每年"用茶五十万斤,获马万三千八百匹"。⑥

明朝茶法有三:"曰商茶、曰官茶、曰贡茶。商茶输课给引

---

① 王晓燕:《官营茶马贸易研究》,民族出版社2004年版,第162页。
② 《明经世文编》,卷一〇六,梁材:《议茶马事宜疏》。
③ 《明会典》,卷一五三《马政》。
④ 《明史》,卷八〇《食货志四》。
⑤ 《续文献通考》,卷二六《征榷》。
⑥ 《明史》,卷八〇《食货志四》。

第八章 明代青海藏族及藏传佛教的鼎盛

略如盐制,官茶贮边易马若征课钞,贡茶则上供同也。"①其中,官茶是国家从各产茶区征收来的茶叶,运到边疆贮存,专门用于"以茶易马"。"由于明初茶叶在与边疆民族的贸易中占有重要地位,政府亲自参与边疆的茶马贸易,因而产生了不同于唐宋时期的茶法,出现了官茶、商茶之说。商茶并非是私茶,商茶与官茶一样都是为了贮边贸马、巩固边防。实行商茶,是为了利用商人这一民间力量来加强政府对茶叶流通的垄断经营。明代茶法的中心环节是茶马贸易,加强对西北茶马贸易的控制是明茶法政策的根本所在,所以明代茶法的制定、实行均围绕这一目的而展开。"②为了确保榷茶制度和茶马贸易顺利进行,明朝政府建立了一套完备的管理机构,包括巡茶御史、茶课司、茶马司、茶局、茶转运司等,分别负责管理茶叶的征收、加工、储运和茶马交易等,其中茶马司主要设在当时的甘青藏族地区,是主持茶马贸易最主要的管理机构。

从《明史》、《明会典》等史籍记载来看,自1371年(洪武四年)始,明朝在甘青"西番诸卫"先后设置的茶马司有秦州茶马司、河州茶马司、西宁茶马司、洮州茶马司、岷州茶马司、甘州茶马司、庄浪茶马司等。

茶马司初设时,设司令、司丞各一人,令为正六品,丞为正七品。1382年(洪武十五年),改设大使、副大使各一人,大使为正九品,副大使为从九品,掌市马之事。成化以后,设监收(牧)厅一员,大使官一员。茶马司在中央由兵部统领,在地方

---

① 《明史》,卷八〇《食货志四》。
② 林文勋、黄纯艳等:《中国古代专卖制度与商品经济》,云南大学出版社2003年版,第313页。

由各司所在的卫、府、行都司管辖。

茶马司用于易马的茶叶则由"军夫管运"。①"运茶军夫,四川、陕西都、布二司各委堂上官管运,四川军民运赴陕西接界去处,交与陕西军夫,转运各茶马司收。"②这种运输方式一直沿用至金牌信符制被废止的正统末年。洪武年间在陕西境内设有骆驼巷梢子堡、高桥火钻峪、伏羌、宁远四个茶运所。茶运所下设十一站,"自汉中府至徽州过连云栈,俱系递运所转行。徽州至巩昌府,中间经过骆驼巷、高桥、伏羌、宁远,各地方偏僻,原无衙门,添设四茶运所官吏管领,通计一十一站,每处设茶夫一百名"。"巩昌府至三茶马司,复由递运所三路分运,计三十站,每处设茶夫三十名。"③

"当是时,帝绸缪边防,用茶易马,固番人心,且以强中国。尝谓户部尚书郁新:'用陕西汉中茶三百万斤,可得马三万匹,四川松、茂茶如之。贩鬻之禁,不可不严。'以故遣佥都御史邓文铿等察川、陕私茶;驸马都尉欧阳伦以私茶坐死。又制金牌信符,命曹国公李景隆赍入番,与诸番要约,篆文上曰'皇帝圣旨',左曰'合当差发',右曰'不信者斩'。凡四十一面:洮州火把藏思囊日等族牌四面,纳马三千五十匹;河州必里卫西番二十九族牌二十一面,纳马七千七百五匹;西宁曲先、阿端、罕东、安定四卫、巴哇、申中、申藏等族牌十六面,纳马三千五十

---

① 刘淼:《明代茶课解运制及其实态》,载《中国经济史研究》,1997年第2期。参见王晓燕:《官营茶马贸易研究》,民族出版社2004年版,第168~169页;林文勋、黄纯艳等:《中国古代专卖制度与商品经济》,云南大学出版社2003年版,第314~315页。
② 《明经世文编》,卷一一五,杨一清:《为修复茶马旧制第二疏》。
③ 《明经世文编》,卷一〇六,梁材:《议茶马事宜疏》。

第八章 明代青海藏族及藏传佛教的鼎盛

匹。下号金牌降诸番,上号藏内府以为契,三岁一遣官合符。其通道有二,一出河州,一出碉门,运茶五十余万斤,获马万三千八百匹。太祖之驭番如此。"①

实际上,明初在藏族地区的茶马贸易形式有一个从"市马"到"中马",再到推行金牌信符制的发展过程。"'金牌信符制'是明王朝对茶马贸易达到完全垄断的重要举措。"金牌信符制的推行始于1393年(洪武二十六年),②是年二月,朱元璋派曹国公李景隆到"西凉、永昌、甘肃山丹、西宁、临洮、河州、洮州、岷州、巩昌缘边诸番,颁给金铜信符。谕各族部落曰:'往者朝廷或有所需于尔,必以茶货酬之,未尝暴有征也。近闻边将无状,多假朝命扰害尔等,使不获宁居。今特制金铜信符,族颁一符。遇有使者征发,比对相合,始许承命。否者,械至京师,罪之'"。③可见,推行金牌信符制的主旨是为了整顿当时"边将无状,多假朝命扰害"诸番的时弊。如上所述,"下号金牌降诸番,上号藏内府以为契,三岁一遣官合符","比对相合,始许承命"。这种"比对"、"合符"的管理方式颇类于兵符的管理,其管理运行可谓严密,而这一切都出于明朝"以茶驭番"的政治需要。正如朱元璋所言:"朕岂为利哉?制驭夷狄不得不然也。"④为此,朱元璋甚至对朵甘、乌斯藏贡使贩运私茶也予以宽容。

---

① 《明史》,卷八〇《食货志四》。
② 关于金牌信符制推行的时间,学界有多种说法,此处采用王晓燕《官营茶马贸易研究》一书的观点。参见王晓燕:《官营茶马贸易研究》,民族出版社2004年版,第180~185页。
③ 《明太祖实录》,卷二二五,洪武二十六年二月。
④ [明]徐学聚:《国朝典汇》,卷九五《户部·茶法》。

1397年（洪武三十年）八月，"兰州奏：'朵甘、乌思藏使臣以私茶出境，守关者执之，请置于法。'上曰：'禁令以防关吏及贩鬻者，其远人将以自用，一时冒禁，勿论'"。①这似乎与朱元璋因私茶斩驸马都尉欧阳伦之例大相径庭，而这恰恰是朱元璋为"以茶驭番"做出的一种政治姿态。严密的金牌信符制又辅以这种"冒禁勿论"的政治感召，使西番诸族"纳马"成为"尊朝廷体统"之大事，即所谓"金牌之制，名曰差发，所以尊朝廷体统"。诸番因之各分部落，"随所指拨地方，安置住扎，授之官秩，联络相承，以马为科差，以茶为酬价，使知虽远外小夷，皆王官王民，志向中国，不敢背叛。……用中国之茶，真是以系番人之心，而制其命"。②

由此可见，金牌信符制下，藏族纳马具有强烈的政府征购色彩，将其名为"差发"，"如田之有赋，身之有庸，必不可少"。这表明明朝从主观上把"差发中马"纳入国家常赋的轨道。"差发"既是一种汉藏茶马贸易活动，又带有纳马藏族向明朝中央政府缴纳赋税的双重性质。③

二、官营茶马制度的调整与汉藏茶马互市的发展

明朝中后期，推行于西番诸卫的金牌信符制度受到严重破坏，特别是随着蒙古入据青海，纳马番族多为蒙古控制。

1449年（正统十四年）七月，蒙古瓦剌部首领也先犯大同，

---

① 《明太祖实录》，卷二五四，洪武三十年八月。
② 《明经世文编》，卷一一五，杨一清：《为修复茶马旧制以抚驭番夷事疏》。
③ 参见周新会：《青海藏族牧业区封建领主经济研究》，陕西人民教育出版社1993年版，第47页。邓前程：《明代藏地施政的特殊性：古代中央王朝治理藏区的一种范式研究》，知网：四川大学博士学位论文，第120页。

第八章 明代青海藏族及藏传佛教的鼎盛

分兵扰辽东、宣府、甘肃，明英宗亲征，结果在土木堡被瓦剌军所破，英宗被俘，史称"土木堡之变"。当时因各路勤王军赴陕甘，陕西军民转输军饷，无暇运茶。同时，有些纳马番族"为北狄所侵掠，徙居内地，金牌散失。"①迫于这种形势，明朝政府不得不"诏停西番金牌"。自此后直到成化初年，明朝对甘青等地西番诸族的茶马互市"听其以马入贡而已"。

1466年（成化二年）八月，"兵部以调发缺马"上奏明宪宗恢复在甘青藏族地区的茶马互市旧制，称："陕西各边屡奏缺马，访得西宁至甘州番簇多产马之地，彼所缺者茶与青稞。若与互市，则善马一匹，不过用茶百斤，青稞十五石。以银计之，所费五六两。价值既轻，较之京师关领又免路途瘦损。今宜查取陕西官茶，就彼互市。"②1470年（成化六年），巡抚甘肃右佥都御史徐廷章针对"茶马司现茶不满千斤"的境况，"乞敕所司通查出茶州县山场，定其则例，听民采取，俱运赴西宁官库收贮，换易番马。……其民间所采茶除税官外，余皆许给文凭，于陕西腹里货卖；有私越黄河及河、洮、岷边境通番易马者，究问如律"。③除禁止"通番易马"外，允许私人在陕西腹里贩卖茶叶，明朝茶叶官营体制由此开始松动。1482年（成化十八年），因陕西救荒，巡抚陕西右副都御史阮勤奏称："陕西官民所趋利者，莫过于茶。乞暂宽其禁，于巩昌、西安二府各许中茶四十万斤，临洮、平凉、凤翔三府各许中茶二十万斤。其临、巩二府至西宁卖者，每斤纳杂粮八升，至河州卖者，每斤六升。西安、平凉、凤翔三府赴西宁

---

① 《明史》，卷八〇《食货志四》。
② 《明宪宗实录》，卷三三，成化二年八月。
③ 《明宪宗实录》，卷八七，成化六年四月。

卖者，每斤杂粮一斗，赴河州卖者，每斤八升。各府给予文凭，赴巡茶御史挂号，听于产茶处收买。"①这种"纳粮中茶"之举，使商贾纳粮解决政府救荒之急，而商贾贩茶至西宁等藏族地区则由此变为合法。

"纳粮中茶"之策，一方面缓解了陕西赈饥救荒问题，另一方面因大量'私茶'运抵边关，导致各茶马司的官茶贮量急剧减少。1490年（弘治三年）七月，监察御史李鸾奏称："西宁等三茶马司，为贮茶以易番马而设。比年以赈饥故，开茶易粟。其为民则便矣，而茶马司所积渐少。今各边马耗，而诸郡岁稔无事于易粟以赈，请于西宁、河西二茶马司各开报茶四十万斤，洮州茶马司二十四万斤，召商中纳。每引不过百斤，每商不过三千斤，官收其十之四，余者听其货卖。总之，可得茶四十万斤，约易马可得四千匹。"明廷采纳李鸾的建议，实行"召商中茶"政策，"令陕西巡抚并布政司出榜招中，给引赴巡茶御史处挂号，于产茶地方收买茶斤，运赴原定茶马司，以十分为率，六分听其货卖，四分验收入官。"②所谓"六分听其货卖"，即允许茶商将其所运茶货的60%作为私茶自由销售，从而使民营茶马贸易具有了合法性。因此，"召商中茶"在解决官茶运输、增加官茶贮量的同时，也助长了民营茶马贸易的发展，并对官营茶马贸易正常运行构成很大威胁。鉴于此，1499年（弘治十二年），监察御史王宪奏言："国家于河州等处设茶马司，收茶以易番马，大得制御之道。比来抚臣建议，从权开中粮茶，遂令私茶难禁而易马不利。今关辅岁稍稔，而粮茶未见其益，只见其弊，请自今停粮茶之例。异时或有

---

① 《明宪宗实录》，卷八七，成化十八年三月。
② 《明孝宗实录》，卷四〇，弘治三年七月。

第八章 明代青海藏族及藏传佛教的鼎盛

兵荒,当更图之。"明孝宗遂以"粮茶既有误易马",下令停止。①其后,明孝宗于1502年(弘治十五年)十二月任命杨一清为都察院左副都御史,"督理陕西马政",并赐予敕命曰:"陕西设立寺监衙门,职专牧马,先年边防所用马匹,全藉于此,近来官不得人,马政废弛殆尽,今特命尔前去后(彼)处督同行太仆寺、苑马寺官专理马政。……其西宁等处各茶马司,茶易番马甚济国用,近来亦渐亏耗,今并以付尔,尔须二(一)新旧规,务令茶课充盈,私贩息绝,番人乐归,官市番马实充厩牧。"②

杨一清受命后,即亲赴西宁、洮州等卫和各族番夷进行察考,认为茶法、马政之破坏缘于金牌制度的废置和私茶的兴贩,因而提出复金牌之制、专巡禁之官、严私贩之禁等改革主张。概括来说,杨一清对官营茶马制度的改革,就是将"召商中茶"法经变通,改为"召商买茶"。③杨一清称:"此与开中商茶不同,开中商茶,其利在商,未免阻坏茶马;招商买茶,其利在官,专为易马之资。"④由此可见,二者有着根本的区别,"在召商中茶条件下,茶商将茶叶运抵茶马司后,朝廷允许其将一部分自由贩卖,从而助长了民间茶马贸易,冲击了官营茶马贸易;而在召商买茶条件下,茶商将茶叶运抵茶马司后,由茶马司全额收购,不许茶商自由贩卖;作为补偿,官方给其价银,这样,便在一定程上扼制了民间茶马贸易,维护了官营茶马贸易的垄断地位。"⑤这

---

① 《明孝宗实录》,卷一五七,弘治十二年二月。
② 《明孝宗实录》,卷一九四,弘治十五年十二月。
③ 王晓燕:《官营茶马贸易研究》,民族出版社2004年版,第210页。
④ 《明经世文编》,卷一一五,杨一清:《为修复茶马旧制第二疏》。
⑤ 王晓燕:《官营茶马贸易研究》,民族出版社2004年版,第211页。

样，商人就必须压低在产茶地的收购价、降低运输成本，才能有利可图，"召商买茶"制才能实行。但是，茶马贸易的价格由于受市场供求关系的变化而不断变动，政府经销茶叶因其内在弊端，不能适应市场需求而导致亏损，茶马司给付商人的茶价难以得到稳定的维持，使商人利益受到严重损害，因而出现"商人不愿领价"的现象。鉴于此，明朝政府又采纳杨一清建议："商人不愿领价者，以半与商，令自卖，遂著为例永行焉。"①这样，"召商买茶"又回到"召商中茶"的老路上去了。"由于'召商买茶'制的'官卖茶'失败，最终导致了商人'自卖茶'的实行"，"于是明初严密的茶叶专卖制度逐渐向民间采茶、商人运销转型，最终形成民间茶叶贸易的市场结构。"②这种以商人为中心的民间茶马贸易，明朝官方总称为"私茶"。"它由暗到明，从小到大，随着茶法的废弛，终于取代官办贸易，成为明代中后期内地与西藏及其他藏区贸易的基本形式。"③

总体来看，明朝中央政府垄断的茶马互市和朝贡通过官方和商人及其他民间贸易等多种渠道，将内地的茶叶、丝绸、布匹等输入到青海藏族地区，又将藏族地区的马牛、药材及"红缨"等输入到内地，由此沟通和密切了藏汉民族间的经济联系，更重要的是明朝在政治上赢得了藏族的归心，正如明臣梁材所说："国家设立三茶马司，收茶易马，虽所以供边军征战之用，实所以系番人归向之心。"④

---

① 《明史》，卷八〇《食货志四》。
② 林文勋、黄纯艳等：《中国古代专卖制度与商品经济》，云南大学出版社2003年版，第317页。参见王晓燕：《官营茶马贸易研究》，民族出版社2004年版，第211~212页。
③ 顾祖成编著：《明清治藏史要》，西藏人民出版社1999年版，第74页。
④ 《明经世文编》，卷一〇六，梁材：《议茶马事宜疏》。

第八章 明代青海藏族及藏传佛教的鼎盛

第四节 藏传佛教格鲁派的盛行

明朝对藏传佛教采取"多封众建"政策,利用藏传佛教上层来加强对藏族的统治。明朝所敕封的法王、西天佛子、大国师、国师、禅师、都纲、喇嘛等各级僧官,纷纷致力于各自教派的弘扬,使明代青海藏传佛教迎来了一个大发展时代,"由是形域势区,尽为番僧所据。""其各番族,各有归附,寺院俨同部落。"①

一、宗喀巴创立格鲁派

明代对藏传佛教的大力支持,使僧人社会地位日益提高,并得到免税、免差役等种种特权,从而导致藏传佛教内部的缺点日益增多,其中最突出的便是戒律的松弛。面对藏传佛教戒律松弛现象,宗喀巴遂于1400年(建文二年)开始倡导整饬改革藏传佛教。

"宗喀巴大师降世时藏传佛教正处于一个衰败的年代,僧侣戒行不严,教风不正,思想混乱。大师以大智大勇肩负起了改革和振兴佛教的历史使命。除了力挽狂澜、大刀阔斧地从教义理论上进行正本清源、拨乱反正外,还在整顿戒律,整顿教风,建立学院式的寺院,加强经学正规教育,培养戒律严明、兼通显密教理的知识型的僧侣队伍方面做出了具有深远意义的贡献。"②宗喀

---

① [清]杨应琚:《西宁府新志》,卷十五《祠祀·番寺》,青海人民出版社1988年版,第385~386页。

② 多识仁波切:《宗喀巴大师佛学名著译解》,甘肃民族出版社2002年版,第5~6页。

巴大师的宗教改革"以严格僧人的宗教生活为其根本教旨"。①

宗喀巴

宗喀巴，法名罗桑札巴，是藏传佛教格鲁派创始人。于1357年（藏历第六饶迥阴火鸡年，元至正十七年）十月二十五日诞生在今青海省湟中县鲁沙尔镇塔尔寺所在的地方。父亲鲁本格，属当地藏族隆本族默氏家族，相传是元朝末年的一位达鲁花赤；母亲香萨阿切，生有子女六人，宗喀巴排行第四。在宗喀巴诞生时剪断脐带滴血之处长出一棵栴檀树，树上长有十万片树叶，每片树叶上有自然形成的一尊狮子吼佛像，因而该地被称为"衮本"（意为"十万佛身"）。②后来，宗喀巴的母亲依照宗喀巴之意愿以这棵栴檀树为轴心建起一座佛塔，成为塔尔寺最初的缘起，此塔即今塔尔寺大金瓦殿的大银塔。

宗喀巴降生后，正在附近曲噶尔静房（今湟中县上新庄镇静房村）修持的曲结顿珠仁钦大师（1309~1385年）亲往祝贺，善

---

① 洲塔：《佛学原理研究——论藏传佛教显宗五部大论》，青海人民出版社2001年版，第332页。

② 智观巴·贡却乎丹巴绕吉著，吴均等译：《安多政教史》，甘肃民族出版社1989年版，第148页。

第八章　明代青海藏族及藏传佛教的鼎盛

结法缘。1359年（元至正十九年），噶玛噶举派黑帽系第四世噶玛巴若贝多杰因元顺帝召请进京，途中路过青海，驻锡在今平安县境的夏宗寺。宗喀巴的父亲带着时年3岁的宗喀巴前往夏宗寺拜见若贝多杰，若贝多杰给宗喀巴授近事戒，取名衮噶宁布（遍喜藏），正式皈依佛教。随后又前往今化隆县境的夏琼寺，拜曲结顿珠仁钦为师，习读藏文和佛典，6岁时受密法灌顶，取密号顿月多杰（不空金刚）。7岁时，在夏琼寺曲结顿珠仁钦座前正式剃发出家，并受沙弥戒，取法名罗桑扎巴（善慧）。之后，学习显密诸法九年，在佛学和藏族文化知识方面打下了坚实的基础。

1374年（洪武五年），时年16岁的宗喀巴，为了在佛学上有进一步的深造，奉师命前往西藏学法。宗喀巴离乡南下，经过昌都，第二年抵达止贡替寺，从止贡京俄仁波切却吉加布听受"那若六法"等。而后又到聂塘代瓦金寺，师从格贵·益希僧格（该寺主持）、云丹嘉措、邬金巴等，学习"慈氏五论"等显宗经典两年。之后游学夏鲁、萨迦、那塘、桑浦等前后藏诸多寺院，拜谒各派高僧大德，兼听深研，学习般若、俱舍、中论等显密佛典。在萨迦派高僧仁达瓦·循奴罗哲（1352~1416年）座前听受《俱舍论》、《入中论》等。1381年（洪武十四年），宗喀巴25岁时，在雅隆地区的南杰拉康寺从楚臣仁钦受比丘戒，标志着他已完成佛教显宗经典的全部学习教程。然而他仍拜师求教，勤奋学修，并在1385年至1392年（洪武十八年至洪武二十五年）间广学密乘经典，完成密法修习。①

---

① 参见王森：《西藏佛教发展史略》，"附录一·宗喀巴传论"，中国社会科学出版社1997年版，第286~287页。蒲文成：《青海佛教史》，青海人民出版社2001年版，第152~153页。

经过长期的求学修习，宗喀巴终于博通显密，成为一代名僧，声名远播。"他不但通达内明、因明、声明、医方明等，颇有造诣，且广求多闻各派典籍，对萨迦派的道果法和噶举派的大手印、那若六法等均作过深入的学习和研究。从洪武二十六年（1393年）至建文元年（1399年），宗喀巴又从噶当派的教授派传人南喀坚赞、教典派传人曲加桑布等学习噶当派教义，苦读阿底峡尊者的《菩提道灯论》及其各种释本，学习噶当派的《圣教次第论》，以及佛护的《中论释》等，全面继承由阿底峡所传述的龙树的大乘佛教中观学派缘起性空思想，抉择月称的中观应成派与清辨的中观自续派的差别要义。在此基础上，他发展噶丹派教义，以中观为正宗，月称为依止，以噶当派教义为立说之本，综合大小乘各派显密教法，结合自己的见解，以实践和修证为主，形成了自己的思想体系。"①

宗喀巴大师弘法之时，适逢藏地佛法渐趋颓废。"彼时藏中一般学人，大多把显密二乘看成相违，如同水火，乐显乘者不重密乘，喜密法者不齿显教。"②尤其是很多僧人"舍弃了所承许的三昧耶和戒律。虽声言在学密宗道，而实际是大开难以忍受的恶趣之门"。③鉴于这种境况，宗喀巴大师为力挽颓风，倡导戒律是佛教之根本，认为大乘人和学密宗道的人们"当如爱护眼珠般"守护"所承许的三昧耶和戒律"，应"宁舍身命，不犯戒律"。④

---

① 蒲文成：《青海佛教史》，青海人民出版社2001年版，第152~153页。
② 土观·罗桑却季尼玛：《土观宗派源流》，西藏人民出版社1984年版，第130页。
③ 法王周加巷：《至尊宗喀巴大师传》，青海人民出版社1988年版，第232页。
④ 法王周加巷：《至尊宗喀巴大师传》，青海人民出版社1988年版，第232页。

第八章 明代青海藏族及藏传佛教的鼎盛

"他向弟子和信徒授法，常以树根喻戒律，说明根深才能叶茂，守戒方能兴佛的道理，自己一切言行、衣食行住，皆依律而行，以身作则。"①大约从1388年（洪武二十一年）开始，宗喀巴改戴称为"班霞"的尖顶黄色僧帽，以此表示继承和遵行喀且班钦·释迦室利所传的印度部派佛教中说一切有部戒律传承的态度。1402年（建文四年），宗喀巴应邀参加艾寺的坐夏法会，其间为僧众讲授《律经》，并与至尊仁达瓦和大译师加却贝桑斟酌《戒律本论》十七事的规定，考虑当时藏传佛教的实际状况，重新制定切实可行的寺规戒条。当时坐夏共住的600余僧人，"诸事悉遵照新订规条执行"。这是宗喀巴整饬戒律的一次重大举措，其宗教改革也自此正式开始。

之后，宗喀巴与加却贝桑回到热振寺，开始撰写一系列佛学著作，阐明自己的佛学思想，其中，《菩提道次第广论》和《密宗道次第广论》两书影响最为深远。"《菩提道次第广论》、《密宗道次第广论》，是他对显教、密宗的系统论述，合起来正好代表宗喀巴对佛教的整个看法，也就是他自己的思想体系。"②为号召僧人遵行戒律以及如何遵行戒律，他又写成《菩萨戒品释》、《侍师五十颂释》、《密宗十四根本戒释》等重要著作，并广为宣讲，大力提倡僧人严守戒律，注重学修次第。在学修次第上，主张按部就班，循序渐进，先显后密，显密双修，制定出一套严整有序的学经修习制度。宗喀巴大师一生著述众多，后被集成《宗喀巴全集》传世，青海塔尔寺藏文木刻本《宗喀巴全集》凡19

---

① 蒲文成：《青海佛教史》，青海人民出版社2001年版，第154页。
② 王森：《西藏佛教发展史略》，"附录一·宗喀巴传论"，中国社会科学出版社1997年版，第291~292页。

函，177种。①在著书立说的同时，宗喀巴还开展了以"四大佛事"为代表的大量佛事活动，作为他宗教生活和宗教改革的重要内容。

由于宗喀巴的佛学思想和宗教改革主张切中当时藏传佛教界的时弊，因而得到藏族社会和藏传佛教界的广泛支持和拥护，尤其得到了当时西藏帕竹政权统治集团的大力支持。1409年（永乐七年）正月，宗喀巴在被明朝册封为阐化王的札巴坚赞等人的资助下，在拉萨大昭寺发起有近万人参加的纪念释迦牟尼的正月祈愿大法会，藏语称"摩兰钦毛"。祈愿大法会结束后，宗喀巴派弟子达玛仁钦等前往拉萨东30里的旺古尔山兴建甘丹寺，作为格鲁派的根本道场。这次正月祈愿大法会和甘丹寺的建立，标志着格鲁派正式创立。

宗喀巴及其创立的格鲁派的影响不断扩大，遂引起明朝的高度重视。1408年（永乐六年），明成祖派使者召请宗喀巴进京，当时宗喀巴因忙于筹备祈愿大法会而不能脱身，上表呈奏原委，婉辞谢绝召请。1414年（永乐十二年），明成祖再次遣使携带诏书和礼品，迎请宗喀巴进京。宗喀巴因大病初愈，同时又考虑到初创的格鲁派需要明朝的支持，遂又致信明成祖请求对其不能应召进京予以谅解，遣其弟子释迦也失（1352~1435年）代表自己进京。1415年（永乐十三年），明成祖封释迦也失为"西天佛子大国师"，于是宗喀巴又成为明朝所封的大国师之师，从而使格

---

① 蒲文成：《青海佛教史》，青海人民出版社2001年版，第155页。［德］霍夫曼著，李有义译：《西藏的宗教》中作"塔尔寺所刻印的全集包括十六部三百十三种著述"。见格勒、张江华主编：《李有义与藏学研究——李有义教授九十诞辰纪念文集》，中国藏学出版社2003年版，第565页。

第八章 明代青海藏族及藏传佛教的鼎盛

鲁派与明王朝建立起密切的联系。

1415年（永乐十三年），宗喀巴弟子绛央曲杰扎西贝丹奉师命在拉萨西郊兴建哲蚌寺；1419年（永乐十七年），释迦也失利用明王朝的大批赐物在拉萨北郊建色拉寺。宗喀巴先后亲自为两寺开光。哲蚌寺、色拉寺与甘丹寺被称为拉萨三大寺，由此奠定了格鲁派此后发展的稳固基础。甘丹寺建成后，宗喀巴亲任甘丹寺座主，称为"甘丹赤巴"。"甘丹赤巴"是格鲁派的最高僧职，享有殊荣。1419年（永乐十七年）藏历十月下旬，宗喀巴大师染疾，向弟子达玛仁钦赐自己的衣帽委任为第二任甘丹赤巴，作为格鲁派代理人，达玛仁钦故被称为"贾曹杰"。同年十月二十五日晨，宗喀巴大师于甘丹寺圆寂，终年63岁。宗喀巴大师被誉为"第二佛陀"、"文殊再世"和"雪域智者的顶饰"，受到藏传佛教界的普遍敬仰，每年以藏历十月二十五日宗喀巴忌辰为燃灯节。① 宗喀巴圆寂后，他的几位著名弟子采用最早由噶玛噶举派黑帽系所创的活佛转世制度。在宗喀巴的众多弟子转世系中，影响最大的就是达赖和班禅两大活佛转世系统。

继拉萨三大寺后，宗喀巴弟子格敦朱巴于1447年在日喀则建立札什伦布寺；1577年（万历五年）仁钦宗哲嘉措在宗喀巴诞生地建立塔尔寺；1710年（康熙四十九年）嘉木样协贝多杰建成拉卜楞寺，成为格鲁派的"六大丛林"。格鲁派即以此"六大丛林"为基础，建立起一个体系庞大的寺院集团和僧人集团，其影响迅速遍及整个藏族地区及其周边的蒙古族、土族等地区。"随着大寺院组织诞生，贵族消灭了，在贵族的废墟上，宗教领袖们的威

---

① 蒲文成：《青海佛教史》，青海人民出版社2001年版，第156页。

望无阻碍地上升起来。"①

二、格鲁派在青海的传播和发展

格鲁派显密兼修和严格学修次第的宗规,一改当时藏传佛教显密相违的种种时弊,同时,打破教派与地域界限,与各教派和各地不同领主广泛联系,因而受到藏族社会各方和各教派的普遍敬重和拥护,使格鲁派得到迅速发展,传播到广大藏族地区。

早在宗喀巴大师创立教派之时,其弟子就在青海活动,传播格鲁派。《安多政教史》载,1402年(建文四年,藏历水马年)宗喀巴的亲传弟子敦木宗·喜饶坚赞建成今青海循化文都寺。②这比作为格鲁派创立标志的1409年(永乐七年)正月举办的拉萨祈愿大法会和甘丹寺的修建要早7年。

宗喀巴大师的另一亲传弟子向·喇嘛曲吉嘉波在任明朝耶王的帝师时在今青海民和建喀底喀寺,又在凉州地方修建了多座寺院,并在西藏为宗摩蔡寺奠基。宗喀巴大师曾高度赞誉其弘法业绩,称:"多麦这块大地区,人天最佳之福田。'恪守能仁之律仪,兴修弘法之基地,五大阿练若道场,彼师善妙创建起。'教谕之书到达时,意绪高兴而激荡,心中产生稀奇想。"赞誉他是"护持正法贤佛子,贡巴饶赛之首徒"。向·喇嘛曲吉嘉波任明朝帝师一事,尚有疑问。明时没有封藏传佛教喇嘛为帝师的制度,《安多政教史》可能根据流传而记载。但向·喇嘛曲吉嘉波是宗喀巴大师弟子中"作为人主顶庄严的两位帝师之一"。据《如意宝

---

① [意]杜齐:《西藏中世纪史》,中国社会科学院民族研究所1980年内部版,第68页。

② 智观巴·贡却乎丹巴绕吉著,吴均等译:《安多政教史》,甘肃民族出版社1989年版,第341页。

第八章 明代青海藏族及藏传佛教的鼎盛

树史》记载，宗喀巴大师众弟子中有"人主顶饰庄严三帝师弟子"，他们是"帝师大慈法王释迦也失、由汉地益旺王奉为帝师的绛达玛帝师和帝师朵麦巴·勒巴桑布"。①此处的"绛达玛"即向·喇嘛曲吉嘉波，其"帝师"的含义是"被皇帝奉为上师"，与元朝封的帝师不尽相同。第巴·桑结嘉措的《黄琉璃论》中说："汉皇胡玛吾碌曾封仲钦曲结为大国师并赐拨建寺地址。第三世达赖喇嘛索南嘉措曾到该处加特寺址并给依怙殿做开光仪轨，指示索南则摩大国师，按色拉寺吉尊巴的教程展开讲辩闻听"。②从上述记载看，喀底喀寺的创建者有多种说法，"但有一共同点，即创建者可能是宗喀巴弟子，经法高深，被明朝皇帝奉为上师，或封为国师，约于明永乐年间建成卡地喀寺"。③寺内珍藏有相传是宗喀巴大师亲自绘制的一幅自画像，为该寺主供像。喀底喀寺以此缘由而闻名遐迩。向·喇嘛曲吉嘉波建立喀底喀寺等五座寺院后，宗喀巴大师即写信指示："建立的五伽蓝，须根据其性质，依极其纯正的教典建立闻思等，并设法使其增盛发展，使其声誉遍于各处。"④

1414年（永乐十二年），受明成祖之邀，释迦也失代表宗喀巴大师，取道青海前往北京，一路上广泛传播格鲁派教义。到京时，正值皇帝身染重病，经他"设法施治，并予灌顶，帝即痊

---

① 巴堪布·益西班觉著，蒲文成、才让译：《如意宝树史》，甘肃民族出版社1994年版，第404页。

② 智观巴·贡却乎丹巴绕吉著，吴均等译：《安多政教史》，甘肃民族出版社1989年版，第216页。

③ 蒲文成：《青海佛教史》，青海人民出版社2001年版，第160页。

④ 智观巴·贡却乎丹巴绕吉著，吴均等译：《安多政教史》，甘肃民族出版社1989年版，第216页。

愈"。后在京城御花园旁建法渊寺,"广衍黄教修行之法"。翌年,明成祖敕封释迦也失为"妙觉圆通慈慧普庆辅国显教灌顶弘善西天佛子大国师",并赐给印诰。1433年(宣德八年),释迦也失第二次进京觐见明朝皇帝,被册封为"万行妙明真如上胜清净般若弘照普应辅国显教至善大慈法王西天正觉如来自在大圆通佛",简称"大慈法王",藏语作"绛钦曲结"。此次进京,释迦也失途经今青海民和县转导乡的宗摩卡地方时,授记弟子释迦崔臣在此建一寺院,并取名"丹曲塔尔林",意为"圣法解脱洲"。1435年(宣德十年),释迦也失在北京圆寂,①其弟子索南喜饶和僧格桑布等奉明宣宗之命,将释迦也失遗体送往西藏。而当灵车抵达宗摩卡(犏牛城)地方时,不能前行,遂在丹曲塔尔林修灵塔供奉。1442年(正统七年)八月,明英宗敕谕河州、

弘化寺

---

① 释迦也失圆寂时间,《循化志》作正统四年(1439年)。见龚景瀚编:《循化志》,卷六《寺院》,青海人民出版社1981年版,第247页。另有一种说法,释迦也失在内地居住12年后,安排自己的侍从聂塘巴国师阿木噶和曲杰索南喜饶作皇帝的上师,他自己返回西藏,途经宗摩卡地方时圆寂,当时是他82岁的1435年,藏历第七饶迥木兔年十月二十二日。见恰白·次旦平措等著,陈庆英等译:《西藏通史——松石宝串》,西藏古籍出版社1996年版,第512页。

第八章 明代青海藏族及藏传佛教的鼎盛

西宁等处:"朕惟佛氏之道,以空寂为宗,以普度为用,西土之人,久事崇信。今以黑城子厂房地赐大慈法王释迦也失盖造佛寺,赐名'弘化',颁敕护持,本寺田地山场园林财产孳畜之类,所在官军人等,不许侵占骚扰侮慢。若非本寺原有田地山场等项,亦不许因而侵占扰害。军民敢有不遵命者,必论之以法。"①成化九年,大慈恩寺崇化大应法王札什(巴)奏:"陕西弘化寺乃至善大慈法王塔院,岁久损坏,乞敕镇守等官修筑城堡,如瞿昙寺制。"明宪宗允之。②

与宗喀巴弟子广建格鲁派寺院之同时,青海河湟地区的藏传佛教其他教派的一些寺院相继改宗格鲁派,如夏琼寺、丹斗寺、白马寺等。这一时期,受宗喀巴大师及其弟子的宗教影响,玉树地区的一些其他教派寺院也改宗格鲁派,较著名的有拉布寺、嘎拉寺等。从格鲁派在青海传播的历史看,由于地理和交通条件的关系,青海的早期格鲁派寺院主要分布在东部河湟地区和玉树地区。"玉树地区毗连康藏,从而为一些寺院的改宗提供了条件;青海东部地区是西藏高僧取道青海通往内地的必经之道,且气候相对温和,自然环境较优越,从而使格鲁派从这里传播开来。"③之后,格鲁派在青海的更大发展则与三世达赖喇嘛索南嘉措(1543~1588年)的弘法活动密切相关。

随着格鲁派的迅速发展,逐渐形成了一个新兴的寺院集团势力,并日益扩大,随之与噶玛噶举等其他教派间的矛盾和斗争也不断加剧。特别是仁蚌巴担任帕竹第悉期间,曾下令从1498年

---

① 《明英宗实录》,卷九五,正统七年八月。
② 《明宪宗实录》,卷一一八,成化九年七月。
③ 蒲文成:《青海佛教史》,青海人民出版社2001年版,第170页。

(弘治十一年）起禁止格鲁派色拉、哲蚌、甘丹三大寺僧人参加拉萨正月祈愿大法会，其后将近20年间，拉萨正月祈愿大法会由拉萨附近的噶举派、萨迦派僧人举行。到16世纪中，帕竹政权内部分裂，其属下辛厦巴推翻仁蚌巴，成为西藏政治舞台的主角，史称藏巴汗。藏巴汗联合噶玛噶举派红帽系，竭力压制新兴的格鲁派。第三世达赖喇嘛索南嘉措时，格鲁派与藏巴汗和噶玛噶举派的斗争日趋激烈，处于危境的格鲁派被迫寻求蒙古的支持。

明朝正德（1506~1521年）初年，东蒙古亦不剌、卜儿孩等部相继进据青海，时称"海部"、"海虏"等。之后，达延汗之孙俺答汗（阿勒坦汗）继土默特汗，在进攻漠西卫拉特蒙古失败后，又用兵青海。一方面征讨亦不剌、卜儿孩等部，另一方面则向青海拓展领地。在第二次用兵青海时，因阿哩克喇嘛（蒙文As-ing lam-a., 译作"阿兴喇嘛"）向其解说佛教的因果轮回等教义，遂信奉格鲁派。[①]又有佐盖阿桑喇嘛向他介绍三世达赖喇嘛的身语意功德，俺答汗因之对三世达赖喇嘛产生敬仰之心。从当时的历史背景看，俺答汗改信格鲁派，是有其政治目的的，"当他武力控制青海广大藏族地区后，为了立脚，转而与青海各藏族部落加强联系，鉴于西藏佛教在藏族人民中的影响，极力与西藏佛教界建立关系，这是历来统治者文武兼治的统治手段"。[②]

1574年（万历二年），俺答汗派遣以那则吾为首的使团前往西藏邀请三世达赖喇嘛索南嘉措。索南嘉措在哲蚌寺接见了来使，同时详细协商了赴青海的有关事宜，并派戒律师宗哲桑布先到青海，与俺答汗接头。双方共议之后，俺答汗"建寺庙于青海

[①] 乔吉：《蒙古佛教史》，内蒙古人民出版社2008年版，第9页。
[②] 蒲文成：《青海佛教史》，青海人民出版社2001年版，第172~173页。

第八章　明代青海藏族及藏传佛教的鼎盛

之察卜齐雅勒地方"。寺庙建成后，俺答汗又多次派使团进藏迎请索南嘉措。索南嘉措遂于1577年十一月从哲蚌寺起程，于1578年（万历六年）进入青海境内，渡通天河到达今青海玉树的年措冬地方，当地的僧俗大众聚集，奉献以三千两黄金为主的盛大供养。索南嘉措讲经弘法，并为近千人传授比丘戒律。①当年五月十五日，索南嘉措在俺答汗先后派出的三批接应者沿途迎接下，到达青海湖畔的俺答汗驻地恰卜恰。②

索南嘉措到达恰卜恰时，受到俺答汗盛情而隆重的欢迎，并举行十万人参加的盛大集会，俺答汗向索南嘉措敬献金银、绸缎和骏马等大量礼品。随后，又举行了仰华寺开光典礼。在集会上，俺答汗颁布法令，规定归信藏传佛教格鲁派，禁止蒙古原来的萨满信仰。③

俺答汗将索南嘉措称作八思巴的化身，赠予"圣识一切瓦齐尔达喇达赖喇嘛"的尊号，并赠给用黄金百两制成的金印一颗，印文为新蒙文"金刚持达赖喇嘛之印"，配以银制印盒。"瓦齐尔达喇"是梵文"金刚持"之音译，"达赖"是蒙语"大海"之意，"喇嘛"是藏语"上师"之意。索南嘉措将俺答汗称作忽必

---

① 固始噶举巴·洛桑泽培著，陈庆英、乌力吉译注：《蒙古佛教史》，天津古籍出版社1990年版，第68页。

② 智观巴·贡却乎丹巴绕吉著，吴均等译：《安多政教史》，甘肃民族出版社1989年版，第36页。参见蒲文成：《青海佛教史》，青海人民出版社2001年版，第174~175页。

③ 固始噶举巴·洛桑泽培著，陈庆英、乌力吉译注：《蒙古佛教史》，天津古籍出版社1990年版，第69页。参见蒲文成：《青海佛教史》，青海人民出版社2001年版，第176页；乔吉：《蒙古佛教史》，内蒙古人民出版社2008年版，第59页。

烈的转世,赠尊号为"梵天大力咱克喇瓦尔第彻辰法王"。①索南嘉措还被俺答汗迎请到新建的仰华寺法座上,仿效吐蕃王朝"七觉士"剃度出家故事,剃度以黄金家

西纳寺匾额

族巴雅兀特台吉之子为首的三家王族子弟108人出家,并派人到拉萨三大寺送去熬茶的布施。②索南嘉措与俺答汗结成政教联盟,成为格鲁派发展史上的一个新的历史转折点。此后,由于有蒙古势力的支持,格鲁派在青海蒙藏地区的发展步入了一个全新的历史时期,塔尔寺、佑宁寺、郭莽寺等一批格鲁派寺院建立了起来,同时,河湟地区的夏琼寺、隆务寺、西纳寺、扎藏寺及玉树地区的让娘寺、夏日寺等许多噶当、萨迦等教派的寺院也纷纷改宗格鲁派。

---

① 乔吉:《蒙古佛教史》,内蒙古人民出版社2008年版,第60页。参见固始噶举巴·洛桑泽培著,陈庆英、乌力吉译注:《蒙古佛教史》,天津古籍出版社1990年版,第70页;蒲文成:《青海佛教史》,青海人民出版社2001年版,第175页。

② 固始噶举巴·洛桑泽培著,陈庆英、乌力吉译注:《蒙古佛教史》,天津古籍出版社1990年版,第70页;乔吉:《青海佛教史》,内蒙古人民出版社2008年版,第61页。

第八章 明代青海藏族及藏传佛教的鼎盛

索南嘉措在青海的活动很快引起明朝的关注。当时，明朝正为俺答汗入据青海，时常侵扰明朝边郡，深感不安，听说俺答汗对索南嘉措非常尊重，言听计从，遂于1578年（万历六年）命甘肃巡抚侯东莱差人到青海请索南嘉措到甘肃会晤，让索南嘉措劝说俺答汗返回内蒙古。这年冬天，索南嘉措应邀前往甘州（张掖）与侯东莱会晤。期间，索南嘉措在甘州城讲经传法，并剃度100人出家。十二月初又致信明朝宰相张居正，信中表示：按照明朝吩咐，劝俺答汗返回。年底，索南嘉措从甘州返回仰华寺。第二年夏天，俺答汗听从索南嘉措劝告，返回土默特本部。为此，"农历八月，明朝万历皇帝派三个大臣持'所有地面的保佑者'的封诰印信来措卡拜见达赖，献衣服三套及金银、绸缎、宫内用器等。信中说：'朕所属蒙古四十部和甘州二唐诸臣之意悉得满足，甚好，朕将请足下到朝廷。'并封其襄佐（管家）为国师，亦赐印信"。① 由此，索南嘉措与明朝中央正式建立联系。

俺答汗东返后，三世达赖索南嘉措则从青海辗转南下，到四川、西康等地，继续其政教活动。1580年（万历八年）五月，在四川理塘主持建成理塘大寺。之后往马尔康、昌都等地。1582年（万历十年），俺答汗去世。遵照俺答汗遗嘱，三娘子和俺答汗长子派使臣往昌都迎请索南嘉措去内蒙古为俺答汗做法事。索南嘉措接受邀请，即从昌都动身赶往内蒙古。但索南嘉措此行，却没有直接前往内蒙古，在途经青海等地时兜了一个大圈。1583年（万历十一年）春，索南嘉措从措卡到今湟中县的塔尔寺，再从

---

① 五世达赖阿旺罗桑嘉措：《三世达赖喇嘛传》，转引自蒲文成：《青海佛教史》，青海人民出版社2001年版，第181页。

塔尔寺去今化隆县的夏琼寺、丹斗寺，再向东经过今民和县转导乡的弘化寺到甘肃永靖县的炳灵寺，从炳灵寺渡黄河到临洮。1584年（万历十二年）从临洮又返回青海宗喀地区，再向北到华热地区，在途经今佑宁寺所在的哲加时，预言建寺。又到今门源县仙米等地，后从仙米返回措卡，大约直到这年底方才离开措卡前往内蒙古。1585年（万历十三年），索南嘉措在鄂尔多斯西拉乌苏河岸会见蒙古诸王公，曾调停三个蒙古部落间的战争。次年到达归化（今呼和浩特），会见僧格都固棱汗，为俺答汗举行隆重的祈祷仪式，并在归化城建锡热图召寺。1588年（万历十六年）因顺义王奢力克请求，明朝派专使到内蒙古正式册封索南嘉措为"朵儿只唱"。"朵儿只唱"即俺答汗赠给索南嘉措的尊号中"瓦齐尔达喇"的藏语译音，意为"金刚持"。"明朝封授索南嘉错这一名号，是对俺达汗所赠尊号的一种认可。这是达赖喇嘛最早接受中央正式封号。在此期间，明朝官方文献中开始用'达赖'指称索南嘉错，对达赖称号予以事实上的承认。明朝封授索南嘉错为'朵儿只唱'和认可'达赖'称号，后为清朝继承和发展，形成册封达赖喇嘛之完整制度。"①

随后，索南嘉措应邀进京，却不幸在内蒙古的卡欧吐密地方圆寂，终年46岁。

---

① 顾祖成编著：《明清治藏史要》，西藏人民出版社1999年版，第79页。

第九章 清代青海藏族

1644年,清朝取代了明朝。清朝在继承元、明两代对藏族地区管辖的有效政策的同时,又总结历史上的经验教训,制定了一系列治理藏族地区的特殊政策和制度,实行了更加直接、更加全面的统辖。尤其是清朝前期在藏族地区推行的一系列政策,对藏族地区经济社会的发展和统一多民族国家的巩固发展起到了积极的作用。在清朝统治藏族的政策中,特别重视利用藏传佛教,将其作为巩固满蒙藏关系的精神纽带,其最终的政治目的就是"兴黄教之所以安众蒙古"。同时,清朝在青海藏族地区还实行了千百户制度。

第一节 清朝对青海藏族地区的施政

清初,青海藏族由和硕特蒙古控制,直到雍正初,仍"惟知有蒙古,不知有厅卫营伍官员"。而蒙藏两族又普遍信奉藏传佛教,尤其是达赖号令蒙藏诸部,在政教事务中起着举足轻重的作用。因此,清朝政府深知藏传佛教尤其是格鲁派在治理蒙藏社会中的作用,遂采取"兴黄教即所以安众蒙古"的基本国策。

一、册封五世达赖与和硕特汗王,确立管理藏族地区的大政方针

17世纪初,后藏的藏巴汗与康区的白利土司和青海却图汗结成联盟,共同反对格鲁派。面对这种危机,格鲁派统治集团即向和硕特蒙古求援,和硕特遂介入西藏各种势力的斗争之中。1637年,固始汗率卫拉特和硕特部从天山北路移驻青海,击溃先前入据青海的蒙古却图汗部。

1642年,固始汗又略定西藏,推翻藏巴汗政权,建立汗廷,将西藏地方纳入自己的统治之下。其后,固始汗将卫藏十三万户和藏巴汗宫内的大量金银财宝奉献给五世达赖喇嘛,并将西藏首府由日喀则迁到拉萨,扶持五世达赖喇嘛建立了"甘丹颇章"政权。同时,固始汗与五世达赖喇嘛商定,请四世班禅住持扎什伦布寺,并将后藏部分地区划归其管辖。为了表达对班禅的尊崇,固始汗拜罗桑却吉坚赞为师,并于1645年(清顺治二年)赠以"班禅博克多"称号。"班",是梵文"班智达"的简称,意为学者;"禅",是藏语chen,意为"大";"班禅"即"大学者"、"大师"之意。"博克多"是蒙语对智勇兼备的人的尊称。此即后世历辈"班禅"尊号的正式开端。"至此,在固始汗的支持帮助下,格鲁派寺院集团在藏区的势力无论是经济还是宗教事务,都取得了绝对优势的地位。"而固始汗自己作为甘、青、康及卫藏地区的汗王,成为全藏族地区的最高统治者。

清朝入主中原后,西藏僧俗首领和固始汗不断派使者到北京,明确表示拥戴清朝皇帝定都北京,支持清朝对全国的统一战争。"西藏地方的态度对清朝十分有利,清朝统治者虽然还没有

第九章 清代青海藏族

能力对西藏进行直接统治,却找到了对西藏施政的对策,即利用对清朝十分恭顺的和硕特蒙古领袖、当时西藏地方的掌权人顾实汗对西藏实行间接统治。"[1]当初,固始汗和达赖、班禅于1642年派出的代表团到达盛京时,曾受到皇太极的优礼。次年皇太极又遣使赴藏,分别致函并赏赐固始汗、达赖、班禅及其他教派首领,并对固始汗经略和统治青藏高原给予了肯定和承认。1645年,固始汗派其子多尔济达赖巴图尔台吉到北京,上书顺治皇帝,表示对清政府的谕旨"无不奉命";同时还与五世达赖共同遣使向清朝"表贡方物",受到清朝的赐封。从此以后,和硕特汗王与西藏地方宗教首领几乎年年遣使进京,通贡不绝,清朝也予以厚赐。固始汗为了表示进一步加强同清朝的政治联系,还上书建议:"达赖喇嘛功德甚大,请延至京师,令其讽诵经文,以资福佑。"同时,又极力劝说五世达赖喇嘛接受清朝的邀请。

1652年(顺治九年),五世达赖喇嘛在清朝官员及固始汗和四世班禅的代表等陪同下,带领随行3 000余人赴北京晋见顺治皇帝。1653年腊月十六,五世达赖到达北京。顺治帝以"田猎"为名,与五世达赖"不期然"而相遇于南苑猎场,随后迎请五世达赖驻锡于专为其建造的北京西黄寺。在五世达赖居留北京的两个月内,清朝对其盛宴款待,重礼赏赐,通过对五世达赖的特殊礼遇,来达到结交蒙古诸部人心,争取他们归顺的政治目的。次年,五世达赖返藏时,顺治皇帝派以礼部尚书觉罗郎丘和理藩院侍郎席达礼为首的官员,带着满、蒙、藏、汉四体文字的金册、

---

[1] 马大正主编:《中国边疆经略史》,中州古籍出版社2000年版,第250页。

金印赶到代噶地方，正式册封五世达赖为："西天大善自在佛所领天下释教普通瓦赤喇怛喇达赖喇嘛"。由此，清朝中央政府正式确认了达赖喇嘛在蒙藏地区的宗教领袖地位。

在册封五世达赖的同年，清朝又派大臣携带汉、满、蒙三体文字的金册、金印到西藏，正式册封固始汗为"遵文行义敏慧顾实汗"。①

综上可见，册封达赖喇嘛和固始汗是清前期对蒙藏等民族地区施政的一项重要策略和措施，也充分体现了清朝统治者经略藏族地区的高度政治智慧。"兴黄教即所以安众蒙古"，成为清朝经略藏族地区的大政方针。从此开始，不仅五世达赖喇嘛作为藏传佛教领袖的地位得到了清朝中央政府的正式承认和确立，而且以后历辈达赖喇嘛都必须经过中央政府的册封遂成为一种定制。"总之，通过五世达赖喇嘛朝清这一清初中国政治生活中的大事，加强了西藏地方与中央政府的关系，促进了西藏地方的政治和宗教的发展，密切了西藏与蒙古各部的交往，对当时及后来西藏社会产生了非常重要和深远的影响，同时也对安定祖国的西北、西南边疆有着不可低估的作用。"②

二、平定罗卜藏丹津之乱与西宁办事大臣的设置

自固始汗1642年消灭了藏巴汗地方政权后，在西藏建立了和硕特部和格鲁派联合的甘丹颇章政权，固始汗及其子孙掌握了青藏高原的行政和军事权力，而格鲁派从16世纪80年代三世达赖喇

---

① 王辅仁、陈庆英编著：《蒙藏民族关系史略》第四章第二节；陈庆英、高淑芬主编：《西藏通史》第六编第一章；马大正：《中国边疆经略史》第八编第一章。

② 陈庆英、高淑芬主编：《西藏通史》，中州古籍出版社2003年版，第334页。

第九章 清代青海藏族

嘛与土默特部俺答汗建立关系,到五世达赖喇嘛与和硕特部固始汗建立关系,借助蒙古族军事力量的支持,逐步在藏族社会取得优势地位。

1654年(顺治十一年),固始汗在拉萨去世后,诸子争位,相持不下,汗位因此空悬四年之久。最后相互妥协决定,由达什巴图尔主持青海和硕特部,达延汗主持西藏政务,然而他们缺乏其长辈的威望和才能,而此时的五世达赖喇嘛凭借清朝中央政府的支持,权力和威望日益增强。1676年(康熙十五年),五世达赖喇嘛为不致第巴之职旁落固始汗子孙手中,故提名桑结嘉措担任第巴职务,却未能如愿。三年之后,桑结嘉措在西藏众僧的拥戴下,最终于1679年(康熙十八年)登上了第五任第巴宝座。恰在此时,不丹的主巴噶举法王在其境内大肆打击格鲁派。1682年(康熙二十一年),拉达克王德雷南杰派兵进攻西藏西部的古格、日土等地,以示支持不丹法王,西藏与拉达克之间由此爆发战争。战争爆发的次年,五世达赖喇嘛溘然长逝,这给极需要支持的第巴·桑结嘉措蒙上了一层阴影。第巴·桑结嘉措为稳定时局,决定秘不发丧,并以达赖名义请求清朝敕封。

康熙给第巴·桑结嘉措封以"法王"称号,并赐给"掌瓦赤喇怛喇达赖喇嘛教弘宣佛法王布忒达阿白迪之印"。第巴·桑结嘉措遂借助清朝中央政府敕封的天威,名正言顺,统治西藏,"发号施令,行使职权"。

达赖喇嘛的转世灵童关系到格鲁派政教大权由谁掌握的问题,事关重大,因而第巴·桑结嘉措于1685年(康熙二十四年)秘密选定仓央嘉措,将其接到后藏浪卡子宗,由五世班禅负责教育培养。同时,第巴·桑结嘉措为了达到巩固自己独揽西藏政教大权之目的,通过利用蒙古准噶尔部噶尔丹的武装力量,钳制和削弱和硕特部汗王在西藏的统治势力。

噶尔丹早年在拉萨出家学经,与桑结嘉措结有同窗之谊,五世达赖喇嘛生前曾赠予他"博硕克图汗"的称号。后因五世达赖喇嘛和第巴·桑结嘉措的劝说、支持,还俗返回新疆准噶尔部,夺取汗位。噶尔丹继汗位后,不断东征西讨,扩充地盘,并屡屡进犯漠北蒙古及内陆疆域,制造分裂,迫使康熙三次御驾亲征。1696年(康熙三十五年),康熙最后一次击败噶尔丹后,从战俘口供中得知五世达赖喇嘛已圆寂多年的消息,遂派大喇嘛晋巴扎木素、德木齐索诺木藏布、主事保柱等入藏,令其务必了解五世达赖喇嘛是否健在,倘存世间,验身辨明。同时严斥第巴·桑结嘉措多项"罪状"。第巴·桑结嘉措接到谕旨后惶恐不安,即派尼麻唐呼图克图为首的使团持其奏书赴京,奏报五世达赖喇嘛圆寂始末和匿丧缘由,请求康熙皇帝宽恕。并密奏康熙:五世达赖嘛圆寂已16年,再生小达赖喇嘛仓央嘉措已15岁,希望皇帝暂时保密,不要公之于众。康熙为安定西藏局势,使"蒙古亦欢悦","惟以不生事为贵",因此宽宥了第巴·桑结嘉措的"罪行",承认了他所认定的五世达赖喇嘛转世灵童仓央嘉措。

1701年(康熙四十年),和硕特蒙古达赖汗去世,由其子拉藏鲁贝继任汗位。不久,达赖汗次子拉藏台吉毒死拉藏鲁贝并窃取汗位。拉藏汗继任汗位后,与第巴·桑结嘉措的关系日趋紧张。1703年(康熙四十二年),第巴·桑结嘉措将拉藏汗驱逐至达木(当雄),拉藏汗又纠集蒙古八旗兵攻回拉萨。经西藏三大寺僧众劝解,矛盾暂时缓和。1705年(康熙四十四),拉萨祈愿大法会期间,第巴·桑结嘉措集结十三万户军队与拉藏汗再次爆发武装冲突。六月双方在拉萨激战,结果第巴·桑结嘉措大败。七月,第巴·桑结嘉措被拉藏汗杀死。翌年初,拉藏汗遣使赴京向康熙皇帝

第九章 清代青海藏族

奏报西藏事变的经过，还奏称仓央嘉措是"假达赖"，请求朝廷"废黜"，另寻五世达赖喇嘛真正的转世。康熙皇帝即派护军统领席柱、学士舒兰为使进藏，封拉藏汗为"翊法恭顺汗"，赐以金印，以稳定西藏局势。同时，下令将六世达赖喇嘛仓央嘉措解送北京。

1707年（康熙四十六年），仓央嘉措被废黜，拉藏汗立益西嘉措为六世达赖喇嘛，但是，拉藏汗拥立的六世达赖喇嘛益西嘉措既得不到三大寺为代表的格鲁派上层的认可，也得不到青海蒙古王公的拥护。青海诸台吉纷纷上书朝廷，奏呈益西嘉措是假达赖。清朝中央政府深知达赖喇嘛废立的重要，康熙帝遂派内阁学士拉都浑率青海众台吉的代表前往西藏查验。拉都浑等人到西藏后，与拉藏汗、五世班禅进行会晤，详细了解有关拉藏汗拥立益西嘉措之事，并听取了多方面的意见，回京后如实奏报。康熙帝听取众大臣的讨论，出于对青海、西藏社会安定的考虑，认可了益西嘉措为六世达赖喇嘛。1709年（康熙四十八年）三月，鉴于西藏、青海形势日趋不稳，"青海众台吉与拉藏不睦，西藏事务不便令拉藏独理"，于是派侍郎赫寿领"管理西藏事务"衔入藏，协同拉藏汗办理西藏事务。章嘉呼图克图和哲布尊丹巴呼图克图也派代表陪同赫寿进藏。赫寿进藏是清朝中央政府直接派员驻藏管理西藏事务的开端。

赫寿入藏后，会同拉藏汗、五世班禅和部分寺院上层上奏朝廷，为益西嘉措请封，康熙皇帝降旨正式册封益西嘉措为六世达赖喇嘛，并赐封印。但是，益西嘉措仍未能得到西藏、青海僧俗界的公认。与此同时，仓央嘉措在解送进京途中"行至西宁口外病故"后，西藏三大寺上层便在暗中寻访其转世灵童。最后认定1708年出生于四川理塘的一个幼童为仓央嘉措的转世灵童，并很快得到青海蒙古众台吉的响应和支持。1713年（康熙五十二年）

-275-

正月三十日，康熙皇帝为五世班禅罗桑益西"颁金册、金印，封赐班禅额尔德尼名号"。由此，班禅的宗教领袖地位得到清朝中央政府的确认，历代班禅受中央政府册封遂成定制。①

1714年（康熙五十三年），青海和硕特蒙古众台吉出于对仓央嘉措转世灵童安全的考虑，将仓央嘉措转世灵童格桑嘉措移至德格加以保护。1716年（康熙五十五年）又迎至甘肃永登红山寺供养，不久又接到塔尔寺居住。当时，围绕灵童一事，青海蒙古各部因持不同意见发生了激烈的冲突。面对这种形势，清朝政府对青海蒙古左右翼的首领进行了调整，罗卜藏丹津、察罕丹津、达颜管理右翼事务，额尔得尼厄尔克托克托那、阿剌布坦鄂木布管理左翼事务。此外又派公策旺诺尔布、侍卫布达理前往青海，召集诸蒙古首领会盟，令其和好。

次年，蒙古奏报准噶尔部策妄阿拉布坦分兵两路，一路袭扰西藏，另一路往青海劫持格桑嘉措，企图挟达赖喇嘛以令蒙藏诸部。但东进青海的一支还未到达目的地就被清军消灭，而侵袭西藏的一路由策妄阿拉布坦的堂兄策零敦多布率领，从和田出发，直奔藏北。八月，在达木与拉藏汗的军队多次交战。十一月，拉藏汗军队退守拉萨，并驰书奏报清朝中央，请求朝廷派兵救援。准噶尔军队于月底攻入拉萨，拉藏汗战死，其拥立的六世达赖益西嘉措被策零敦多布囚禁于药王山。和硕特蒙古在西藏的统治至此结束。

准噶尔军队占领拉萨后，大肆抢掠，激起西藏僧俗民众的强烈不满和反对。康熙遂于1718年、1720年两次派清军入藏，平定

---

① 参见陈庆英、高淑芬主编：《西藏通史》第六编第一章；王辅仁、陈庆英编著：《蒙藏民族关系史略》第四章；蒲文成、王心岳：《汉藏民族关系史》第六章的相关内容。

第九章 清代青海藏族

准噶尔之乱。西藏地方官员颇罗鼐和康济鼐各自举兵，配合清军戡平了准噶尔叛乱，因而被清廷封为一等台吉。1723年（雍正元年），颇罗鼐被擢升为噶伦，兼管后藏地方事务。平定准噶尔之乱后，清朝趁机废除和硕特蒙古在西藏建立的地方政权，改由清朝任命僧俗噶伦共同执政，以此建立了噶伦制度，从而进一步加强了对西藏的施政。

同年，青海发生罗卜藏丹津叛乱。罗卜藏丹津为和硕特固始汗之孙，1714年（康熙五十九年）袭其父达什巴图尔亲王的爵位，在青海的势力越来越大。清朝平定准噶尔之乱后，罗卜藏丹津梦想恢复和硕特部在西藏的统治地位，让自己继任汗王。1720年（康熙五十九年）五月，七世达赖格桑嘉措从塔尔寺起程由清军护送入藏，罗卜藏丹津和察罕丹津等也率军同行。罗卜藏丹津本想自己保护七世达赖有功于朝廷和西藏，理应得到如同固始汗一样的册封，成为青藏高原的统治者。而清政府平定准噶尔之乱后，废除第巴制度，建立噶伦制度，使"希冀藏王，已非一日"的罗卜藏丹津大失所望。在七世达赖喇嘛坐床典礼上，罗卜藏丹津不仅被安置在后排，而且在雍正帝继位后，对协同清军入藏的青海诸台吉论功行赏，察罕丹津由郡王升为亲王，与罗卜藏丹津同爵，对罗卜藏丹津则只赏不封。于是罗卜藏丹津对清廷由失望转为愤懑，由愤懑走向敌对，并于雍正元年公开举兵反对清朝政府。同年三月，清廷令川陕总督年羹尧整备西宁、松潘、甘州等地清军，开始进剿罗卜藏丹津叛军。十一月，年羹尧统领岳钟琪等分四路围剿。1724年（雍正二年）初，清军与叛军在今青海互助郭隆寺（佑宁寺）一带展开激战，叛军死伤6 000多人，郭隆寺被焚毁。二月，清军深入青海海西寻歼罗卜藏丹津，罗卜藏丹津逃到准噶尔，为策妄阿拉布坦收容。四月，岳钟琪等将领率清军对仍在负隅顽

—277—

抗的大通河上游桌子山、棋子山一带的谢尔苏等藏族部落和纳朱公、朝天堂、加尔多及仙密等寺院进行讨伐，最终平定叛乱。

平定罗卜藏丹津叛乱后，清廷采纳年羹尧上奏的《青海善后事宜十三条》和《禁约青海十二事》，就地方行政制度、划界、会盟、贡市、朝觐、卫戍、移民等项做了规定，下令在青海蒙、藏地区执行。雍正三年（1725年），鉴于青海蒙藏两族逐水草而牧的特点，采取了特殊的统治体制，即由中央设置青海办事大臣进行管理，全称为"钦差办理青海蒙古番子事务大臣"，因其衙署驻西宁，又称西宁办事大臣。[①] "西宁办事大臣直属于理藩院，管辖青海蒙古和硕特、绰罗斯、辉特、土尔扈特、喀尔喀诸部及青海各藏族部落，主持青海各旗盟会，并节制西宁镇、西宁道文武官员，掌青海之军政大计。"其级别大约相当于行省一级，而其地域可称为"青海特别区"。[②] 隶属西宁办事大臣的青海藏族部落有玉树四十族、环海八族及黄河南各部。

清政府将黄河以南的藏族，查编户籍，建立千百户制度，一千户以上设千户一员，百户以上设百户一员，未及百户者设百长一员，并发给号纸，准其世袭。对青海蒙古各部根据"宜

[①] 西宁办事大臣：其统辖的范围最初主要是青海蒙古三十旗和玉树四十族（部）及其游牧的区域，到1791年（乾隆五十六年），循化及贵德两厅所属76个"熟番"部落和77个"生番"部落也交由西宁办事大臣管辖。这些部落广泛地分布在今青海省贵德、贵南、同德、循化、尖扎、同仁、泽库各县及甘肃省甘南藏族自治州境内。为了管理方便，事权统一，1794年（乾隆五十九年），清朝又将循化、贵德两厅文武官员归办事大臣调遣。至1806年（嘉庆十一年），又以西宁镇、道以下官员归西宁办事大臣兼辖节制。

[②] 青海省地方志编纂委员会编：《青海省志·建置沿革志》，青海人民出版社2001年版，第389页。

第九章 清代青海藏族

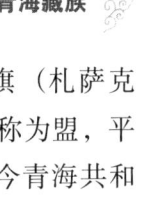

分别游牧居住"的原则,施行盟旗制度,编为29旗(札萨克旗),另有察罕诺门汗旗(又称"喇嘛旗")。合各旗称为盟,平时不设盟长,每年农历七月十五日在察罕托洛亥(今青海共和县倒淌河乡境内)会盟一次。会盟时,选老成恭顺者充任盟长。各旗会盟由西宁办事大臣主持,会盟时举行祭海仪式,集中处理一年中蒙古族内部的重大事务。道光三年又规定青海环湖藏族也参加祭海会盟。蒙藏共同会盟,促进了青海地区社会秩序的稳定。

西宁办事大臣的设置,是清朝对青海蒙藏地区施政的一次重大创新。当时清朝把克服蒙藏民族僧俗上层分子中的分裂活动和加强对青藏高原的统治,作为其施政的主要政治目的和基本内容,而西宁办事大臣正是这种政治目的的一次重要实践,它对于改革西藏噶伦制度,设置驻藏大臣起到了先行实践的意义。

西宁办事大臣设置的第二年,清朝即正式册封康济鼐为"总理西藏事务贝子"。但是,1727年(雍正五年),前后藏两大贵族集团为争夺西藏最高权力而发生内讧,以噶伦阿尔布巴、隆布鼐、扎尔鼐为同党的一派发动变乱,戕杀总理噶伦康济鼐。由此暴露出噶伦制度并不能达到使西藏政局安定、和谐的目的。阿尔布巴变乱发生后,颇罗鼐火速奏报清朝中央的同时,再次于后藏起兵,在三大寺僧众帮助下攻入拉萨,擒获了阿尔布巴等人,平定了内乱。清朝对颇罗鼐的功绩予以高度肯定,称赞其"深知大义,讨逆锄奸","甚属可嘉,著封为贝子"。[1]平定阿尔布巴变乱后,清朝正式建立了驻藏大臣制度,在拉萨设立驻藏大臣衙门,办理西藏事务。与此同时,清朝下令将理塘、巴塘等地划

---

[1]《清世宗实录》,卷七六。

归四川管辖,将中甸、阿墩子、纳西等地划归云南管辖,从巴颜(今青海玉树)等处的79族中划出40族归西宁办事大臣管辖,其余39族归驻藏大臣管辖,从而明确了西藏地方行政区划的管辖范围。①

三、西宁府的设立和千百户制度的推行

清朝平定罗卜藏丹津之乱,结束了和硕特蒙古控制青海藏族的局面,并以年羹尧所奏《青海善后事宜十三条》及《禁约青海十二事》为基础,陆续出台了一系列对青海历史影响重大的治理措施,由此开始在青海进行全面建政施治,包括改卫所制设府县,在藏族地区推行千百户制度等。

(一)西宁府的设置与土司制度

平定罗卜藏丹津之乱后,年羹尧提出了稳定青海局势、治理西藏和川边藏族地区的一系列政策,其中对顺治、康熙时期治理蒙藏的方针、政策加以系统的总结,形成了法规性条款,即《青海善后事宜十三条》及《禁约青海十二事》,经雍正皇帝批准后颁行,在一定时期内成为清朝治藏的指导方针。在《青海善后事宜十三条》中明确提出:"西番人等宜属内地管辖也。查陕西之甘州、凉州、庄浪、西宁、河州,四川之松潘、打箭炉、里塘、巴塘,云南之中甸等处,皆系西番人等居住、牧养之地。自明以来,失其抚治之道,或为喇嘛耕地,或为青海属人交纳租税,惟知有蒙古,而不知有厅、卫、营伍官员。今西番人等尽归仁化,即系内地之良民,应相度地方,添设卫所,以便抚治。将番人心服之头目给与土司、千百户、土司巡检等职衔分管,仍令附近

---

① 马大正主编:《中国边疆经略史》,中州古籍出版社2000年版,第252页。参见陈庆英、高淑芬主编:《西藏通史》第六编第一章;王辅仁、陈庆英编著:《蒙藏民族关系史略》第四章;蒲文成、王心岳:《汉藏民族关系史》第六章的相关内容。

第九章 清代青海藏族

道、厅及添设卫所官员管辖。"①清朝采纳年羹尧的建议,于1725年（雍正三年）,改西宁卫为西宁府,仍隶属甘肃布政使司（习惯上称甘肃省）,领西宁、碾伯二县和大通卫。②其辖境:"东至凉州府平番县界二百四十里。西至河拉库托营日月山青海界一百七十里。南至贵德所管都受番族界三百七十里。北至大雪山二百三十里,系荒山,后接连凉州府界。东南至三川黄河沿界四百七十里。西南至上郭密番族界二百三十里。东北至冰沟山写尔定番族界二百七十里。西北至扁都口张掖县界四百九十五里。"③其后,在乾隆、道光年间经过不断调整,至道光时,辖境包括整个青海东部地区,领有西宁县、碾伯县、大通县和巴燕戎格厅、贵德厅、循化厅、丹噶尔厅。据《西宁府新志》载:"皇清雍正元年,平定青海,编为佐领,将内外番人入我版图。……宁郡四属俱有番民,其西、碾二邑番族近南山者,又特设巴燕戎抚厅以化导羁縻云。"④

清朝初年,明朝各土官"俱就招抚,孟总督乔芳请仍赐以原职世袭"。从1647至1654年（顺治四年至十一年）,清朝先后给明朝西宁卫土官后代祁廷谏、祁兴周父子及李天俞等人发给号纸印敕,正式称其为"土司",并分别授予指挥使、指挥佥事、指挥

---

① 张羽新编著:《清朝治藏典章研究》（上）,中国藏学出版社2002年版,第6~7页。

② [清]杨应琚:《西宁府新志》,卷三《地理·沿革》青海人民出版社1988年版,第118~119页。

③ [清]杨应琚:《西宁府新志》,卷三《地理·疆域附形势》,青海人民出版社1988年版,第121~122页。

④ [清]杨应琚:《西宁府新志》,卷十九《武备·番族》,青海人民出版社1988年版,第482页。

同知等职衔，以彰其归附之功，同时，令其"各领所部耕牧"。土司制度的特点是"封土司民"，官职世袭，土司既是部落首领、封建领主，又是朝廷官员。根据史籍记载，西宁府在清代共有土司24家，其中藏族土司6家。①"西宁所属番子，隶驻扎西宁办事大臣兼管。其生番亦设千户、百户等职管辖。如有奋勉出力，严缉贼匪者，准西宁办事大臣奏请赏戴蓝翎，以示鼓励。"②

(二) 千百户制度

清朝在中央政府设立理藩院，专司边疆民族事务，以适应多民族统一国家的建立和巩固。清初，西宁办事大臣和驻藏办事大臣未设立之前，清政府对青海、西藏等广大藏族地区的管理是通过理藩院具体实施的。待到西宁办事大臣和驻藏办事大臣设立后，理藩院仍然协同他们及四川总督处理解决藏族地区民族事务。③又依据藏族历史和文化特点，在青海藏族牧区和农区实行了不同的管理制度。

1725年（雍正三年），清朝派达鼐办理青海善后事宜。按《青海善后事宜十三条》、《禁约青海十二事》之相关规定，将藏族部落从和硕特蒙古统治下分离出来，并清查户口，划定地界，因俗设官，承认和封授土司，确立千百户制度，并分别赐予千户、百户等职衔，由西宁办事大臣发给委牌。1732年（雍正十

---

① 西宁府24家土司的族属，较为复杂，此处所计6家，见贾霄锋：《藏区土司制度研究》，第85页。参见龚荫：《中国土司制度》"九、青海土司"，云南民族出版社1992年版。

② 《钦定理藩院则例》，天津古籍出版社1998年版，第72页。

③ 曾国庆、黄维忠编著：《清代藏族历史》，中国藏学出版社2012年版，第46~47页。

年),达鼐奏定玉树地区"每千户以上之部落,设千户一员,百户以上之部落,设百户一员,俱由兵部颁给号纸,准其世袭。千户以下,酌设百长五六名,百户以下,酌设散百长三四名,其不及百户之部落,设百长一名,由西宁夷情衙门发给委牌。每十户设一什长,由千百户派。"①自此伊始,其他地区的千百户委任也改由兵部执掌。后来,清朝出于"分而治之"的目的,在"剖其地、分其部落"的实践中,藏族千百户部落人口规模越调整越少,而所封千百户头人(土司)数量则日渐增多。据不完全统计,青海藏族各部计有总千户1人、千户22人、百户114人、百长81人、干保或什长46人。"他们分别被拨归清朝的道、厅、卫、所衙门辖治,不再隶属于在青海的蒙古和硕特部,而直接聆命于清朝政府,故而由原先的边郡一变为清政府的内郡了。"②按清制,千百户分为文职和武职两种,而青海无文职。③千百户藏语称"红保",其部落组织系统一般可分为三级,即千户—百户—百长。其称谓因地而异,果洛地区称为红保(千户)—隆保(百户)—措红。玉树地区称为红保(千户)—干保(百户)—居本(什长)。环海地区的千百户,红保下设"尕保"、"秋得合"。"尕保"协助千百户管理本部落事务,其人数根据需要而决定;"秋得合"也是协助千百户的管理者,一般负责管理草原界线,

---

① 周希武编著,吴均校释:《玉树调查记》,青海人民出版社1986年版,第67页。

② 黎宗华、李延恺:《安多藏族史略》,青海民族出版社1992年版,第153页。

③ 龚荫:《中国土司制度》,云南民族出版社1992年版,第1321页。

防止其他部落越界放牧,农业区的主要负责管理水利等农业事项。①

清朝在藏族地区实行的千百户制度,是一种"建立在领户基础上的封土制",由此建立起来的封建领主统治秩序,受到清朝法律的保护。②

第二节 清朝优崇格鲁派与政教合一制度的完善

藏传佛教经过元明时期的发展,到清朝时期走向鼎盛。清朝鉴于当时和硕特蒙古固始汗利用五世达赖控制青、康、藏地区的历史现实,遂采取利用达赖喇嘛对西北地区的宗教影响和固始汗的势力,藉以取得对蒙藏两大民族的全面统治。因此,利用藏传佛教,完善政教合一制度,是清朝统治藏族地区的一大基本方略。自清初到乾隆年间,均采取"因其教不易其俗"的政策,大力扶植和抬高格鲁派,使格鲁派政教合一统治不断完善和巩固。

一、整顿藏传佛教寺院

清初,"鉴于西藏地方蒙藏联合掌权的特定政治格局,清初采取'一揽子'封授,在确认达赖喇嘛宗教领袖地位之同时,册封掌握西藏地方军政大权的固始汗为'作朕屏辅,辑乃封圻'的汗王,以达'安劝庶邦,使德教加于四海',即通过和硕特蒙古首领对西藏地方进行政治统辖"。这种封授"就其实质而言,亦

---

① 编写组:《青海省藏族蒙古族社会历史调查》,青海人民出版社1985年版,第7页。

② 周新会:《青海藏族牧业区封建领主经济研究》,陕西人民教育出版社1993年版,第71~75页。

第九章 清代青海藏族

是推行一种'修其教不易其俗，齐其政不易其宜'的政策，与前代中央政权的'因俗而治'是一脉相承的"。①通过尊崇藏传佛教、优礼格鲁派，册封五世达赖喇嘛和固始汗，清朝中央政府顺利实现了对青藏地区的主权管辖，对青海藏族社会发展起到了积极作用。但是，在康熙末雍正初，围绕六世达赖和蒙古汗王的废立等问题，在青海和西藏先后发生罗卜藏丹津和阿尔布巴事件，由此暴露出清朝治藏政策上存在的诸多弊端，从而促使清朝下决心对藏传佛教进行彻底整顿。

在青海，平定罗卜藏丹津事件后，年羹尧为措置青海事宜拟定了《青海善后事宜十三条》和《禁约青海十二事》，提出对藏传佛教进行整顿。整顿的主要内容是：1.制寺院和僧人规。"请嗣后定例，寺庙之房，不得过二百间，喇嘛多者三百人、少者十数人，仍每年稽察二次，令首领喇嘛出具甘结存档。"2.改革寺院所属"番民纳喇嘛租税"，"番民之粮俱交地方官管理"，即取消寺院的治民特权，寺院所属"番民"不再向寺院交纳租税。3.制定喇嘛"衣单口粮"由政府供给，"每年量各庙用度给发，再加给喇嘛衣服银两。"② 4.加强度牒管理，"如喇嘛遇有物故者，即追其度牒缴部。每年另给度牒若干张交地方官查收，遇有新经披剃之人，查明填给"。经过整顿，使"各寺喇嘛奸良有别，衣食有资，地方官得以稽考，而黄教从此振兴矣。"③

清朝对青海藏传佛教的上述整顿举措，刻意从政治角度加强

---

① 顾祖成编著：《明清治藏史要》，西藏人民出版社1999年版，第106页。

② 青海各处"喇嘛衣单口粮"，可参见 [清] 长白文孚：《青海事宜节略》，青海人民出版社1993年版，第72~73页。

③ 张羽新编著：《清朝治藏典章研究》（上），中国藏学出版社2002年版，第7、19页。《青海善后事宜十三条》的内容转引于此，不再一一注出。

对藏传佛教的管理,对稳定青海起到了重要作用,致使"边方数百年之患,一朝永息"。尤其是"将各番族归于县官,按地输粮,不受番寺约束",①从而大大加强了清朝政府对青海藏族及藏传佛教寺院的直接管理,与此同时,清朝对藏族和藏传佛教的管理不断法制化、制度化。这可从前述《青海善后事宜十三条》、《禁约青海十二事》及《西宁青海番夷成例》到《理藩院则例》中的相关规定中得到印证。

二、三世章嘉呼图克图与六世班禅东行

清朝在具体落实"兴黄教"政策的过程中,最明显的举措就是通过对藏传佛教格鲁派领袖的敬奉尊崇,利用其广泛的社会影响力来感召和吸引蒙藏民族归心清朝。藏传佛教特有的活佛信仰文化,使活佛和喇嘛在信众心目中有特殊的神圣地位,信众对他们有着特殊的情感寄托,因此,只要活佛和喇嘛诚服归心,虔心敬奉他们的蒙藏民众自然会随踵归附。以康熙、乾隆为代表的清朝皇帝深知活佛和喇嘛在蒙藏社会中的神圣性和感召力,遂不惜巨大的财力、物力,建造寺庙,以此显示对藏传佛教尤其是对格鲁派的优礼,并以极大的热情和精力与藏传佛教界的活佛和喇嘛进行情感交流,以此调动他们的积极性,为清朝的统一和巩固发挥作用。这一点尤以乾隆与三世章嘉和六世班禅之间的关系最具代表性。

章嘉活佛系统在清代极受中央朝廷尊崇,与达赖喇嘛、班禅和哲布尊丹巴一起被称为"黄教四大活佛"。章嘉在清代共传六世,历来掌管京师与内蒙古地区宗教事务。章嘉二世、三世正逢

---

① [清]杨应琚:《西宁府新志》,卷十五《祠祀·番寺》,青海人民出版社1988年版,第386页。

第九章 清代青海藏族

康乾盛世,被封为"国师",影响很大。二世章嘉是五世达赖喇嘛的大弟子,康熙年间因调解外蒙古喀尔喀土谢图汗部与扎萨克图汗部之争有功,受到康熙帝的赏识,被迎请到北京。1706年(康熙四十五年),敕封为"灌顶普惠广慈大国师",赐金册、玉印,常驻北京嵩祝寺和多伦诺尔的汇宗寺。章嘉呼图克图是清朝唯一被加封"国师"尊号的转世活佛。

三世章嘉若贝多杰(1717~1786年)为凉州人,4岁被认定为灵童,迎入郭隆寺(今佑宁寺)。1724年(雍正二年)发生罗卜藏丹津事件,清朝恐其受害而迎至北京。进京后,遵照雍正帝之旨,勤习佛教经典。后又奉旨每日入宫与皇四子弘历同习满、蒙、汉三种文字,至18岁时,三种文字皆通,亦深通政教典籍。1734年(雍正十二年)颁降谕旨:"应照前身赐封国师之号。其原有灌顶普惠广慈大国师印,现在其徒收储,勿用颁给外,应给予诰命敕书"。随后即正式行使章嘉国师权力,奉旨与雍正弟和硕果亲王等前往四川看望因西藏阿尔布巴之乱移居惠远庙的七世达赖,第二年又护送七世达赖入藏;在西藏,由五世班禅罗桑益希授比丘戒。1736年(乾隆元年)回京,赐给管理京师寺庙扎萨克大喇嘛印;1751年(乾隆十六年),又赐予"振兴黄教大慈大喇嘛"之印。1765年(乾隆三十年),回青海,任佑宁寺第三十任法台五年。1778年(乾隆四十三年),奏请六世班禅入京;1786年(乾隆五十一年)四月圆寂,依照其遗嘱,灵塔供于五台山镇海寺中。三世章嘉自幼入京,在朝廷供职半个多世纪,直接参与处理过许多重大民族、宗教问题,是一位对清朝多民族国家统一作出特殊历史贡献的人物。

三世章嘉在处理蒙古王公与乾隆帝之间的关系方面更是表现出过人的胆略,深得乾隆之赞赏。1755年(乾隆十二年),阿睦尔撒纳叛乱的阴谋败露，奉命监视阿睦尔撒纳的喀尔喀亲王额林沁在伴随其入觐时，泄露军机，放跑了阿睦尔撒纳。为此，乾隆帝震怒，赐额林沁自尽。此事在蒙古诸部中引起骚动，逆谋与朝廷对抗。当时，三世章嘉国师"扈从木兰，上以其事告之。师曰：'皇上勿虑，老僧请折简以消逆谋'"。随后，章嘉连夜作书规劝逆谋兵变的蒙古首领："国家抚绥外藩，恩为至厚，今额（林沁）自作不轨，故上不得已施之手法，乃视蒙古与内臣无异之故，非以此尽疑外藩有异心焉。"随后，派其弟子日驰数百里，将信札送达于蒙古诸部，蒙古诸部首领对章嘉国师信中所言心悦诚服，遂放弃逆谋作乱的念头。这一事件充分显示了三世章嘉在蒙古诸部民众中的崇高威望和宗教感召力，同时也表明了他对乾隆和清王朝的耿耿忠心。三世章嘉"折简以消逆谋"，则是对乾隆帝优礼的最好酬谢，也是清朝"阐扬黄教，安抚众生"的宗教政策所要达到的最终目的！①

1763年（乾隆二十八年），在西藏转世的三世哲布尊丹巴呼图克图呼毕勒罕（时年5岁）赴库伦坐床，途经承德时，乾隆在避暑山庄接见，并命章嘉在普宁寺讲经堂为三世哲布尊丹巴呼图克图授戒。三世哲布尊丹巴呼图克图与章嘉由此建立师徒之情，这对之后喀尔喀蒙古与清朝关系的影响是十分深远的。

促成六世班禅东行觐见乾隆，是三世章嘉的又一大功勋。1780年（乾隆四十五年）为乾隆帝七十寿辰。六世班禅在此之

---

① 陈振远、李海涛：《浅谈章嘉活佛与"康乾盛世"外八庙的关系》；马秀英：《从承德皇家寺庙看康乾民族政策》，见中国人民大学清史所、故宫博物院、承德市人民政府编著：《山庄研究——纪念承德避暑山庄建园290周年论文集》，紫禁城出版社1994年版。

第九章 清代青海藏族

前得知消息后,通过三世章嘉主动要求入觐祝寿,乾隆奏闻后极为高兴,认为六世班禅出于自愿入觐是"吉祥之事",欣然颁旨,允其所请。为了迎接六世班禅的到来,乾隆不惜花费巨资,分别在北京和承德度地建庙,并修缮原有的寺庙,以供六世班禅驻锡讲经。在新建寺庙中规模和影响最大的就是承德外八庙中的须弥福寿之庙。乾隆深知,班禅来京为其祝寿,一定会在蒙古诸部中产生巨大影响,因此,他把许多请求入觐的蒙古王公贵族有意安排在六世班禅入觐的时候,希望内外蒙古、青海等地的少数民族首领在承德叩拜六世班禅,以扩大其影响。如1779年(乾隆四十四年),杜尔伯特达赖汗玛克苏尔扎布请求入觐,乾隆即降谕旨:"本年杜尔伯特汗玛克苏尔扎布年满十二,照朕前降谕旨,理合准其入觐,唯来年七月班禅额尔德尼前来避暑山庄觐见,玛克苏尔扎布与其今年来,弗如明年再来,既可谒朕,又可叩拜班禅额尔德尼,甚善哉。"六世班禅东行入觐的消息传出后,青海、蒙古的蒙藏各族上层果然纷纷要求入觐,正可谓是"一人来朝而万众归心"。六世班禅东行入觐之举,对当时蒙藏民族向心清朝曾产生积极的社会影响。乾隆四十五年七月,六世班禅抵达热河避暑山庄,在澹泊敬诚殿晋谒乾隆帝,乾隆帝御制诗文以纪事:

祝釐远至鬯宗风,三接欣于避暑宫。
敬一人而千万悦,垂名册亦乃予同。
雪山青海胥增忭,色罽精金许献忠。
初见宛然旧相识,本来如是非神通。

诗中"敬一人而千万悦"一句,不仅描述了六世班禅万里祝寿途中蒙藏等民族至诚供奉的情景,更表达了乾隆对六世班禅东行所达到的政治效果的赞誉。①

清朝帝王如此崇尚藏传佛教格鲁派高僧，与他们建立亲密无间的关系，自然不是帝王们的个人信仰和文化偏好，而是出于考虑更高的国家利益使然。纵览清朝从努尔哈赤到康乾盛世的历史，藏传佛教在联络满蒙藏民族关系中确曾起到了极为重要的文化纽带作用，而五世达赖、六世班禅、三世章嘉等高僧则是促成清朝多民族国家形成过程中的重要代表。

三、政教合一制度的发展与完善

青海藏族地区是否有过政教合一制度，学界曾有所争议。有的根据政教现状，认为在安多地区，直至解放前仍旧存在着政教合一的统治形式；有的根据国家行政建制，认为这种统治形式，在地方基层行政建制实施之日起，已不复存在。但从青海藏族地区的历史事实来看，我们认为政教合一制度在这一地区曾存在并有相当深远的影响，只是与西藏地区的政教合一制度相比，有许多本地区的特点。

藏族地区的政教合一制度，可溯源于10世纪后期的阿里古格王朝时期。在青海，11世纪初的唃厮啰政权时即有政教合一制度的统治形式，如拥立唃厮啰的李立遵和温逋奇就是当时河湟地区地方性政教合一制首领。青海与西藏相比，国家的行政建置与管理时间早且又直接，因此，境内没有形成大的地方割据势力与教派，青海地区的政教合一制统治多由中央政府批准成立，"或者是由中央一级的官员派人组织成立，它不像西藏地区那样，先由地方割据势力与教派相互结合成立，然后由国家予以承认；而且这个地区的政教合一制统治，建在国家的地方基层行政组织区域

---

① 妙舟法师：《蒙藏佛教史》，江苏广陵古籍刻印社1993年版，第163页。

第九章 清代青海藏族

之内,是在中央政府直接领导下与原有的地方基层行政组织不相统属而并行的具有自治性质的地区性政治组织。卫藏则是由国家在原有的组织形式上,分别建立国家行政建置,授给僧俗首领以相应的官职,使其成为中央政府所属的官员。安多政教合一制统治的组织,有的由中央政府直接领导,有的则拨归省级领导,个别则由县一级领导,皆由元明清(中央政府)以行政命令固定下来。"其组织形式大致有如下几种模式:①

1. 西纳寺模式 即由中央政府划拨部分土地和百姓,归其管理和统治的政教合一制形式或模式。它以西纳寺为中心,由西纳家族成员掌握统治权。西纳寺原属萨迦派,后改宗格鲁派,并实行转世制度。元初,西藏僧人西纳堪布喜饶耶喜巴藏卜事奉八思巴,因而得到皇帝忽必烈与帝师八思巴的封赐。当时,皇帝与帝师欲赐其封地,问他想得到何地,西纳堪布回答:他先到藏族地区看看哪些地方好,然后回报呈述。于是回到藏族地区,把东面的宗喀、甘肃、贵德、般托、东康、噶甘居,北面的卜德寺、切督寺、康萨寺、拉桑寺、仁钦林寺等广大地区的许多村庄、寺院和百姓都写在报告中,回来将文书呈送皇帝。皇帝下诏命其管理文书中所载各地。皇帝和帝师各赐给他珍珠敕书一份,委任为宣政院根本院使。后来,又赐给西纳华本嵌有三颗珠宝的虎头印,敕授为宗喀万户。当时蒙古王族与西纳家族互相联姻,结为姻亲。

1410年(永乐八年),西纳喇嘛西帕坚赞被尊为慈智禅师。1727年(宣德二年)封为通慧净觉国师,赐银印,彼师修建西纳桑珠林寺和经堂。他的世俗职衔为万户,通称西纳国师,拥有一

---

① 吴均:《论安多藏区的政教合一制统治》,见《吴均藏学文集》(上),中国藏学出版社2007年版,第297页。

-291-

部分武装，曾于明崇祯时，协助西宁卫镇压地方反明叛乱，为此明朝在西宁城东关敕建纪功大牌楼一座，予以表扬。[1]改宗格鲁派后，参与塔尔寺扩建，后来，由于势衰，成为塔尔寺六族之一。

属于这种模式的还有乐都县的瞿昙寺、民和县的弘化寺、昂欠县的觉拉寺（巴绒噶举派）、称多县的拉卜寺等。

2. 隆务寺模式 这是安多藏区中在解放前仍旧行使其区域性政教合一统治的两大系统——隆务寺与拉卜楞寺之一。隆务寺建立于元初，是由元朝帝师八思巴派遣萨迦派高僧拉杰直纳哇到同仁隆务河流域传播教法，与当地部落结为一体，由隆务囊索家族世代出家掌握的政教合一体系。隆务河流域元时属贵德州，归吐蕃等处宣慰使司管辖；明初由贵德守御千户所管辖，隶属河州卫。1730年（雍正八年），改归循化厅管辖。由此可见，隆务河流域自元以来一直属于地方基层行政建置之下，"隆务寺政教合一制统治，按其沿革，它一开始即建于原有的地方基层行政区域之内。这就是说，它用宗教这张王牌，在地方基层行政建置内建立了区域性政教合一的统治，而且还把国家设在那里的驻屯军，也用宗教突破，全并过去，成为它所属的'年土乎族'，这些驻屯军在清代，还保留着驻屯军的名义及补额"。[2]

据《隆务寺志》记载，隆钦多德本的九子中像神般的长兄三子指的是隆务喇嘛桑丹仁钦、更邦扎巴坚赞和大国师洛哲桑格。三人中的长子隆顿桑丹仁钦是一位大成就者，他和四台吉大百户结成供施关系，于1342年（至正二年）创建了隆务寺。之后，又

---

[1] 智观巴·贡却乎丹巴绕吉著，吴均等译：《安多政教史》，甘肃民族出版社1989年版，第161~163页。

[2] 吴均：《论安多藏区的政教合一制统治》，见《吴均藏学文集》（上），中国藏学出版社2007年版，第298~299页。

第九章 清代青海藏族

建成下隆务香来卡寺和道帏僧院。拉杰直纳哇来到热贡时，与其同来的还有他的三个儿子和属部三十多家，他们编队而行，来到隆务后分部而居。拉杰直纳哇70岁时还曾返回西藏拜见过八思巴，81岁时去世。[①]这说明在元代接受八思巴之命而来到热贡地区的拉杰直纳哇及其后裔，到元末时，不仅掌握了热贡地区的政治权力，而且牢牢地控制了这一地区的宗教大权。之后，随着隆务寺的不断发展，隆务家族势力也不断扩大。作为萨迦派寺院，隆务寺政教合一制的模式与萨迦寺同出一辙。萨迦派创始人款·贡却嘉波直接以世俗贵族身份成为教主，他还规定法位教权的传承只能限于款氏本家族内部，从而使政教权力都集中在同一家族之手。隆务寺从洛哲桑格时开始，即以"大国师"之名，号令属部，颁令家有三男必有一人出家为僧，并征收僧税。由此说明，隆务寺已不仅仅是该地区的宗教和文化中心，而且已成为政治、经济中心。到隆务温布观却坚赞时，更进一步集囊索和国师于一身，政教合一制度进一步确立发展。隆务温布观却坚赞继洛哲桑格担任总管，管理上下隆务及道帏三个地方，主持办理属民的政教事务；又前往卫藏朝圣供养，在卫藏被尊称为"囊索格日"。1427年（宣德二年），他在贵德渡口迎接明朝派来的金字使者并随使者前往北京朝贡，宣德皇帝赐封他为大国师，还赐给必里卫囊索之职及印章。温布观却坚赞之后，由其子端珠仁钦承袭大国师之职；端珠仁钦之后，由其孙洛哲却珠、端珠桑格先后承袭国师之位。1607年（万历三十五年），噶丹嘉措（第一世夏日仓）生于隆务家族，在他和其兄洛桑丹贝坚赞的全力经营下，使隆务寺政教事业

---

① 秦世金：《青海隆务寺政教合一体制之历史研究》，青海民族学院硕士论文，内部油印本。

取得长足发展,并改宗格鲁派,实行活佛转世制度。1659年(顺治十六年),洛桑丹贝坚赞圆寂,依其遗嘱,由噶丹嘉措主持隆务、道纬两座寺院和扎西奇禅院的政教事务。[①]噶丹嘉措全面掌管隆务寺政教事务,使隆务寺政教合一统治步入了一个全新的时期。之后,夏日仓噶丹嘉措转世系统,承袭"弘修妙悟国师"及"诺门汗"的名号,成为隆务寺所属的隆务十二族(部族)政教合一制统治的最高领导,由隆务囊索和夏日襄佐代表他具体执行统治隆务十二族的职权。

3. 郭隆寺模式 这一模式一开始即实行转世制度,且与地方势力相结合,接受地方势力以布施、供养方式送来的土地和百姓,由寺院直接管理。这种模式,在黄河北以郭隆寺为典型,在黄河南以拉卜楞寺为典型。

郭隆寺是在三世达赖和四世达赖的倡导下,由大通河流域的土、藏、蒙古族群众修建的。郭隆寺的修建,除了弘传格鲁派教法外,还有其一定政治目的。17世纪前,西藏的教派斗争极其激烈,信奉噶玛噶举派的藏巴汗,排斥、打击格鲁派不遗余力,因而,格鲁派在西藏的地位受到极大威胁,格鲁派领导集团提出建设第二线,作为格鲁派在西藏被迫撤退时的基地,后情况发生变化,格鲁派放弃撤退计划。1603年(万历三十一年),四世达赖和四世班禅派第七世嘉色活佛顿悦却吉嘉措来青海,主持建寺事宜。翌年,嘉色活佛在第一世松巴丹曲嘉措等人的协助下,建成郭隆寺,藏语称"郭隆贤巴朗",意为"郭隆弥勒洲"。此后,该寺受到和硕特蒙古首领固始汗的支持,固始汗曾向寺院布施大

[①] 智观巴·贡却乎丹巴绕吉著,吴均等译:《安多政教史》,甘肃民族出版社1989年版,第294页。

第九章 清代青海藏族

批土地和百姓,并与四世班禅、五世达赖联合,于1647年(顺治四年)发给寺产执照。郭隆寺建成后发展很快,至清康熙年间,已有寺僧7 000余人、大小院落2 000多座,设有显宗、时轮、密宗、医明四大经院,成为青海湟水以北地区最大的寺院,史称"湟北诸寺之母"。该寺自建寺以来名僧辈出,形成寺内20多个大小活佛系统,最出名的有章嘉、土观、松巴、却藏、王佛"五大囊"活佛和李家、杜固、色尔当、加定、五十、霍尔郡、群察、林嘉、郭莽"九小囊"活佛。其中,章嘉、土观为清朝驻京呼图克图,在甘、青、内蒙古、北京、西藏影响很大。特别章嘉活佛,从二世阿旺却丹(1642~1714年)起,因协助清朝调解漠北蒙古内部纠纷,劝说青海蒙古诸部归顺清朝,因此受到清朝的优礼和器重,封为国师,住持内蒙古汇宗寺,管理京城、内蒙古等地宗教事务,与达赖、班禅和外蒙古的哲布尊丹巴,并称为"黄教四圣"。①

明末,郭隆寺政教合一的武装,成为明朝所倚重的地方武装之一,当年李自成农民起义军贺锦部进入西宁时,该武装与明军配合,击退了农民起义军对该寺的进攻。清初,甘州丁国栋等反清复明斗争失败后,回族及藏族群众万余人逃入今大通白塔等处依附郭隆寺,郭隆寺的政教合一统治力量遂更加膨胀。

明清之际,青海藏族部落受蒙古的控制,因而当罗卜藏丹津发动叛乱时,青海许多寺院,尤其与青海蒙古关系密切的郭隆寺、郭莽寺、塔尔寺及其所属,都被卷入叛乱。当时,塔尔寺所属的申中、多巴等处的封建头目勾通叛军,进攻西宁;郭莽寺的赛青然巴率众进攻清军,后被清军俘虏。清军首先在申中、多巴

---

① 蒲文成:《青海佛教史》,青海人民出版社2001年版,第199页。

等处击败塔尔寺所属的叛乱分子,控制了塔尔寺。接着清军进攻郭隆寺、郭莽寺、却藏寺等,诸寺遂毁于战火,郭隆寺政教合一制的统治瓦解。1733年(雍正十一年),清朝出于"兴黄教即所以安众蒙古"的基本国策,又敕命重建郭隆寺、郭莽寺,并分别赐额"佑宁寺"、"广惠寺"。

属于郭隆寺模式的寺院,在青海还有同德的拉加寺、什藏寺,尖扎的古哇寺,湟中的塔尔寺等。

此外,尚有都兰县的香日德寺和察罕诺门汗旗两个较特殊的区域性政教合一制地区。香日德寺是班禅额尔德尼转世系统跨省统治的政教合一制地区,由原柴达木蒙古族各旗封建统治者以布施方式向历世班禅贡献的旗民组成,直到民国时期,由班禅行辕管辖。察罕诺门汗旗是清初察汗诺门汗罗追嘉木措(白佛)所建的政教合一制统治,所属旗民虽为藏族,但其编制为蒙旗形式,拥有"辅国公"封爵,属于青海蒙古五部二十九旗中的独立旗。该旗因参加罗卜藏丹津事件,在年羹尧《禁约青海十二事》中有"察罕诺门汗庙内,不可妄聚议事"的规定。但其区域性的政教合一统治形式并未改变,仍保留其特权。①

除上述属于格鲁派的政教合一制的统治,其他教派在青海建立的区域性政教合一制统治,目前所知的只有觉囊派藏巴喇嘛在果洛久治县建立的小型的政教合一统治。②

"政教合一制统治下的寺院,实际上是处于国家地方基层行

---

① 吴均:《论安多藏区的政教合一制统治》,见《吴均藏学文集》(上),中国藏学出版社2007年版,第302页。参见张羽新编著:《清朝治藏典章研究》(上),中国藏学出版社2002年版,第10页。

② 吴均:《论安多藏区的政教合一制统治》,见《吴均藏学文集》(上),中国藏学出版社2007年版,第302~303页。

政组织之内且与地方基层行政组织并行的实体,也就是不同形式的具有自治性质的政治实体。"寺院是政教合一的中心,其所属分为:1. 直属部落,有三种:(1)塔哇,意为"寺旁居民",居于寺院四周,实际就是寺院直属农奴。(2)拉德,意为"神庄",有的寺院则称为"却溪",意为"香火庄"。他们是蒙藏封建统治者以各种形式供献给寺院的部落,或是寺院用武力征服而依附的部落,或是国家划拨的百姓,是寺院政教合一统治的基础。(3)穆德,意为"属民",是寺院利用宗教控制的部落。2. 关系部落,分为:(1)却德,意为"教民";(2)拉德,它不同于上述直属部落的拉德,直属部落的拉德,对寺院有人身依附关系;而关系部落的拉德,与寺院只保持紧密的宗教和经济联系,对寺院没有人身依附关系。这种拉德,实际也是教民。关于寺院与所属部落的隶属关系,果洛的口头语说:"山顶之上是日月,土官之上是活佛",颇能形象地说明这个问题。其具体隶属情况如下:

活佛 { 襄佐
       囊索—千户(或官人)—百户(或郭哇)—百长 { 干保
                                              什长①

第三节　清代青海藏族的经济社会发展

清代,青海藏族经济形态主要有农业和畜牧业两大类,而以畜牧业占主导地位。"由于自然条件对农业的限制,农业地区的

---

① 吴均:《论安多藏区的政教合一制统治》,见《吴均藏学文集》(上),中国藏学出版社2007年版,第306~307页。

封建地主往往也是牧业地区的封建农（牧）奴主，农业区被剥削而失业的农民及丧失劳动力的老弱，常常流向牧业区从事牧业与射猎，以求生存。这样，游牧社会在客观上缓和了农业社会的阶级矛盾，巩固了封建农（牧）奴主、封建地主的经济制度。纯牧业区，因为游牧经济的自给自足性，使纯牧业区的封建牧主统治得以长期保持。另一方面，作为封建农（牧）奴主经济基础之上层建筑的宗教，在思想意识及法律政治方面居于统治地位，在长时期历史发展的条件下，对于其经济基础封建农（牧）奴主经济制度的保持，发挥了极端重要的作用。"①

一、农业与畜牧业

（一）农业

清代，青海藏族农业主要分布在东部河湟地区，青南地区玉树、果洛有小块农业，土地悉归千百户占有。清初，为了尽快恢复生产，清朝政府采取了一系列鼓励农民垦荒的政策，顺治年间曾先后颁布《垦荒令》（1649年，顺治六年）和《官吏督垦荒地劝惩则例》（1657年，顺治十四年），以行政力量来推行垦荒。康雍乾时期，继续推行劝督农耕、开垦荒地的政策，尤其在乾隆平定准噶尔叛乱后，实施了严密的安插移民程序，使清廷的移民垦荒运动得以顺利进行，并取得了很大成绩，因之出现了"田野日辟，生齿岁增"的局面。按照清朝制度，耕地有屯、科、秋、站、垦、番六类，其中，番地在明以前即已存在，是指原属少数民族耕种的土地，数量较大，1725年（雍正三年）以后，被清查

---

① 黎宗华、李延恺：《安多藏族史略》，青海民族出版社1992年版，第172页。

第九章 清代青海藏族

入册；垦地指新垦上报升科粮地。①河湟地区的垦荒是清代青海藏族农业经济发展的一个典型例证。1648年（顺治五年），清朝颁诏，要求地方官对所辖地区的无主荒地查明呈报，然后由抚按勘察呈报的虚实，再招民开垦。康熙后期，西宁县开始报垦。1704年（康熙四十三年），西宁府"四驿牛夫首报垦荒地一十八顷六十四亩"；1726年（雍正四年），"新归番民耕种水地一万二千四百七十一段。新归番民耕种旱地六万九千二百三十六段"。1724年（雍正二年），"劝民开垦水地六十一段"。1729年（雍正七年），"劝民开垦旱地六十八段。共水旱地八万一千八百六十三段"。②1754年（乾隆十九年）甘肃巡抚疏报："西宁县属沙塘川脑、巴扎等各庄番汉民人补报乾隆九年至十年分垦过旱地共一千另二十二段，十三年分垦过水地一百三十七段。"③雍正年间，大通镇总兵官冯允中奏明派拨兵士在大通城东和西北百余里永安营等处试种，均无成效而罢。乾隆初年，又在永安营军屯试种失败。之后，巴燕戎升格设厅，1738年（乾隆三年）后，开垦荒地向僻远山区推进。杨应琚在《碾邑巴燕戎请设官开田议》称："其所开之地，俱作旱田，俟垦成之日，计下子若干，委查明白，照旱地十年之例，升科上仓，拨充兵粮。番地任其番民报垦，其马厂平坦之地，原系官地，招民垦种，番汉相处，如宁、碾沿边

---

① 崔永红等主编：《青海通史》，青海人民出版社1999年版，第376页；杨建新主编，杨志娟、牛海桢著：《中国西北少数民族通史》（清代卷），民族出版社2009年版，第128~129页。

② ［清］杨应琚：《西宁府新志》，卷十六《田赋·贡赋》，青海人民出版社1988年版，第392页，第396~397页。

③ 《清高宗实录》，卷四六四。

—299—

村堡。现在情形，日久相化，俱为良民。""应请再设西宁府抚番通判一员，驻扎巴燕戎城内，管辖西、碾二邑南山后附近各番一切命盗各案。"如此则"两县无鞭长之虑，番民有孔迩之欢，将见田土开而人民盛，教养备而边境宁"。①他的建议得到甘肃巡抚黄廷桂的支持和称赞，其"垦户三百余家，城中不敷居住，应准自出工夫，建筑土堡"。至1743年（乾隆八年）十月，黄廷桂疏称西宁府巴燕戎一带，"兹试种三载，已垦摆羊戎沟荒地二十七段，囊思多沟等处荒地二十四段，频岁收成五六分到七八分不等，成效已著。请照原议，将巩昌府通判改为西宁府抚番通判，移驻摆羊戎，添建衙署"。"所垦地亩，照番比例，籽种一石，征粮一斗，于十年后起科。"②道光咸丰年间，土地开垦日盛，至道光三十年时，巴燕戎格厅已有"实在应征水旱地一万六千一百六十一段，实在应征仓斗番粮一百三十八石五斗六合"。③

总之，随着以河湟地区为重点的垦田的不断扩大，清代青海藏族农业经济取得了较快发展，在循化等地还推广了区田法及农作物轮作换茬等新的农业技术。④

农业的发展又推动了水利发展。青海地处干旱、半干旱地区，水利是农业的命脉，因此各级地方官吏对兴修水利极为重视，各地在原有旧渠的基础上新建了许多水渠。清代青海藏族地区水利工程主要在贵德、循化等地。紧靠黄河岸边的贵德地区，

---

① ［清］杨应琚：《西宁府新志》，卷三十四《艺文·条议附》，青海人民出版社1988年版，第905页。

② 《清高宗实录》，卷一九三。

③ ［清］邓承伟修，张价卿、来维礼等纂，基生兰续纂：《西宁府续志》，卷四《田赋志》，青海人民出版社1985年版，第156页。

④ 崔永红等主编：《青海通史》，青海人民出版社1999年版，第378页。

第九章 清代青海藏族

"向无渠道,皆决口漫浇。乾隆六年,经西宁道佥事杨应琚、知府申梦玺、所千总李滋宏捐俸创筑支干渠,就渠道远近、定引水庄堡,并设立渠长。每岁按地派夫浚筑,渐获水利焉"。①循化草滩坝渠的修建亦很有代表性。循化境内多山田,"惟起台、边都二沟有水泉之利,番回引以为渠,溉田转磨。然泉力微,夏月常苦旱。黄河行境内而人不知用,皆云岸高水下,势不可引。顾自其上流开之,亦自可行,工大费钜,盖虑始之难也"。因之,"方议复开草滩坝新渠,垦城东荒田"。"草滩坝有上滩、下滩田地,旧渠从街子工渠取水,自上而下,上庄浇毕方浇本滩,水常不足,下滩则久为荒地也。乾隆三十四年(1769年)同知张春芳始议开新渠于街子工东岸,开新口在五渠之下,五渠余水尽入新渠,水常足用,下滩亦开垦。""渠自街子工至土门山入黄河,长30余里,浇草滩坝田1 506亩,下滩地830亩。"渠建成后,张春芳撰《草滩坝工水渠记》。渠成后,"四时之水不竭,不特向之荒芜者顿成沃壤,即渠下所历田亩,亦无干旱之虞"。②

乾隆时期,河湟地区水利得到新的发展,渠道遍布,纵横成网,仅见于记载的干渠有222道,分支渠524条,渠道总长达3 400余里,灌田亩数约46.8万亩。③至嘉庆、道光时,青海河湟地区水利进一步发展。如丹噶尔厅所属20道渠,灌地面积21 350亩;巴燕戎格厅8道渠,灌地6 744亩;贵德东河的9条支渠,溉地3万余

---

① [清]杨应琚:《西宁府新志》,卷六《地理·水利》,青海人民出版社1988年版,第218页。

② [清]龚景瀚:《循化志》,卷七《水利》,青海人民出版社1981年版,第269~272页。

③ 崔永红:《青海经济史》(古代卷),青海人民出版社1998年版,第179页。

亩。清末时，今共和县地区共修水渠6道，可灌田31 501亩。该地区的郭密、曲沟附近及瓦里关、甘地一带的水渠，也于光绪年间建成。在黄河以南，藏族垦地日多，柴旦、玉树一带，熟地、荒地已几乎相等了。①垦田和水利的发展，表明清代青海藏族农业有了较大的发展。

(二) 畜牧业

畜牧业是青海藏族特别是牧业区藏族赖以生存的主要经济形态，在其经济结构中居于主体地位。青海地处青藏高原，除河湟谷地和长江、澜沧江上游各支流的河谷地区适宜农耕外，大部分地区高寒少雨，仅适宜牧业发展，其中青南和日月山以西地区河流交错，草原广袤，是优良的天然牧场。如玉树地区，"西北一带，荒寒广漠，积雪千里，其民皆以游牧为业，插帐而居，岁时迁徙无定。东南各族，地势较低，高山深谷，蔽风蓄热，虽土质瘠确，而阳坡奥湾，往往可田，其民耕牧相杂，结庐而居，有土著之风焉"。②即便如循化这样的河湟谷地，其"番民以畜牧为生，耕种者不及半"。③而地处青藏高原腹地的玉树，"番族十九，皆从事畜牧"。④从总体来看，有清一代青海藏族的经济形态逐步向农牧兼营型转化。清前期，由于对民间养马的禁止和垦荒

---

① [宣统]《青海志》，卷二《垦地》，(台北)成交出版有限公司1968年版。见杨建新主编，杨志娟、牛海桢著：《中国西北少数民族通史》(清代卷)，民族出版社2009年版，第128~129页。

② 周希武编著，吴均校释：《玉树调查记》，青海人民出版社1986年版，第90页。

③ [清]龚景瀚：《循化志》，卷七《农桑》，青海人民出版社1981年版，第279页。

④ 周希武编著，吴均校释：《玉树调查记》，青海人民出版社1986年版，第91页。

第九章 清代青海藏族

政策的推行，使青海藏族畜牧业经济一度受到影响，但总的来说，青海藏族畜牧业经济还是得到较大发展。据康敷镕的《青海记》载："青海东西相距约1 380公里，南北相距580公里，全省面积为782 298平方公里（可能包括阿坝、皇城等地区面积，现已划归四川、甘肃），居全国各省第四位。"全省"除玉树未经调查外，其蒙番两种共计马12万余匹，牛20余万头，羊220余万只。其余未调查之处甚多，若实行查，青海各蒙番生（牲）畜的数尚不止此"。①有人根据当时畜产品贸易量等因素推算，乾隆年间青海马牛羊总数约有350万头（只），表明这一时期青海畜牧业已达到历史上的最高水平。②尤其官营畜牧业十分发达，乾隆初年，清廷议定在西宁、甘州、凉州、肃州等处设立马场，其中许多马场就设在藏族地区，如西宁镇标马场设在巴燕戎。③清制以游击1人总管马场，养马1 200匹，每场分5群，每群储牝马200匹，牡马40匹。设牧马千总、把总各1人，牧副外委1人，牧丁10人。每三年稽核一次，并有查验赏罚等规定。之外，为改良马匹，政府还进行良种引进。如1760年（乾隆二十五年），"敕乌鲁木齐市易哈萨克马百三十余匹归巴里坤。旋以五吉等言，选哈萨克所易马拨往巴里坤，遂停购买。阿桂言伊犁易来哈萨克马渐成大群，敕书嘉予。……三十二年，以伊犁易哈萨克马累积至多，择巴里坤善地牧放。寻乌里雅苏台马缺，亦以哈萨克马换易之。陕甘营马，例调自伊犁转补"。④这种做法把中亚哈萨克马等优良马种引

---

① 张逢旭等编著：《青海畜牧》，青海人民出版社1987年版，第26页。
② 崔永红等主编：《青海通史》，青海人民出版社1999年版，第380页。
③ ［清］杨应琚：《西宁府新志》，卷三十四《艺文·条议附》，青海人民出版社1988年版，第904~905页。
④ 《清史稿》，卷一四一《兵志十二·马政》。

入陕甘，对当地马种改良产生一定影响。"青海的浩门马，祁连山北的岔口驿马，均属较优良马种，恐有哈萨克马的血缘。"①官营马厂的生产管理和改良技术等，自然会对马厂周边藏族的养马业起到示范和促进作用。

二、手工业

清前期青海藏族传统手工业水平有了进一步提高，其中最为发达与普及的是毛纺织业，毛织品成为藏族生活中不可或缺的生活用品。据有关史料记载，有一种绒褐，也称毛褐、褐子，享誉西北地区，是青海特色产业，产地遍布青海各地。绒褐品种多样，有羊绒、牛绒不同材质之别，又有黑褐、白褐之分。一般是将毛绒捻线织成。玉树出产的褐子，与西藏的氆氇、康巴的毡子齐名，在整个蒙藏地区很有名气；西宁府碾伯县所产的用牛绒织成的褐子，"为衣可御雨"，"以水沃之，经时不渗"；丹噶尔厅所产毛褐，"以羊毛捻线织成者，厚致温暖，亦能资以御寒。工作下人服用，大半资焉。岁中织造约千余匹"。毛毡，"由蒙古制造运至本境者，曰达毡。本境制者，曰清水毡，稍精细而亦耐久。本境销用者半，一半售于境外。合计约万余条"。②还有用牛毛、山羊毛织成粗线褐，制成口袋、褡裢，用于盛放、运输粮食、面粉等。藏族多用牦牛毛线织成的褐布缝制牛毛帐篷居住，冬暖夏凉，遇雨不漏。黑牛毛帐篷作为青海藏族牧民的民居，成为青海草原上的一道特殊风景。另有氆氇，《甘宁青史略》载：

---

① 张逢旭等编著：《青海畜牧》，青海人民出版社1987年版，第69页。

② [清] 杨治平编纂：《丹噶尔厅志》，卷五《商务出产类》，见青海省少数民族古籍整理规划办公室：《青海地方旧志五种》，青海人民出版社1989年版，第279页。

第九章 清代青海藏族

黑牛毛帐篷

"氆音旁，氆音罗，西番织绒也。以西藏所产为最。其制法用最上羊绒捻成细线，以藏红花染之，色鲜而不脱。又有黄色、灰色。织成四五丈长、八九寸宽之尺头。"有清一代，青海藏族生产的毛纺织品，不仅供应青海本地市场，而且行销西北市场。

传统皮革加工业是以畜牧业发展为基础的。清代藏族普通农牧民都会简单的传统皮革鞣制与加工方法。在加工比较复杂的皮革制品时则需专门的皮匠制作。革种类有牛皮、羊皮、狐皮、狼皮、旱獭皮、鹿皮、猞猁皮、豹皮等。熟皮是传统皮革加工业的一道重要工序，这一工序体现着皮匠工艺的好坏。经熟皮工序后的皮革，多制成精美的裘服、帽、皮褥、皮靴、皮鞋等，或制成皮绳、皮箱、挽具和各种器具配件等，另外还用皮熬制成皮胶，各种皮革制品形形色色，行销于蒙藏各地。①

金属加工制作是清代青海等藏族地区手工业中的又一项传统产业，且具有浓郁的地方民族风格。其制造的铁甲、腰刀、刀

---

① 参见崔永红等主编：《青海通史》，青海人民出版社1999年版，第381页；杨建新主编，杨志娟、牛海桢著：《中国西北少数民族通史》（清代卷），民族出版社2009年版，第232~233页。

鞘、镯子、鼻烟壶等手工艺品都是工艺水平很高的手工制品，如巴燕戎格厅的甘都、玉树的安冲等地生产的藏刀驰名于多康等地。史载，青海"土人尤能炼纯钢，所铸刀犀利无匹"。①之外，铁制农具制造也有较大发展，种类繁多，有犁、铧、耙、镰、锹、锨、铲、镐等。尤其是随着藏传佛教寺院的发展，还出现了专门加工各种寺院宗教用品和僧人生活用品的手工行业。1844年（道光二十四年），甘肃临夏铜匠王珍迁居湟中塔尔寺近旁的鲁沙尔镇，教子王守礼等5人专门以铸生铜为业，自1894年（光绪二十年）至民国初，王守礼的铸造手艺日益精湛，为人称道，他铸造的生铜佛像、塔尔寺大厨房的大铜锅、大经堂的法轮、金刚杵、大小铜灯、大小净水碗及其他法器供物等，深受寺院僧人喜爱。②

清代，在青海藏族地区随着利用水力驱动的水磨的普及，粮油加工业也有了新的发展。道光时，西宁府所属的西宁、碾伯、大通及丹噶尔厅，共有大小山磨、水磨3 473盘，大小油梁748条，共征磨、油税银585两有余。③与此同时，青海各地出现了以水磨命名的村庄，如贵德尕让乡有"大磨房村"等。

三、商业贸易

清朝是我国统一多民族国家最终确立的时期，随着封建政权的巩固，地方行政建制的布局也基本定型，这为各民族间的政治、经济、文化交流提供了有利条件，青海藏族地区的商业贸易和交通因此步入了新的发展阶段。

---

① 徐珂：《清稗类钞》，中华书局2003年版，第2357页。

② 翟松天：《青海经济史》（近代卷），青海人民出版社1998年版，第103页。

③ [清]邓承伟修，张价卿、来维礼等纂，基生兰续纂：《西宁府续志》，卷四《田赋志·岁榷》，青海人民出版社1985年版，第162~165页。

第九章 清代青海藏族

随着各种形式的商贸活动非常活跃，清代青海藏族与内地和周边其他民族的交往日益密切。清初，青海藏族与内地的商业贸易主要是以清朝官方茶马贸易的形式进行的，并且，随着中央集权的加强与多民族国家的巩固，其制度日趋完善，交往更加频繁。

清朝建立之初，因统一战争仍在继续，清政府对战马的需求甚急，其解决的办法就是恢复茶马贸易，并沿袭明制，设立西宁、洮州、河州、庄浪、甘州五个茶马司，由巡视陕西茶马监察御史（简称巡茶御史）总领。清朝茶法分为三种："曰官茶，储边易马；曰商茶，给引征课；曰贡茶，则上用也。"[①]其中，前两种茶由中央政府组织"于陕甘易番马"，由中央政府统一在西北五茶马司内颁发茶引。1646年（顺治三年），西宁等五茶马司共发行茶引130余道，中马1 300余匹。1650年（顺治七年），清政府规定五茶马司茶引全部改由商部颁发，大、小茶引均由官、商平分以为中马之用。按照旧例，其中"大引采茶9 300斤，为930蓰，商部引输价买茶交茶马司，一半入官易马，一半给商发卖，例不抽税"。小引茶税分等级，每5斤为1包，每200包为1引，即1小引为1 000斤。不久又规定，允许每小引附茶140斤。[②]1668年（康熙七年），裁茶马御使，归为甘肃巡抚兼理。此后，茶马贸易时兴时罢，逐步走向衰落。1705年（康熙四十四年），令西宁等处所征茶筐，停止易马，将茶变价折银，以充军饷。1725年（雍正三年），西宁茶马司归于西宁府管辖，并规定自1722年（康熙六十一年）起，茶蓰以5年为一周期，5年内全征本色，5年后变卖旧茶，以防止茶

---

① 《清史稿》，卷一二四《食货志五·茶法》。
② 《甘肃通志》，卷十九《茶马》。

叶年久湮烂。直至1731年（雍正九年），因清朝用兵西域，急需军马，又一度恢复旧制，令西宁等"五司复行茶马之法"。①1735年（雍正十三年），西域战事结束，军马需求减少，同时青海藏族各部也以易马为累，于是茶马贸易再次停止。自此，西宁等五茶马司名存实亡。1736年（乾隆元年），令甘肃官茶改征折色银。1760年（乾隆二十五年），先后裁撤河州、洮州茶马司。1816年（嘉庆二十一年），清朝"准甘肃省茶引，每道应交官茶五十斤，征一成本色，其余九成均为折交银两"。②至此，茶马贸易制度最终被废止。但是，茶马贸易作为清代藏族与内地贸易的重要形式，其作用和影响则极为深远。

另外，有清一代，由于朝廷大力尊崇、优礼藏传佛教，寺院番僧运货，例不征税，因而藏传佛教寺院及僧人参与商贸活动被视为平常之事。寺院商贸活动频繁，形式多样，各寺院或公或私，经营的大多是资本雄厚的大宗生意，获利丰厚。由于与西藏在宗教上的密切关系，各寺院在青藏线上的长途贩运尤其兴盛，寺僧收买骡马，驮运茶叶、绸缎、米、面、麦、酒、枪械等前往拉萨出售。又从西藏收买牦牛，驮运藏香、藏红花、藏枣、氆氇等返回青海销售，虽然往返万里，历尽艰苦，但获取利润丰厚。由于寺院是宗教、政治、经济、文化的中心，尤其有便利的交通，很多寺院成为各地区的商贸集镇，特别是寺院定期或不定期的法会，更吸引四面八方的信众朝会，各地商贾届时聚集于寺院

---

① 《甘肃通志》，卷十九《茶马》。
② 《清朝续文献通考》，卷四二《征榷考·榷茶》。

第九章 清代青海藏族

附近进行贸易,由此形成当地的集市贸易场所。①寺院商业贸易的活跃带来了青海藏族地区集市的兴盛,并由此催生出一批与寺院紧密相连的集市城镇,如塔尔寺与鲁沙尔镇、隆务寺与隆务镇、结古寺与结古镇等。

四、交通驿站

"清代,全国的驿站以北京为中心通向四面八方,中央政府与全国各地和各少数民族地区保持着紧密的联系。边疆地区的呈文和皇帝的谕示较以往各代更为迅捷。可以说,中国封建社会的驿运路线经过历代的修筑,至清朝已臻完善阶段。"②青海处于连接西藏与内地的中心地区,清朝中央政府和地方政府都十分重视青海的驿站驿道建设,因而青海与西藏及甘、新、川的交通干道均已畅通,驿站传递设施也得到较大改善,交通运输能力进一步提高。

(一)青藏驿道

自西宁至拉萨,计程4 120里,共68站:西宁—阿什汉—哈尔噶尔—伙儿—柴吉口—苦苦兔库儿—滚厄尔吉—依灰麻儿—翔罗口—翔罗达巴—希拉哈布—得伦脑儿—苦苦库图儿—阿拉克沙儿—必流兔—河牙库兔儿—黄河渡—纳木噶—和多都—气儿撒托洛流—和牙拉库兔儿查都—白儿赤儿—喇嘛托洛海(今曲麻莱县附近)—巴彦哈拉那都—沙石隆—衣克阿立各—鄂兰厄尔吉—苦苦赛渡—木鲁乌苏—查汉厄尔吉—忒们苦住—白儿七兔—土乎鲁

---

① 崔永红等主编:《青海通史》,青海人民出版社1999年版,第388~389页。

② 西藏自治区交通厅、西藏社会科学研究院编:《西藏古近代交通史》,人民交通出版社2001版,第161页。

托洛海—东布勒兔口（今杂多县附近）—东布勒兔达巴那都—东布勒巴巴查都—乎兰果儿—得尔哈达—顺达—多洛巴兔儿—布哈赛勒—哈拉河洛—呵木达河—因达木—吉利布喇克—依克诺木汉乌巴什—索克东边—巴木汉—泡河老（今西藏聂荣附近）—沙克因果尔—蒙咱—蒙古西里克—绰诺果尔—楚木拉—郭隆—哈拉乌苏（今西藏那曲）—噶欠—什保诺尔—克屯西里克—达木（今西藏当雄）—羊拉—夹藏坝—达隆—沙拉—甘定郡科尔—都们—郎拉—拉萨。①

　　从西宁到拉萨的驿道，路途平坦，且距离较近，是清代常用的大道。乾隆时对青藏驿道作为驰送西藏来往奏摺的专用线路，1791年（乾隆五十六年）十一月，谕军机处："藏内摺奏向由四川一路赍送到京，程途遥远，亦甚纡折，虽限行六百里，往还亦需五十余日。今查西宁到藏，路平且近，较为便捷，着勒保、奎舒即将甘肃各营及青海众扎萨克等之马调拨数十匹，从西宁至藏界，仿照康熙年间之例安置驿站，专为驰送藏中来往奏摺之用。并按站分派弁兵赍领驰送，以专责成。"②

　　（二）由祁连山区至甘肃的道路

　　主要有4条，即西宁至甘州道，永安经野牛沟至肃州道，北大通经镇羌驿至凉州道，甘州至青海湖道。

　　（三）由柴达木地区通甘、新、藏的道路

---

① 西藏自治区交通厅、西藏社会科学研究院编：《西藏古近代交通史》，人民交通出版社2001版，第164页。有关自西宁出口至前藏拉萨路程，《西域志》、《卫藏通志》、《西藏志》诸书基本一致，《西招图略》卷后附录所载与此有异。另有日本学者佐藤长的《清代唐代青海拉萨间的道程》（梁今知译，青海省博物馆筹备处1983年内部印）可参考。

② 《清高宗实录》，卷一三九〇。

第九章 清代青海藏族

共有3条,即与柴达木盆地东西走向相平行的南、北二道和南北走向的偏西道。1.柴达木南路是贯通东西的最主要的交通线,其正西经额色尔津(诺木洪),至得卜特尔(乌图美仁一带),再经哈吉尔(今甘森一带)、噶顺(尕斯库勒),西北向到噶斯口(今茫崖镇)直通新疆。康熙年间曾在噶斯口驻兵。雍正年间,自哈失汉水(今倒淌河)至木可胡芦素(莫河或沙柳河)设置卡台10站,建立戍兵巡逻,以防范准噶尔部南下。经此路线上的香日德,南越布尔汗布达山的那木山口,到索诺木(扎陵湖东),可与青藏驿道交汇。或由巴隆南越巴汗勒多山口,经修沟(秀沟)、舒尔干河谷(雪水河上游)、均勾牙合到哲茂伦(可可西里),汇入柴达木西路入藏。由莫河或沙柳河向西北行,与柴达木北路交汇。2.柴达木北路从木可胡芦素分出一岔道,自此西北行,经皂哈哈必尔哈(今青海德令哈西南的可鲁克湖一带)、巴汉柴达淖尔(今小柴旦)、伊克柴达木(今大柴旦),再经色尔腾(今花海子)、察罕齐老图、马海戈壁,由色尔腾北行,经当金山口可至甘肃敦煌、安西。3.柴达木西路,自噶斯口南下尕斯库勒湖,沿得卜特尔(今乌图美仁一带),至格尔木河流域,再跨长江上游的沱沱河、木鲁乌苏河等,越唐古拉山口,可入西藏。

(四)由玉树入川、藏的道路

主要有5条道路:一是自结古西南行,出查午拉山口或沙买拉山口至拉萨;二是南行至囊谦,再东南至昌都;三是东南行,经邓柯,再延伸至德格;四是经歇武寺至石渠、甘孜、打箭炉;五是自歇武,经白玉寺,东通阿坝及洮州。

(五)青海东部驿站驿道

清前期,青海东部驿站驿道得到进一步扩大,并日趋完善。乾隆初年,在明代驿站基础上,于西宁城北40里设长宁驿,又北

70里设大通卫在城驿（后改称大通向阳驿，由大通卫守备管理）。1742年（乾隆七年），在西宁南50里设申中驿，又南80里设朝天堂驿，又南90里设贵德驿（由贵德所千总管理）。同年增设碾伯应付、巴燕戎在城驿等（由碾伯知县管理）。1746年（乾隆十一年），增设通向丹噶尔厅方向的驿站，西宁城西50里设镇海驿，又西40里设丹噶尔驿，又西南60里设哈拉库图尔驿（归丹噶尔主簿管理）。①自雍正年间后，由河州来西宁，多经循化、巴燕戎格，而不再经大河家、古鄯，为此又陆续变更调整这一线的驿站。1742年（乾隆七年），裁撤巴州、古鄯驿。1765年（乾隆三十年）正月，设循化厅本城驿，又东南50里设立轮驿，又50里设盘坡根驿，又50里设韩家集驿（归循化厅管理）。②1823年（道光三年），在循化城西路与巴燕戎格适中之拉扎山根设驿一处。③至此，青海东部形成以西宁府城为中心的呈辐射状交通驿站网。

第四节　清代青海藏族文化

清朝前期，由于社会相对安定和藏族经济的不断发展，青海藏族的文化也迎来了一个发展繁荣时期，尤其藏传佛教格鲁派寺院教育发展，出现了一大批影响深远的文化名人和学术著作、文

---

① ［清］杨应琚：《西宁府新志》，卷十《建置·驿传》，青海人民出版社1988年版，第286~288页。
② ［清］龚景瀚：《循化志》，卷三《驿站》，青海人民出版社1981年版，第132~133页。
③ ［清］邓承伟修，张价卿、来维礼等纂，基生兰续纂：《西宁府续志》，卷二《建置志·驿传》青海人民出版社1985年版，第82页。

第九章 清代青海藏族

艺作品。

一、寺院教育

清代，藏传佛教格鲁派跃居主导地位，随之形成一个庞大的寺院集团，寺院制度亦日趋守旧，寺院不仅是宗教活动的中心，而且是文化教育的重要场所。正如法尊法师所说："寺院即学校，喇嘛即教师。"格鲁派寺院经过宗喀巴及历辈达赖、班禅等高僧大德的不断规范，建立了一套政教合一的组织机构和严密规范的教育制度。"根据佛教显密两宗的分科，在一个较具规模的大寺，一般下设4~6个学院。显宗学院主要授习佛教五部大论，其余均属密宗学院，授习神学、医学、天文、历算。"①

格鲁派寺院的学位制度：根据不同学科实行不同等级的学位制度。学僧从入寺到取得学位，要经过将近20年的勤学苦练，成绩优异、论辩超群者，由经师推举，本学院认可，方能考取某一等级的"格西"学位。寺院不同，学位的等级也不同，札仓不同，学位的称谓也不同。西藏各大寺院将格西分为四等，即一等为拉仁巴，二等为措仁巴，三等为林赛，四等为多仁巴。密宗学院的学位分为俄仁巴、孜仁巴、曼仁巴三类。②

清代青海藏传佛教寺院教育以塔尔寺、佑宁寺最具代表。其学经制度与上述格鲁派寺院的通例基本一致。塔尔寺设四个札：

参尼札仓（显宗学院）　主要学习显宗五部大论《释量论》、《现观庄严论》、《入中论》、《俱舍论》、《律论》。学僧学习因

---

① 洲塔：《佛学原理研究——论藏传佛教显宗五部大论》，青海人民出版社2001年版，第15页。

② 洲塔：《佛学原理研究——论藏传佛教显宗五部大论》，青海人民出版社2001年版，第15~16页。

明学和般若学，要花10年时间，达到要求者，可以考取"然坚巴"学位。学僧学完五部大论，并通过考试，可以考取"噶然巴"学位。塔尔寺的显宗学位有两种：一种是"噶居巴"（夏仁巴），相当于硕士；另一种是"拉仁巴"（多仁巴），相当于博士。

居巴扎仓（密宗学院）　学僧有两种，一种从小入寺，主要修习密乘四续部经教，修供仪轨、手印舞蹈、乐器吹奏、咒语念诵等。另一种是已通过显宗学习的学僧，不论是否获得学位，都可升入密宗学院，先显后密，显密结合，系统学习密宗教义。学僧皆可考取"俄仁巴"（密宗博士），此学位每年只取一名，获得"俄让巴"学位后，即得到"曲杰"（法王）的名号，这是居巴扎仓最高的僧职。

曼巴扎仓（医明学院）　主要学习《四部医典》等医明知识，同时学习治疗、采药、制药方面的知识，达到要求者授以"曼仁巴"（医药博士）学位。

丁科尔扎仓（时轮学院）　主要学习三方面的知识：第一，学习和研究佛教时轮金刚香巴拉理想国的道理。第二，学习和研究外、内、别三种时轮的道理。第三，学习藏族历法、天文等知识。该扎仓学僧学完规定课程后，成绩优秀者可获"孜仁巴"（星算博士）学位。

通过上述严密而完备的寺院教育，有清一代，青海藏族地区涌现出了一批又一批学富"五明"的高僧大德，成为清代青海藏族的优秀代表，如三世章嘉若贝多杰、三世土观罗桑曲吉尼玛、四世敏珠尔丹增程勒、三世松巴益西班觉尔、雅杰·噶丹嘉措、夏嘎巴，等等。

第九章 清代青海藏族

塔尔寺组织系统表

塔尔寺（3600僧人）(sku-vbum-dgon-pa) ｛ 显宗学院-谢珠岭扎仓(bshad-sgrub-dling-grwa-tshang)
密宗学院-阿巴扎仓(sngags-pa-grwa-tshang)
医药学院-曼巴扎仓（sman-pa-grwa-tshang）
时轮学院-丁科扎仓（dus-vkhor-grwa-tshang）
舞蹈学院-欠巴扎仓(vcham-pa-grwa-tshang)

（引自周润年、刘洪记编著《中国藏族寺院教育》）

二、民族艺术、文学

清朝前期，青海藏族地区的建筑艺术取得较高成就，其最高成就主要体现在藏传佛教寺院建筑文化领域。

塔尔寺西面宁克果山腰上的大拉让，建于清代，藏语叫"拉让钦莫扎西康赛"，意思是"大拉让吉祥新宫"。它既是塔尔寺大法台的寝宫，又是达赖、班禅莅临塔尔寺时的寝宫，所以民间俗称为"达赖、班禅行宫"。明万历年间，三世达赖喇嘛索南嘉措莅临塔尔寺，塔尔寺专门修建一座寝宫供其

塔尔寺大金瓦殿

堆绣

驻锡。这座寝宫后来称为"森康贡玛"（意为"上寝宫"）。随着塔尔寺建筑规模的不断扩大和格鲁派的日益发展，森康贡玛已不能适应达赖、班禅的驻锡所需。1650年（顺治七年），东喀瓦·切西华丹嘉措任塔尔寺第八任法台期间，由卫拉特蒙古王公才旺丹增出资，在现在大拉让所在地建成一座规模更大更宏伟的

酥油花

新寝宫，取名为"吉祥新宫"。1687年（康熙二十六年），由时任大法台的阿嘉·喜饶桑布将原来的汉式寝宫改建为一座四梁八柱三进院的藏式建筑。1777年（乾隆四十二年），乾隆皇帝敕建了五华门、宫墙、牌坊等。大拉让由此变成了一座汉藏合璧的建筑，由山门、牌坊、配殿、经堂、起居室等组成，依山而建，结构独特。此外，塔尔寺的酥油花、绘画、堆绣，被誉为"塔尔寺艺术三绝"。

热贡艺术，又称吾屯艺术，是青海黄南藏族自治州同仁县（藏语称热贡）吾屯上下庄、年都乎、郭麻日、尕赛日等村庄的以绘画、雕塑为主的宗教艺术流派。热贡艺术的成熟期是17世纪中叶至19世纪初，它包括彩绘、彩塑、图案、酥油花、堆绣、砖

雕、石刻、木刻、建筑装饰等，其中尤以绘画、雕塑享誉遐迩。热贡艺术绘画主要是壁画、唐卡（卷轴画）及少量木刻画，内容主要是佛像及佛教故事，画风质朴，设色匀净、协调，线描勾勒流畅，造型生动传神。雕塑以药泥塑佛像为主，造型惟妙惟肖，手法简洁流畅，富于质感。

产生于18世纪中叶的"德钦藏戏"，是清代青海藏族戏剧文化代表之一。"德钦藏戏"每年正月十四、十五两日仅在尖扎县能科乡德钦寺祈愿法会上表演。整个演出以"跳欠"（法舞）为程式，角色登场有专门的服饰与面具，其音乐以诵经调、道歌为主，尤其是唱腔音乐的行腔颇为特别，其中的复调二声实属罕见。经过长期发展，德钦藏戏已形成具有独特艺术色彩和程式的剧种，被该寺纳入密宗范畴。其剧目只有《贡宝多杰听法》一出，系由拉卜楞寺同名说唱脚本移植而来。此剧种已被辑入《中国戏曲音乐集成·青海卷》及《中国戏曲志·青海卷》。①

清代青海藏族民间以说唱形式流传着大量的史诗、叙事诗、神话、传说等，其中最具影响的便是藏族长篇史诗《格萨尔王传》，它不仅为藏族民间家喻户晓，而且影响及于蒙古族和土族民间。其篇幅之长，则为世界之最，同古希腊《荷马史诗》和印度史诗同为世界文化宝库中璀灿的明珠。此外，隆务寺夏日仓一世噶丹嘉措（1607~1671年）的传世之作《噶丹嘉措全集》内容十分丰富，是研究藏族文学史的宝贵资料。

三、历史、科技等论著

清代青海藏族文化界还出现了大量的历史和科技类论著。如

---

① 黎宗华、李延恺：《安多藏族史略》，青海民族出版社1992年版，第179~180页。

二世章嘉阿旺罗桑曲旦（1642~1714年），一生著述200余种，主要有《菩提道次第教授颂文》、《密宗道次第广论讲义》等。三世章嘉若贝多杰，精通满、汉、蒙古、藏四种文字，有几十部著作和译著问世，曾协助庄亲王编纂《同文韵统》，主持翻译了蒙文《大藏经》，编纂《四体清文鉴》。其中《诸佛神像集》曾在俄、德等国印行。佑宁寺第三世松巴活佛松巴堪布·益西班觉尔（1704~1788年），是18世纪闻名蒙藏地区的学者，通达大小五明，著作宏富，遗惠后人，其代表作《如意宝树史》是藏文历史著作中的经典之作，影响广泛，已有英、德、俄等多种译本。他的另一部历史著作《青海史》，记述了1570~1786年青海地区的历史事件，在国外也有多种文字的译本。三世土观罗桑曲吉尼玛（1737~1802年），精通藏汉语文，其代表作《土观宗派源流》，主要叙述西藏宗教历史及各派源流，并兼及内地佛、儒、道各家，在国内外学界享有盛誉。19世纪中叶，广惠寺四世敏珠尔丹增程勒（1789~1838年）以其地理著作《世界广论》而声名远播。这部世界地理巨著，突破传统宗教观念的局限，广泛采用当时国外舆图资料而撰成。

在藏族科技文化领域，值得一提的是当时出现了对后来藏历影响巨大的两个学派，即时宪历学派和时轮历学派。1749年（乾隆十四年），碾伯县马营寺高僧索巴嘉参撰写的《马营寺汉历心要》是藏族时宪历（农历）的代表作。1827年（道光七年），拉加寺僧侣学者商卓特·绛巴桑热撰写的《商卓特桑热历》（即《时轮历精要》）则是藏历时轮历的代表作。

第十章 民国时期青海藏族

经过晚清近代化的历程,青海藏族与中华民族一道历经殖民地、半殖民地的深渊,也艰难步入近代化的历史进程。1911年的辛亥革命推翻了中国2000余年的封建制度。但是,辛亥革命胜利后,在全国各地纷纷宣告"拥护共和"声中,换来的是一批封建军阀割据称雄。

第一节 清末至辛亥革命前的青海藏族社会

近代初期,青海地区在行政区划上仍未形成一个完整的单元,而是分属于甘肃省、四川省和青海办事大臣。即今青海东部河湟地区属甘肃省,今果洛地区属四川省,其余广大牧业区统隶于青海办事大臣。青海藏族的分布与行政区划亦大致相同。

一、千百户制度和政教合一的延续

近代青海东部藏族仍隶属甘肃省西宁府统辖,具体由一府三县四厅管理,即西宁、大通、碾伯三县和巴燕戎格、丹噶尔、循化、贵德四厅。西宁县大致包括今西宁市(湟中、湟源)、平安、互助县等地；大通县大致为今西宁市大通、门源两县；碾伯县大致为今乐都、民和两县；巴燕戎格厅大致为今化隆县；循化厅包括今循化、同仁、泽库三县及甘肃省夏河县大部分地区；贵德厅包括今贵德、同德、贵南、尖扎地区。

果洛地区仍属四川松潘镇漳腊营节制，但原来的上、中、下"三果洛"格局，由于各部间的分化组合，已由原来的"三大部落"概念变成一种地域概念。

青海办事大臣管辖范围包括今玉树、海西两州全部及海南、海北、黄南三州的纯牧业区，其中辖境内海南、黄南地区的部分藏族游牧部落实际上与西宁府所属循化、贵德两厅共同管辖。这些部落大致上分布在今贵德、同德、兴海、尖扎、泽库一带。

由于地区发展的不平衡性，清朝对分布在东部农业区和青南高原牧业区的青海藏族所实行的统治制度不尽相同，所以，土司制度、千百户制度和区域性政教合一制度并存。

千百户制度与土司制度在本质上并无二致，只是千百户制度更适合于藏族游牧部落制度。在近代，千百户制度仍然是藏族社会的基本政治制度。但是，由于藏族分布遍及青海各地，东部农业区藏族和牧业区藏族社会发展的差异，其千百户制度也有所不同。首先，东部农业区已基本纳入内地封建统治体制之内，藏族千百户统治受到这一体制的有力制约，同时，乡约制度也已不同程度地推行到这一地区的藏族部落中，因此，千百户的统治权威已逐渐在削弱。其次，东部河湟地区的藏族已经基本进入农耕定居或半定居的生活状态，传统的部落体制开始解体，部落的地缘组织特征更趋明显。乾隆时就有人指出，西宁府属"黄河以北各番族抚绥日久，耕牧为生，与齐民无异"，而黄河以南循化、贵德两厅所辖的"熟番"，也已"俱耕种坰亩，完纳番粮，住居土房,已成村落,设有千户、百户、乡约等头目管理"。①至近代,农区藏族的部落制度进一步瓦解,建立在封闭性的部落体制之上的千百户统治遂日益削弱。但在广大牧区,传统的部落体制并没有受到冲击,即使旧的部落瓦解,新的部落又会诞生。因此,近代初期,千百户制度仍然是青海牧区藏族社会政治制度的主干。道光、咸丰时,清朝为了加强对循化、贵德两厅所属"野番"即藏族游牧部落和新形成的"环海八族"的统治,曾先后多次在这些部落中重建和强化了千百户制度。

同时,部分寺院的政教合一制度仍予以承认。像隆务寺、察罕诺门罕旗以及玉树拉布寺(部落)、觉拉寺(部落)的政教合一统治一直延续到20世纪中叶才被废除。另外像塔尔寺、广惠寺、东科尔寺等,虽然没有严格的政教合一统治体制,但在各自所在地方的社会政治生活中具有很大影响,具有潜在的政治能量,实际行使着政教合一的统治。

二、西方帝国主义势力的渗透

鸦片战争后,英国在加强掠夺中国内地的同时,把西藏等藏族地区作为侵夺的直接目标,以传教、探险、考察、游历等手段实行渗透。随之,一批批西方人陆续来到青海,并进入藏族地区。早在1844年(道光二十四年),法国人古伯察和加倍到青海湖附近进行考察活动,由此揭开近代西方人到青海"考察"的先河。19世纪末20世纪初,英国对我国西藏地区的侵略日益猖獗,沙皇俄国不甘坐视英国对西藏之觊觎,急切地想在英国人之前先打通进藏道路。在此背景下,俄国人到青海的各种"考察"、

---

① [清]龚景瀚:《循化志》,卷八《夷情》,青海人民出版社1981年版,第307~308页。

"探险"及"游历"活动亦日趋活跃。1870年（同治九年）底，俄国军官尼·米·普尔热瓦尔斯基率领一支考察队，首次闯入柴达木盆地，并深入到长江上游地区，对当地的地质、水文、物产及民情作了大量调查，搜集了数千种稀有生物标本。到1879年（光绪五年），普尔热瓦尔斯基又率领一支考察队经柴达木盆地东部，然后溯穆鲁乌苏河而上，越过唐古拉山口，进入藏北地区，返回时又经过青海。1884年（光绪十年），普尔热瓦尔斯基和罗鲍罗夫斯基再次组织考察队，由外蒙古经宁夏、甘肃武装进入青海西部地区，深入到黄河上游扎陵湖和鄂陵湖地区，并非法将扎陵湖和鄂陵湖改名为"探险队湖"和"俄罗斯人湖"，以纪念其所谓"探险"、"考察"活动。期间，普尔热瓦尔斯基的考察队和当地藏族部落发生了武装冲突，他们凭借自己手中先进的武器打死、打伤藏胞40人。继普尔热瓦尔斯基之后，又有俄国人波塔宁、格日迈罗、柯兹洛夫、喀兹那柯夫、拉迪勤等以"俄国地理学会"等各种身份和名义到青海或"考察"，或游历，收集地质、动植物标本和佛像、藏经等各种资料、情报。此外，法国、德国、美国等西方国家也不断派人来青海进行类似的活动。到19世纪末，一些西方传教士亦开始进入青海进行传教活动。

与此同时，西方人在西宁、丹噶尔等地设立洋行，输入洋货。洋行一般都不是由外商直接经理，而是委托京、津一带或青海本地歇家、商人等开设。在青海，由于洋行主要经营羊毛贸易，所以那些在传统民族贸易中惯常与蒙藏牧民打交道的歇家，往往就成为洋行的代理人，成为买办。洋商势力进入青海，一方面持有不平等条约所给予的各种特权，另一方面又拥有丰厚的资本，所以很快就在青海市场上占据了优势地位，而原先处于优势地位的山陕商人备受冲击。自洋行出现后，青海羊毛贸易规模不断扩大，羊毛成为青海最大宗的输出商品。

洋货的大量输入和洋商势力的不断涌入，表明到19世纪末20世纪初，封闭的青海地方社会也已被卷入中国半封建半殖民地化的整体社会历史进程，并成为西方资本主义国家商品输出和原料掠夺的市场。①

第二节　马氏军阀坐镇青海及其对藏族的镇压

1912年2月，清朝末代皇帝溥仪宣告退位。3月10日，袁世凯以临时大总统名义通电全国停战。3月15日，原甘肃布政使赵维熙、咨议局局长张林焱、昭武军统领马福祥三人自命代表甘肃全省行政、民意和军界，联合致电袁世凯，表示拥护共和。袁世凯遂任命赵维熙为甘肃都督。从此，青海藏族地区归于民国政府治下。

清末民初的青海藏族，主要分布在今青海省黄南、果洛、玉树、海南、海北、海西六州，西宁市和海东市也有部分散杂居藏族部落。除甘肃西宁府（道）所辖的7县外，均沿行明清以来的土司制度。1929年1月青海建省后，除果洛地区外，渐次推行县制，同时保留土司和寺院的某些特权，在县、乡局部之地兼行双轨政制。

一、马氏军阀坐镇青海

1912年4月，北京政府任命金承荫为西宁道尹，马福祥为青海办事长官兼镇守西宁等处总兵官，但金承荫、马福祥均未到任。6月14日，北京政府令裁青海办事大臣，改设青海办事长官，以原大臣恩庆继任，依清代旧例管理。8月，在甘州提督马安良举荐下，袁世凯任命时任洮岷协副将的马麒为西宁镇总兵，又改

---

① 崔永红等主编：《青海通史》，青海人民出版社1999年版，第456页。

命前西宁府知府廉兴为青海办事长官。马麒派其弟马麟（时任宁夏洪广营游击）前往黄河南北、果洛等处，劝说藏族各部落承认共和。10月2日，廉兴在察汉城召集蒙藏王公、千百户"祭海会盟"，向蒙藏王公、千百户宣布共和。马麒素与甘、青地区部分蒙藏王公、千百户有联系，"在这次祭海会盟时，马麒陪同廉兴在察汉城再次宣谕共和的宗旨，在祭海仪式上将原供的象征国家形象的'大清皇帝'的牌位换为'中华民国万岁'的牌位。会盟后组织蒙藏王公千、百户派代表前往兰州，向护理甘肃都督张炳华表示承认共和政体"，并致电北京政府。①因此之功，北京政府任命马麒为青海蒙番宣慰使，办理边务。

1914年，青海办事长官廉兴设皮毛公估局，规定蒙藏人民运到农业区销售的皮毛，需经该局估价收税后，方准出售，所收税款作为青海办事长官公署经费。马麒为排挤廉兴，指使蒙藏王公、千百户向甘肃都督张广建控告廉兴。张广建令马麒收回青海办事长官的印信，遣散公署人员，押送廉兴到兰州查办，长官之职遂由马麒兼代。经张广建之请，1915年10月，北京政府"以马麒任镇守使兼蒙番宣慰使，统一军政、民政与民族之事权，从而结束了青海蒙藏民族地区有清以来三权分立的政局，初开青海藏区现代行政建制"。②

青海蒙藏地区由原来直隶中央降为由甘肃管辖，原西宁道属七县和青海蒙藏地区统一由马麒管辖。"青海虽未单独建省，但青海军政大权开始归于统一，青海省的雏形已经出

---

① 青海省志编纂委员会编：《青海历史纪要》，青海人民出版社1987年版，第268页。

② 郭卿友编著：《民国藏事通鉴》，中国藏学出版社2008年版，第21页。

现。"①马麒身兼甘边宁海镇守使和蒙番宣慰使后,马氏军阀(马麒、马麟、马步芳)逐步坐大,在青海地区将近40年的盘踞由此开始。

二、马氏地方军阀统治

(一)组建宁海军

马麒任甘边宁海镇守使和蒙番宣慰使之后,积极拥护袁世凯的称帝活动,按袁世凯的指令,先后取缔了在西宁存在不久的"国民党"、"共和党"和"进步党",解散了所属各县议会和自治公所。

1915年,马麒任甘边宁海镇守使后,呈准甘肃督军和北京政府陆军部,统一编练和扩充镇守使所属兵员,组建"西宁青海巡防马步全军",简称"宁海军"。宁海军建制为路、营、哨,路有统领,营有管带(1919年改称营长),哨有哨官。宁海军以原精锐西军为基础扩建,初建时设三路八营,到1923年,发展到32个营,以马氏家族为领导核心,从总统(马麒兼任)、帮统(马麒胞弟马麟出任)、统领到营长的46名军官中,马麒直系家族内的人物就先后有32名。马麒、马麟兄弟总揽全军大权,马麒的三个儿子马步青、马步芳、马步瀛担任统领或营长。宁海军的组建,使马麒家族在青海的军阀统治有了可以凭借的军事实力。②

此时,宗社党人吕光自东北窜至拉卜楞寺,自称清室六皇子,以"助清灭民"为号召,纠合部分反动分子,蒙骗当地蒙藏群众,组成600余人的武装,起兵进攻临夏,被临夏驻军击败。1916年1月,吕光又窜至今同仁县保安一带,公然设立"王府",张贴文告,蒙骗当地藏族,诡称"陕西巡抚"升允在库伦发动恢

---

① 崔永红等主编:《青海通史》,青海人民出版社1999年版,第470页。
② 崔永红等主编:《青海通史》,青海人民出版社1999年版,第472页。

复清室的复辟活动，外蒙古骑兵已从内蒙古南下，即将攻打宁夏，兰州城旦夕可下，并扬言将由西宁入兰州、攻宁夏，与升允会合。甘肃督军兼省长张广建闻报后，委甘肃提督马安良、甘边宁海镇守使马麒、兰州道孔宪廷进行查办。3月，马安良、马麒分别派人到隆务寺等地劝谕各部落，至7月，起台堡、边都、浪家、撒拉八工等地受蒙骗的群众相继摆脱"宗社党"的控制。8月，吕光进兵循化边都沟，被宁海军击败。隆务寺囊索勒贡及寺属部分部落派代表到循化表示归降。1917年1月，吕光又率死党白成、辛凤翙等西窜，于4月29日攻占贵德县城，再度张贴文告，纠合武装，气势再度嚣张。互助等地的土族头人在吕光策动下组织"复清会"，遥相呼应。马麒闻知后，立即派兵逮捕了"复清会"为首分子，解散盲从群众。5月15日，马麒派马麟、马海渊任正副司令，进兵贵德，马麟部攻入县城，斩杀吕光死党，活捉吕光，解送西宁，其部众星散。9月，甘肃督府转发北京政府"就地正法"的电令，遂将吕光绞杀于西宁狱中。至此，宗社党在青海的复辟活动被彻底平定。①

1924年，冯玉祥改称所部为国民革命军。翌年，段祺瑞任命冯玉祥为西北边防督办兼甘肃军务善后督办。1926年9月15日，冯玉祥在五原誓师，参加北伐，国民军改称为第二集团军。冯玉祥任马麒为该军暂编第26师师长，编制成76、77、78三个旅，以马步云、马步元、马步青为旅长，马步芳等为副旅长。随着宁海军整编为国民革命军，这支军队完全被马氏家族所控制，民间称之为"马家军"，

---

① 青海省志编纂委员会编：《青海历史纪要》，青海人民出版社1987年版，第280~281页；崔永红等主编：《青海通史》，青海人民出版社1999年版，第472~473页。

第十章 民国时期青海藏族

成为统治镇压青海各族人民的工具。

(二) 拉卜楞事件

拉卜楞寺原属甘肃省西宁府循化厅管辖,其政教实权掌握在拉卜楞寺嘉木样活佛手中。1916年2月23日,第四世嘉木样圆寂,其政教大权暂由该寺摄政三世阿芒仓活佛接管。而该寺襄佐李宗哲与阿芒仓活佛彼此猜忌,相互攻击,争权夺利,引起了一场轩然大波。李宗哲向与拉卜楞寺施主河南亲王关系密切,且与马麒有私交,为保其襄佐地位,极力投靠河南亲王和宁海军,一时间三方形成犄角之势。寺僧对李宗哲的作法极为不满,因而在僧众代表会议上,宣布撤销了李宗哲的襄佐职务,并逮捕了河南亲王代表若巴曲南霍、襄佐堪布仓管家罗藏次成(会议代表)、卓匿谦昌(副官长)等5人。李宗哲闻讯逃往西宁,向马麒诉说阿芒仓活佛从中"挑拨是非"。1917年,阿芒仓与李宗哲向甘肃省督军张广建相互控告,张广建令马麒查办。马麒派西宁道尹黎丹前往调解,均被阿芒仓以寺内事务当自主解决为由顶回。马麒因之于1918年6月派马麟率宁海军约千人奔赴拉卜楞寺,欲以武力解决。阿芒仓闻风,立即召集寺院附近八部落和十三庄藏兵近千人,在甘家滩设伏,马麟部一到即被包围,双方先后在甘加滩、桑科滩等地交战,藏兵在宁海军机枪、大炮优势兵力的攻击和西军统领马国良部的联合夹击下,屡告失败。阿芒仓被迫逃到阿木去乎,发动当地头人联络各部组织反攻。宁海军马寿派人诱降阿芒仓未遂,便绑走阿芒仓的管家及阿木去乎头人火尔孜等3人,押至西宁。李宗哲随即掌握了拉卜楞寺的大权,宁海军进驻拉卜楞寺。

1918年11月,宁海军以4 000步骑,由卡加、黑错向阿木去乎进攻,攻占了哲哇、安郭两村。马寿率兵大肆屠杀沙沟、卡加

-327-

沟、隆瓦沟、上下八沟十七族藏族，并向藏族群众摊派罚银一百万两，致使藏族农牧民遭受了一场空前灾难。阿芒仓逃至欧拉，不久而亡。

此后，马寿迫使阿木去乎头人归降，并撤回了拉卜楞，下令废除阿芒仓活佛，而以贡唐仓活佛为摄政，更登达吉仓活佛为襄佐。从此，拉卜楞寺大权便掌握在李宗哲一派手中，寺方遂令李宗哲、贡唐仓等从速寻找四世嘉木样转世灵童。1920年农历二月十一日，经九世班禅大师卜算决定，由拉卜楞寺特派德哇仓活佛率领随员前往西康理塘，迎请时年5岁的嘉木样转世灵童，即五世嘉木样·降央益西丹贝坚赞（汉名黄正光）。

五世嘉木样·降央益西丹贝坚赞于1916年3月12日在西康省理塘县营官坝采玛村出生，父贡保端主（汉名黄位中），世袭宣抚司，民国初年改任东路保正。当时，马麒派人敦请尽快迎接灵童坐床，黄位中乃提出宁海军撤离拉卜楞等多项条件，作为灵童赴寺坐床的前提。征得宁海军同意后，五世嘉木样随同家人于9月22日抵寺，举行坐床典礼。

五世嘉木样坐床后，宁海军继续控制着拉卜楞地区，并粗暴地干涉寺院内部事务，引起寺僧公愤。1924年初，黄位中向甘肃省长陆洪涛要求调换马寿，并在报刊上发表言论，揭发马麒在拉卜楞寺的暴行。马麒针锋相对，先指使部分寺僧控告黄位中"扰乱寺规"、"酷虐人民"、"对抗政府"，继又贴出"依法"惩办的布告，下令收缴寺院及所属部落的枪支，并索马罚款。后陆洪涛派员斡旋调处，迫使马麒停止收枪，调回马寿，但马麒没有兑现撤军的诺言。

5月，黄位中借九世班禅来兰州的机会，率五世嘉木样及其家属离开拉卜楞，摆脱宁海军的控制。他们在兰州拜见了班禅，

第十章 民国时期青海藏族

并拜会陆洪涛等军政要员,要求伸张正义,敦促宁海军撤离拉卜楞地方。各方人士虽然表示赞助与同情,由于马麒一再推托,未能解决实质问题。黄位中鉴于以上的原因,认为官方靠不住,今后必须靠武力解决,乃发动所属各部落组织藏兵听候调遣,遂率嘉木样及其亲属于1925年底离开兰州,在裴建准派军保护下取道临夏,回到甘南美武地区。4月,拉卜楞藏族僧俗联络美武、双岔等部落,并得到青海、四川的一些部落援助,调动各地藏兵约万余人,先后与宁海军展开激战,给宁海军以重创。甘川两省为之震动,甘肃省长陆洪涛和四川省长杨森分别电呈北京政府。陆军总长吴光新电告进行查办,陆洪涛遂派凉州镇守使马廷勷、河州镇守使裴建准、甘州道尹马继祖等会同查办。五世嘉木样兄黄正清等听此消息后,乃集结兵力于桑科滩,准备迎接委员们的来临,结果于8月26日拂晓,遭到宁海军偷袭,藏军仓惶应战,死伤惨重。但查办委员们因畏惧马氏军阀,调处不了了之。是年秋,拉卜楞寺派黄正清等9人组成的代表团赴兰州向各方呼吁无果,又赴宁夏晋见国民军总司令兼甘肃军督办冯玉祥。冯玉祥电令第二师师长兼甘肃省长刘郁芬查办,但直到次年,仍无结果。1927年春,在国民军的主持下,双方多次商讨后签订《解决拉卜楞案件的条件》,决定在拉卜楞置设治局,归兰州道管辖,与甘边宁海镇守使署脱离隶属关系,宁海军从拉卜楞地区撤离,恢复五世嘉木样的政教权力。至此,历时近10年的地方军阀与寺院上层之间的势力之争以马麒被迫让步而告结束。①

---

① 参见青海省志编纂委员会编:《青海历史纪要》,青海人民出版社1987年版,第271~272页,第295~297页;崔永红等主编:《青海通史》,青海人民出版社1999年版,第473~474页;洲塔、乔高才让:《甘肃藏族通史》,青海人民出版社2004年版,第501~506页。

(三) 对果洛、黄南、玉树等地藏族反抗的残酷镇压

马氏军阀在进兵拉卜楞之后，又将军事征服的矛头指向果洛、黄南、玉树等地的藏族部落，并将其在拉卜楞的失败之恨发泄在了果洛等地的藏族人民身上。

民国初年，马麒任青海蒙番宣慰使以后，即与凉州镇守使马廷勷合伙在果洛玛沁雪山开采金矿，当地藏族认为开矿会触怒山神，破坏风水，与开矿人员时起冲突。加之马麒向玉树地区运送军需、往来经商，常向果洛摊派乌拉（差役），各部落牧民不堪其扰，因之对马麒心存不满。1917年，果洛贡麻仓部落头人尕日玛吐多率部落武装袭击金矿。1920年8月，宁海军向玉树运送粮饷驮队牛群途经巴颜喀拉山口时，又遭尕日玛吐多所部的抢劫，多名官兵被击伤。马麒认为，确保开采金矿的顺利进行和玉树通道的安全，关系到地方财政和国防的巩固，对破坏者必须以武力征服之，因此于1921年6月，任命马麟为征果洛司令，从西宁、玉树两路进兵果洛。面对重兵压境的危情，果洛女王璐吉卓玛率2万余人，分兵三路迎敌。7月23日，马麟以贡麻仓部落为肇事之首，兵分四路重点围攻贡麻仓部落驻守的山头。贡麻仓部坚守三小时后全线退却至黄河南岸。北岸寺院被宁海军焚掠一空，藏族所弃牲畜、帐房等成为宁海军的战利品。此一战，果洛藏族伤亡约600余人。果洛女王璐吉卓玛见取胜无望，遂派人至马麟军前表示归顺。之后10余天，康赛、康干、红禾麻、哇赛等部头人，在拉卜楞寺和拉加寺大喇嘛的劝说和担保下，也相继表示投诚。马麟将各部落头人扣押，以察真伪。各部落将其牛羊财物的40%~50%缴纳给马麟，乞求赎回头人。宁海军以在长石头、拉加寺等地驻扎"维护治安"，果洛各部在拉加寺、湟源等地采购粮茶时一律要纳税等为条件，释放各部落头人，并强迫果洛女王璐吉卓

第十章 民国时期青海藏族

玛至西宁向马麒"献俘"。同时,强迫康赛、康干部落缴纳投诚款,赔偿历年劫取的军粮及商旅的财物,交出所有枪支弹药,承受每年草头税和一切差役乌拉。贡麻仓部落则不许再回原牧地,部落牧民长期逃散在外。马麟随后将掠获的大量牛羊、金银以及抢到的妇女等带回西宁。①

在马步芳时期,马氏军阀先后于1932年、1933年8月、1933年9月、1935年、1938年、1941年多次血洗果洛藏族各部。其中,1938年马得胜骑兵团对康干、康赛地区的阿什姜等藏族部落的屠杀达到令人发指的地步。这年2月,马步芳派遣青南边区警备司令部第三旅旅长喇平福领兵一营进驻果洛白玉寺,建立军事据点。在修建营房时,征调康干和班玛的藏族牧民做民工,其间先后有4人被喇部杀死;民工中所有漂亮些的妇女都被喇部奸污。喇平福本人还逼走康干头人俄尔扎的女婿,将其妻三保霸占。喇部的胡作非为激起民愤,"康干和康赛部落的头人,……经过一番部署后,即按预定计划开始行动。先消灭了骑兵,接着聚歼了所有的步兵"。喇平福被包围活捉,旋被处死。此事传至西宁,马步芳紧急派马得胜骑兵团于1938年6月前往果洛查办,待其抵果洛时,白玉寺已成空地,乃转驰至康干、康赛地区,向阿什姜藏族群众展开攻击,并包围了麦玛、休玛部落。马得胜秉承马步芳斩尽杀绝之旨,在一天时间就有100余人惨遭屠杀,有7人被作为活靶射杀,80人被押解到喇平福身死地方杀害,取头祭喇。后康赛部落在甘

---

① 康万庆:《马麒、马步芳屠杀果洛牧民纪实》,青海省政协学习和文史委员会编:《青海文史资料集粹》(民族宗教卷),2001年内部版,第34~37页。参见崔永红等主编:《青海通史》,青海人民出版社1999年版,第474~477页。

南黑错与马步芳部队发生激战，遭到失败，仅索鲁部落被残杀的牧民即达200余人。在被马步芳部队追击时，为避免再遭杀戮，各部群众逃向果洛深山偏僻地方，马军扑空，竟将康赛的房屋全部烧毁。逃至深山的牧民因无帐篷和食物，很多人又被冻死和饿死。之后，康赛部落向邻近的甘加朗柔贷款5 000银元，派人去重庆控诉。他们在喜饶嘉措大师和冯玉祥的帮助下，见到蒋介石，要求将果洛划归四川，以摆脱马步芳的军阀统治，但所求终未果，致使康赛部落长期流落于青川交接的山林之中。

  与此同时，马氏军阀对玉树、黄南等其他地区的藏族也进行了血腥征伐和屠杀。1922年至1941年，先后九次镇压玉树藏族的反抗。1923年，马麒派侄子马步元率骑兵近千人镇压今同德县赛力克寺藏族僧俗等的抗税暴动。马步元先镇压了环曲乎、环科日两个部落，接着攻入赛力克寺，将寺焚烧一空。该地区的公贡麻、夏卜让、瓜什则部落以及同仁县的和日部落等闻讯前往援救，打死打伤马部官兵百余人。马部被迫撤退，后又组织反攻，杀和日部落100余人。随后，马步元遣人招降了拉加寺管家，由他们劝诱解除了公贡麻等三个部落的武装，和日部落继续抵抗。后甘督张广建派兵攻破隆务寺，和日部落被迫屈服。①

  总之，自从清末办"番案"起家，马氏军阀在统治青海的40年间，青海藏族人民受尽了苦难和屈辱。

---

  ① 康万庆：《马麒、马步芳屠杀果洛牧民纪实》，青海省政协学习和文史委员会编：《青海文史资料集粹》（民族宗教卷），2001年内部版，第39~41页。参见崔永红等主编：《青海通史》，青海人民出版社1999年版，第477页；青海省志编纂委员会编：《青海历史纪要》，青海人民出版社1987年版，第285~287页；黎宗华、李延恺：《安多藏族史略》，青海民族出版社1992年版，第199~212页。

第三节　青海建省及国民政府的治藏法规与制度

1927年4月，中国国民党在南京建立国民政府取代北洋军阀的统治，史称"南京国民政府"。在历史传统上，国民政府继北京政府之后，承袭了孙中山先生开创的"中华民国"的国号与"五族共和"之国体，承袭了中央政府对西藏领土之主权，并在新的历史条件下推出了新的治藏法规与治藏政策，采用了新的组织措施，青海省建立正是在这种历史背景下的产物。

一、青海建省

1907年（清光绪三十三年），清朝政府命令各省督抚"妥议推行新政办法"。两广总督岑春煊在其《统筹西北全局摺》中，首先提出建青海为行省之议。陕甘总督升允以青海"蒙番部民环海游牧，东南西北流徙无常"，"难以有定之官治无定之民"为由，奏请暂不设省。岑春煊的建议因此被搁置。民国初，虽有人再次提出青海建省之议，但北洋政府无暇顾及。

1915年，北洋政府裁撤青海办事长官和镇守西宁等处总兵官，以马麒任甘边宁海镇守使兼蒙番宣慰使，青海农业区和牧业区统一由其管辖。1916年，甘肃都督张广建请划青海为特别区，募兵屯垦。1921年，马麒与西宁道尹黎丹、绅士朱绣等联名呈北京政府，再次建议仿热河、察哈尔、绥远成例，划青海为特别行政区，设护军使或都统。但北京政府一直未作出决定。

国民政府建立后，在地方政府体制中，国民政府废道制，采取省、县两级制。青海建省，又一次被提上历史日程，而冯玉祥率领的西北革命军势力崛起又直接推动了青海建省的进程。1928年，冯玉祥基本蠲除了甘肃省内的各割据势力，统治地位日益巩固,所部实力不断扩大,亟欲扩大局面。9月5日,国民党中央政治会议第153次会议,应冯玉祥之请,决议建立青海、宁夏两省,并以原青海办事长官辖区为青海省区。9月17日,国民政府发布青海建省令,以孙连仲、林竞、郭立志、马麒、黎丹为青海省政府委员,指定孙连仲为省府主席,马麒兼建设厅长。旋又增任九世班禅额尔德尼为委员,林竞、郭立志辞职,改任王玉堂、袁其㪍为委员。10月17日,国民党中央政治会议第159次会议决议将甘肃旧属西宁道所属之西宁、大通、乐都、循化、巴燕、湟源、贵德七县划归青海省,定西宁为省治。11月19日,孙连仲等发表建省通电,声称于11月15日在兰州先行就职。国民军随即开入青海,进驻西宁,控制甘、青交通线。

1929年2月20日,孙连仲正式就任主席,宣告青海省政府成立。马麒一再辞职,只保留省政府委员名义,所兼建设厅长一职由马麟继任。孙连仲不常在青海,主席职务实际上由高树勋代行。8月,冯玉祥调孙连仲代理甘肃省政府主席,接替被调陕西的刘郁芬,负责甘、宁、青三省的军事、政治。青海省政府主席职务由马麒代理。9月,驻青海的国民军东调。10月26日,国民军总司令部训令青海省政府,宣布"兴师讨蒋,与中央断绝关系"。10月29日,孙连仲委任马步芳继任西宁城防司令,接替国民军施行城防的防务。马麒、马步芳虽已接管青海省的政治、军事,但仍处于国民军势力控制的范围之内,表面上仍奉行国民军的通令。1930年1月,西宁举行军政商学各界讨蒋大会,发出通电。4月,驻甘肃的国民军东调参战,此时,青海省实际上已不在国民军控制之下。5月,冯、蒋"中原大战"爆发,马麒采取观望态度。10月,冯玉祥战败,马麒转向蒋介石,蒋介石遂承认马麒对青海的统治。

第十章　民国时期青海藏族

1931年1月6日，国民政府任命马麒代理青海省政府主席。6月，青海省政府设立驻南京办事处，以加强与国民政府的联系。8月5日，马麒病死，国民政府任命马麟代理青海省政府主席。

青海建省后，除果洛地区外，均渐次推行县制与保甲制度，并于1931年8月呈国民政府批准，撤销土司制度。据《中华民国行政区域简表》资料统计，截至1946年，青海全省共辖1市、19县、1设治局，人口1 123 219人。①

二、国民政府的治藏法规与制度

国民政府的治藏法规是由其"党国"学说派生出来的治理西藏和藏族的法律规定，制度是其法规的具体实施，包括对藏族上层政教领袖的册封制度、朝觐制度、藏族干部的叙用参政制度以及宗教制度、文化教育制度，等等。

（一）法规、法令与政策

1924年1月20日，中国国民党第一次全国代表大会通过了《第一次全国代表大会宣言》，确定了"联俄、联共、扶助农工"三大政策，并重新解释了三民主义，宣称："国民党之民族主义，有两方面之意义：一则中国民族自求解放，二是中国境内各民族一律平等。"

1929年3月27日，中国国民党第三次全国代表大会通过《政治报告之决议案》，称："对于蒙古、西藏及新疆边省，舍实行三民主义外，实无第二要求。虽此数地人民之方言、习俗与他省不同，在国家行政上稍呈特殊之形式，然在历史上、地理上及国民经济上则固同为中华民族之一部，而皆处于帝国主义压迫之地

---

① 郭卿友编著：《民国藏事通鉴》，中国藏学出版社2008年版，第294页。

位者也。""本党之三民主义,于民族主义上乃求汉、满、蒙、回、藏人民密切的团结,成一强固有力之国族,对外求国际平等之地位。"同年6月29日,国民政府公布国民党中央执委会三届二次会议通过的《关于蒙藏之决议案》六项。其要点是:1. 举行蒙藏会议,西藏由达赖、班禅及西藏人民各推出代表若干人同来中央参加会议,并由中央派定若干人一律出席,报告蒙藏实际情况,讨论关于推行训政及蒙藏地方兴革建设事宜;2. 派员宣慰蒙藏,宣达中央扶植蒙藏民族之政策与决心,慰问并调查蒙藏人民之疾苦;3. 于首都设立蒙藏学校,为储备蒙藏训政人才及建设人才之机关,并附设蒙藏研究班,指导督促关于蒙藏事情之专门研究;4. 蒙古、西藏经济与文化之振兴,应以实行发展教育为入手办法;5. 蒙藏委员会根据施政纲领及实施程序,积极筹划,第一期内应特别注重调查蒙藏情况,革新行政制度,兴办教育及筹备自治诸项;6. 加紧对于蒙藏之宣传,释明三民主义为蒙藏民族唯一之救星,说明蒙藏民族所处地位之危险,帝国主义侵略阴谋之恶毒,说明本党训政之意义,优先登录蒙藏人士参加地方行政,奖励蒙藏优秀分子来中央党政机关服务。①

8月23日,国民政府司法院发表第143号指令:经最高法院解释,认定清代《理藩院则例》为特别法之一,"未经颁布新特别法令以前,得酌予援用",作为中央政府处理西藏问题的法律依据。②

---

① 《总理对于蒙藏之遗训及中央对于蒙藏之法令》,《边政丛书》第四种,1934版,第60页,第61页,第63~66页。见郭卿友编著:《民国藏事通鉴》,中国藏学出版社2008年版,第85~86页。

② 中国藏学研究中心、中国第二历史档案馆合编:《民国治藏行政法规》,五洲传播出版社1999年版,第19页。

之后，又公布《蒙藏公文程式》（10条）、《特派护送班禅大师回藏专使入藏训条》（11条）、《西藏地方高度自治案草案》（2项16条）和《中华民国宪法》（共14章175条）等一系列法规、法令，其中对西藏及青、康藏族的治理提供法律和制度上的保障。

（二）藏族干部叙用制度

根据国民党"三大"《政治报告之决议案》中"于民权主义上乃求增进国内诸民族自治能力与幸福，使人民能行使直接民权，参与国家之政治"之决定，以及《关于蒙藏之决议案》中"优先登录蒙藏人士参加地方行政，奖励蒙藏优秀分子来中央党政机关服务"之决定，1931年1月国民政府召开了全国内政会议，通过了《拟请各设在蒙藏地方之省、县政府及其他行政机关一律参用蒙藏人员，以利地方事务发展案》，拟定办法3项："一、凡设在蒙藏地方之省、县政府厅局及其他行政机关，均应就地延揽现有的蒙藏人士，量才任用；二、凡由中央令发各省任用之蒙藏人才，各省政府均应依其资格尽先任用；三、凡设在蒙藏地方之省、县政府厅局及其他行政机关，遇有培植或甄拔各项人才时，均应予蒙藏人士以特殊机会并应就地酌设特别训练机关，培养蒙藏各项吏才。"①

1934年12月5日，国民政府行政院公布《边疆武职人员叙授官衔暂行条例》8条，将边疆武职官衔分为都统、副统、协统、都领、副领、协领、都卫、副卫、协卫三等九级，由铨叙厅会同军事委员会依据本条拟定衔级，由军事委员会函行政院转呈国民

---

① 《总理对于蒙藏之遗训及中央对于蒙藏之法令》，《边政丛书》第四种，1934版，第184页。见郭卿友编著：《民国藏事通鉴》，中国藏学出版社2008年版，第89页。

政府核准令行。1936年2月8日，又公布《边疆武职人员叙授官衔暂行条例施行细则》15条。①同年10月23日，国民政府颁行《蒙藏边区人民派赴各机关服务暂行办法》7条，规定"派赴各机关服务之蒙藏边区人员，应先由各该地方最高机关就土著人员能通晓国文、国语，并具有下列资格之一者，向蒙藏委员会保送之：一、在中等以上学校毕业者；二、曾任或现任各该地方公务员者；三、曾在各该地方办理公益事业具有成绩者；四、曾于国家或地方有勋劳者"。1937年1月12日，蒙藏委员会公布《蒙藏边区人员任用条例》10条，将边区任用人员分为简任、荐任、委任三等职别公务员，"应以蒙藏边区土著人民通晓国文、国语者优先任用"，并对上述三等公务员任职资格作出了明确的规定。②

"国民政府对藏族干部的任用从册封的世袭制，改为叙用任职制，是民主共和政体下的新型的行政官员的任用制度。它不但改变了选用对象与选用标准，从藏族上层走向藏族平民，从注重家世走向注重现代文化和实际政绩，而且扩大了任职范围，不但可出任省、县、厅、局、乡、保级官吏，而且还选任到中央，上自国民政府委员，下至各院、委委员，都有藏族官员，是'五族共和'的政治体现。"③

（三）藏传佛教管理制度

---

① 《总理对于蒙藏之遗训及中央对于蒙藏之法令》，《边政丛书》第四种，1934版，第184页。见郭卿友编著：《民国藏事通鉴》，中国藏学出版社2008年版，第89、91页。

② 《总理对于蒙藏之遗训及中央对于蒙藏之法令》，《边政丛书》第四种，1934版，第94、95页。见郭卿友编著：《民国藏事通鉴》，中国藏学出版社2008年版，第89~90页。

③ 郭卿友编著：《民国藏事通鉴》，中国藏学出版社2008年版，第90页。

第十章 民国时期青海藏族

"国民政府对宗教问题格外关注,并以三民主义学说为指导,对藏传佛教寺院的管理,僧侣的登记、转世、任用、奖惩,以及对喇嘛的限制、教育、职业化诸项颁行了一系列的规章与制度,将宗教问题纳入了现代国家行政管理的范畴。其僧侣登记制度、限制制度、教育制度、职业化制度则别具革新精神和历史首创意义。"①

1929年底,国民政府内政部制定《寺庙登记条例》18条,规定:"凡为僧道住持或居住之一切公建、募建或私家独建之坛庙、寺院、庵观,除依关于户口调查及不动产登记之法令办理外,并应依本条例登记之。"寺庙登记分为人口登记、不动产登记、法物登记三种。②1935年12月9日,国民政府公布《管理喇嘛寺庙条例》,第一条:"喇嘛庙及喇嘛向由当地官署管理者,仍由各该官署管理之,并受蒙藏委员会之监督。"第二条:"喇嘛之转世,以从前曾经转世为限,其他不转世之喇嘛,非经中央政府核许,不认为转世。"第三条:"喇嘛寺庙所设各项职任喇嘛,仍照惯例,酌予设置。"第四条:"喇嘛之道行高深或有勋劳于党国者,得由蒙藏委员会分别呈请奖励之;其有违反教律或法令者,由蒙藏委员会呈请惩处之。"第五条:"喇嘛寺庙及喇嘛,应向蒙藏委员会申请登记。"第六条:"喇嘛之札付及度牒,由蒙藏委员会核给之。"③

---

① 郭卿友编著:《民国藏事通鉴》,中国藏学出版社2008年版,第90页。
② 中国藏学研究中心、中国第二历史档案馆合编:《民国治藏行政法规》,五洲传播出版社1999年版,第51页。
③ 《西藏历史档案资料》(1904~1949),见郭卿友编著:《民国藏事通鉴》,中国藏学出版社2008年版,第90页。

1936年2月10日，蒙藏委员会公布《喇嘛转世办法》、《喇嘛登记办法》、《喇嘛任用办法》、《喇嘛奖惩办法》，对喇嘛转世、登记、任用、奖惩等作了缜密的规定，使寺院喇嘛的管理更加规范化、制度化、法律化。

中央政府对寺院喇嘛实施教育，始源于清末，据法尊《现代西藏》称，当时北京雍和宫设有喇嘛训练班，由各大寺院选派僧侣来京"学习内地语文，灌输中土文化，同时演绎高深佛理及讲述普通政治常识"。清末赵尔丰在康区改土归流中曾在寺院创办过喇嘛白话学堂，让僧侣学习汉文。至国民政府时期，中央政府在加强寺院管理的同时，把僧侣教育作为社会教育的一项重要内容加以推进。

1931年1月，全国内政会议通过《僧侣职业化案》，案称"僧侣应当职业化"。其办法是"就各地方寺庙经济状况，由官厅责令其单独或联合筹设僧道职业机关（工厂、农场或职业学校），训练僧道职业技能，俾能自食其力，并切实加以监督及奖励"。根据这一决议案，蒙藏委员会成立了喇嘛生计处，设立喇嘛寺庙整理委员会，整顿前喇嘛印务处所属各寺院，筹划喇嘛生计，要求"各寺庙按其情况筹办学校，以培养喇嘛生活上必需之知识与技能"。从20世纪30年代起，先后创办了国立北平喇嘛职业学校和国立拉卜楞青年喇嘛职业学校，僧侣不但学习国语、蒙藏语文等文化知识，同时还掌握编物、纺织、漂染等工艺技术，以求自谋生计。与此同时，还开办了青海喇嘛教义国文讲习所、卓尼喇嘛教义国文讲习所，讲习佛学，兼授汉、藏语文及现代文化课程，为僧侣的世俗化、职业化开启了新的道路。

1934年6月，蒙藏委员会公布《蒙藏委员会派遣与补助内地僧侣赴藏游学规则》12条，规定"本会为沟通文化起见，每年

第十章　民国时期青海藏族

度开始时决定派遣与补助内地僧侣若干名赴藏游学"。1936年12月16日，蒙藏委员会又公布《补助汉藏僧侣游学规则》12条，规定每年由中国佛学会保送汉僧两名赴藏，由西藏地方保送藏僧两名前来内地游学，研究佛学，沟通汉藏文化，增进民族感情，其差旅费由本会予以补助。此外，还在中央与地方建立了一些佛学研究机构，其中以南京的佛学研究会、重庆的汉藏教理院、康定的五明学院为驰名。①这一规则分布后，有一大批内地僧人纷纷到西藏、青海等地藏传佛教寺院学习，涌现出了像法尊、大勇、心道等一批著名的高僧，其中，心道法师在青海塔尔寺学习，学成后创立了法幢宗，可以说是民国时期汉藏佛教文化交流史上的一大奇迹。②

第四节　青藏内战与九世班禅返藏受阻

1913年至1914年，英帝国主义在西姆拉会议上，曾把西藏、西康以及昆仑山以南、当拉岭以北，包括今玉树、果洛在内的广大地区称为"外藏"，企图迫使北洋政府承认"外藏"独立。同时将昆仑山以北的青海及新疆南部、四川北部和云南西北部大片地区称为"内藏"，要求中国不设官、不设防，作为进一步入侵的目标。由于全国各族人民的坚决反对，致使袁世凯北京政府的代表拒绝在非法的《西姆拉条约》上签字。但由此在川藏、青藏之间造成了分界矛盾。

---

① 郭卿友编著：《民国藏事通鉴》，中国藏学出版社2008年版，第91~94页。
② 邓靖声：《心道法师在青海》，青海省政协学习和文史委员会编：《青海文史资料集粹》（民族宗教卷），2001年内部版，第406~407页。

尕旦寺

一、青藏内战

1917年,藏军向康区进攻,四川防军败退。1918年,藏军攻占昌都,并分兵两路继续向东进攻,致使康区北路之同普、德格、白玉等七县,南路之宁静、武城两县相继失陷,加之战初失陷的类乌齐、昌都等四县,边区失地十三县,损兵8个营2 000余人。同年8月,在潜入康区的英国副领事台克满干预下,川藏私签了《汉藏停战条约》。同时英驻华公使向北京政府交涉,提出重开中英藏会议,胁迫中国政府承认内外藏的划界。1919年,马麒发表"艳电"坚决反对把青海南部地区划入"内藏"、分裂中国领土的阴谋。"艳电"发出后,引起了许多省份和民间团体的通电响应,也引起全国舆论的关注,因此北京政府未敢再议,但也未采取进一步的措施。

1930年9月,藏军借口西康管辖区内的甘孜大金寺与白利土司互争15户差民的争端,大举进攻,占领甘孜、瞻化等地区。此时四川军阀忙于内讧,对藏军的进攻不加抵抗,一面向东撤退,

第十章 民国时期青海藏族

一面向国民政府报告，请求向藏方交涉，制止进攻，经蒙藏委员会派唐柯三调处，川、藏于1932年春拟定停战协议草案，规定甘孜、瞻化暂由藏军驻守，却遭到当地群众与西康各界的反对，和议停顿。恰在这时，西康藏族地方实力派格桑泽仁于1932年3月9日在巴安宣布成立"西康建省委员会"与"西康省防军"，提出"康人治康"，并占领西康盐井、德荣等十余县。一时间西康局势陷于复杂化。

针对这种情形，青海经国民政府批准，于1930年底，在玉树地区成立边防委员会，在西宁成立了青海南部边区警备司令部，以马步芳为司令，下辖步、骑兵各一个旅，分兵防守于今海南至玉树一线。第二年6月，旅长马彪率少数兵力增防玉树。1932年，西藏沙旺千布（昌都总管）贡布阿丕以苏莽地方的格鲁派尕旦寺与噶举派德赛寺争夺田地属权为借口，调集4 000余人，在克色代本（团长）指挥下，攻入玉树大、小苏莽地区。藏军入境后，由于青海守兵有限，马步芳一方面电令马彪退出苏莽，派其秘书王家楣及玉树地区千百户代表与藏方进行谈判；一方面派马驯为玉树宣抚使，率马忠义团赶赴玉树增援。6月18日马驯抵达玉树，派人与藏方接洽，遭到藏方拒绝。藏兵占领大、小苏莽以后，又继续向结古推进。同时，占领西康石渠、邓柯等地之藏军也向西进入玉树歇武和直门达一带，切断了玉树与西宁之间的交通，结古镇因之陷入南、北两路藏军的包围中。鉴于玉树形势危急，蒋介石下令马麟和马步芳迅速增兵玉树以解结古之围。马步芳先后派团长喇平福、旅长马禄率部驰援，7月中旬双方战于歇武和通天河一带，青海军队将北路藏军逐出省境。8月2日夜，援军在守军的配合下，一举击溃藏军，结古解围。9月，青海军队将南路藏军逐出大、小苏莽。此时，西康方面刘文辉部配合青海军队的攻势，向藏军发动反攻，先后收复了甘孜、德格等县。10月初，青、康军队对昌都形成包围之势。由于藏军的失败，西藏地方当局即以十三世达赖名义致电中央，请求蒋介石传令青、康两省军队停止进攻，谈判议和。1933年4月10日，青海以马驯为代表，与西藏代表土旦公吉等3人在青藏边界举行谈判，并签定了《青藏和约》。随后，青海军队从昌都北撤，撤离前释放了所有被俘藏军官兵。

九世班禅像

至此，历时一年多的青藏内战以藏军全线失利而告终，双方死亡各数百人。

二、九世班禅返藏受阻滞留青海

1923年，九世班禅因与十三世达赖喇嘛失和，离藏出走内地，在内地流亡14年。班禅在内地期间，广泛展开了与中央政府和内地宗教界的交流，深受中央政府的赞许与奖封，为增进藏汉民族的友谊，推动中央与藏地关系的恢复作出了积极贡献。

至1930年3月，诺那呼图克图呈文国民政府，首次提出"本和平宗旨，先斡旋达赖、班禅和好如初，达赖主藏，班禅暂行主康，一俟藏事解决后，仍回后藏"的建议。同年5月国民政府

第十章 民国时期青海藏族

"蒙古会议"通过《请送班禅早日回藏案》:"拟请中央先行简派大员,护送班禅到达接近西藏之青海或西康地方,以利西藏问题之解决。"①翌年5月,九世班禅也呈文行政院,首次提出"早日归藏"之愿望,并提出"前后藏分治"、"藏务行政由办事长官掌理"的治藏主张,却遭到西藏噶厦政府的反对,因此,其返藏之事一再搁浅。至十三世达赖圆寂后,西藏和内地僧俗都希望九世班禅早日返藏,扎什伦布寺及拉萨方面或派代表来京,或来电表示欢迎,青海土观、阿嘉、丹噶尔各大呼图克图与青海左右盟盟长、王公、千百户等也联名致电国民政府,"请中央早促班禅大师入藏主持一切,以安西陲,而慰众望"。为此,国民政府与班禅大师着手筹备返藏事宜。②

1935年1月16日,九世班禅由内蒙古转赴宁夏,于2月8日在阿拉善旗定远营正式成立"西陲宣化使公署",并通电全国。4月29日,九世班禅自宁夏乘飞机抵兰州,5月11日抵达西宁,15日转赴塔尔寺。6月18日,国民政府行政院颁发班禅返藏问题的三项命令:1.拨付专项经费100万元;2.卫队500人(后改为300人);3.中央简派大员护送。③8月14日,国民政府指令建立"特派护送西陲宣化使护国宣化广慧大师班禅额尔德尼回藏专使行署",设

---

① 《总理对于蒙藏之遗训及中央对于蒙藏之法令》,《边政丛书》第四种,1934版,第182页。见郭卿友编著:《民国藏事通鉴》,中国藏学出版社2008年版,第163页。

② 中国第二历史档案馆、中国藏学研究中心合编:《九世班禅内地活动及返藏受阻档案选编》,中国藏学出版社1992年版,第75页。

③ 《国民政府蒙藏委员会档案》,中国第二历史档案馆,全宗号141,共4142卷,第557号。见郭卿友编著:《民国藏事通鉴》,中国藏学出版社2008年版,第164页。

专使、参赞、参军各1人，中文秘书2人，藏文、英文秘书各1人，医官、参谋各1人，卫队营300人，行署经费暂定为23.24万元。初以诚允为专使，1936年8月15日改派蒙藏委员会副委员长赵守钰为护送专使，以马鹤天为行署参赞，高长柱为行署参军。

1936年5月18日，班禅一行自塔尔寺起程，经贵德、同仁隆务寺，转赴拉卜楞寺，三大寺迎接班禅代表一行数十人也抵达拉卜楞寺，拜见班禅。8月21日，离开拉卜楞寺，向西经河南亲王府、拉加寺、果洛、西康石渠，于12月18日抵达玉树结古，当地军民数千人冒雪迎候。其间，班禅派出大堪布旺堆诺布前往邓柯青科寺与西藏驻康总司令索康接洽返藏事宜，西藏噶厦政府迎接代表多仁台吉与三大寺代表等也返藏报告。

西藏噶厦政府对班禅返藏虽原则上表示欢迎，但对中央派设大员、携卫队武装护送的方式和由青海入藏的路线及班禅所提出的"藏卫分治"主张又持异议，表示反对。后来，虽经蒙藏委员会斡旋调解，仍阻碍重重。"史实表明，西藏地方当局反对中央政府派设卫队护送班禅回藏，一方面是出于对中央政府和后藏班禅势力的戒备，一方面则为英国从中挑拨、破坏的结果。"[1] 1936年8月西藏噶厦应英方之要求致函黄慕松，并由英国驻华大使许阁森转递给国民政府外交部，信中云："中藏交涉未能解决时，中央官军绝对不得入藏，假使班禅随带中央官军来藏，民众必然警惧，发生意外，断绝中藏情感为最可能，而班禅入藏或因以迟延，不惟无益，而徒增害。"[2] 12月10日，许阁森建议"在中

---

[1] 郭卿友编著：《民国藏事通鉴》，中国藏学出版社2008年版，第166页。
[2] 《国民政府蒙藏委员会档案》，中国第二历史档案馆，全宗号141，共4142卷，第2984号。见郭卿友编著：《民国藏事通鉴》，中国藏学出版社2008年版，第167页。

第十章 民国时期青海藏族

藏边界上择一相宜地点,使中国护送仪仗队由班禅喇嘛本人之随从人员代替之,中国护送专使之任务则交与西藏政府之代表"。①在英国的挑唆与支持之下,西藏地方政府对班禅入藏采取了强硬政策。是年6月,班禅首批运往黑河的300驼行李中所挟有的军械被西藏政府查扣;10月,藏军数千人进占青藏边界;11月,渡过金沙江,占领康北德格、白玉两县,以防御班禅卫队之入藏。②

1937年7月,抗日战争爆发后,英国乘机派英使会晤国民政府外交部,声称"仪仗队果入藏,无论藏方意见如何,乃为英方所不能同意"。藏方态度也变得强硬,"坚拒汉方官兵经过拉萨,即赴后藏亦须他国担保撤回"。在这种形势之下,8月19日,国民政府行政院第325次会议被迫作出"抗战期间班禅应暂缓入藏,先暂驻政府指定地点"的决定。③至此,班禅返藏之愿望化为泡影。

10月19日,班禅自龙喜寺返回玉树结古寺。其间,他宣传抗日,发表了汉藏合璧的《告西陲民众书》,号召人们"有钱出钱,有力出力,协助政府与前方杀敌将士"。④他还捐款3万元,购公债2万元,救济上海伤兵与难民。同时在玉树各寺诵经祈祷,追

---

① 《国民政府蒙藏委员会档案》,中同第二历史档案馆,全宗号141,共4142卷,第2895号。见郭卿友编著:《民国藏事通鉴》,中国藏学出版社2008年版,第167页。

② 中国第二历史档案馆、中国藏学研究中心合编:《九世班禅内地活动及返藏受阻档案选编》,中国藏学出版社1992年版,第315、360页。见郭卿友编著:《民国藏事通鉴》,中国藏学出版社2008年版,第168页。

③ 中国第二历史档案馆、中国藏学研究中心合编:《九世班禅内地活动及返藏受阻档案选编》,中国藏学出版社1992年版,第444页。见郭卿友编著:《民国藏事通鉴》,中国藏学出版社2008年版,第168页。

④ 刘家驹编译:《班禅大师全集》,正中书局1943年版,第169页。见郭卿友编著:《民国藏事通鉴》,中国藏学出版社2008年版,第168页。

悼为国牺牲之忠魂。

九世班禅多年奔劳宣化于边塞，忧心于藏事、国事，终因心力交瘁，于这年12月1日（藏历十月二十九日）在玉树行辕甲拉颇章病逝，享年54岁。23日，国民政府颁发追赠名号令，"追赠'护国宣化广慧圆觉大师'封号，并着给治丧费一万元，特派考试院院长戴传贤前往康定致祭，用示国家笃念殊勋之至意"。25日，行辕奉国民政府之命，偕同行署卫队，率僧俗千余众扶灵启程，离开玉树，经石渠入康，于1938年1月18日抵达甘孜，停灵于香根拉章。①

三、寻访十三世达赖喇嘛和九世班禅的转世灵童

（一）达赖喇嘛转世灵童之寻访

十三世达赖喇嘛圆寂后，西藏地方政府即开始筹划转世灵童的寻访事宜，并由此展开了各派政治势力的斗争。1936年2月27日，噶厦召集民众大会，讨论灵童的寻访事宜。据驻藏参议蒋致余报告称，会上出现三种意见。热振在大会上宣布了前往圣湖求神验卜之经过，推测达赖转生于内地东部蒙古或青海地方，"盖从湖中所现藏文中之第三十、第一、第十六字母，似为'定都功棚密三'之第一个字母，意译为'青海塔尔寺人'，应派有道之僧向东北方向寻访"。②甘丹赤巴称，转生有二，一在达布，一接近司伦之家族；普觉呼图克图则云，转生在中央，即卫地拉萨。

---

① 郭卿友编著：《民国藏事通鉴》，中国藏学出版社2008年版，第169页。

② 《国民政府蒙藏委员会档案》，中国第二历史档案馆，全宗号141，共4142卷，第2904号。见郭卿友编著：《民国藏事通鉴》，中国藏学出版社2008年版，第174页。

第十章 民国时期青海藏族

哲蚌寺之护法神卜卦指示与热振相同。①噶厦当局则"拟指定司伦妹丈现任警卫代本冬宇妥之子为转世灵童"。②因三方争议难决,民众大会决定派出三支队伍分别寻访:一支由普觉活佛和泽衮丹巴迥乃带领,前往东南(达布)地区寻访;一支由色拉寺吉札仓的堪色(康色)活佛、俗官止月和僧官楚成琼培带队,前往东方(康区)寻访;一支由色拉寺吉札仓的格乌仓活佛和俗官凯墨·索朗旺堆、僧官堪绕丹增(江阳吉)、孜仲格桑泽旺为首,前往东北(安多)地区寻访。③

1937年5月间,格乌仓活佛等一行抵达玉树,拜谒九世班禅大师,九世班禅推荐了他在青海期间卜卦查访过的两名灵童,并加派恩久、策觉林两呼图克图襄助其事。7月间,该寻访团抵达西宁,与青海当局接洽,前往西宁、湟源、化隆、互助、大通、循化等地详加寻访。至1938年7月间,选出比较优异的幼童2人,一为西宁西川小康城弯巴庄曹家幼童,一为西宁祁家川祁家幼童。格乌仓活佛等则确认祁家川幼童为达赖转世之候选人。④

---

① 《国民政府蒙藏委员会档案》,中国第二历史档案馆,全宗号141,共4142卷,第2904号。见郭卿友编著:《民国藏事通鉴》,中国藏学出版社2008年版,第175页。

② 《国民政府蒙藏委员会档案》,中国第二历史档案馆,全宗号141,共4142卷,第2554号。见郭卿友编著:《民国藏事通鉴》,中国藏学出版社2008年版,第175页。

③ [英]柏尔著,宫廷璋译:《西藏史》,商务印书馆1930年版,第339页。见郭卿友编著:《民国藏事通鉴》,中国藏学出版社2008年版,第175页。

④ 《国民政府蒙藏委员会档案》,中国第二历史档案馆,全宗号141,共4142卷,第2906号。见郭卿友编著:《民国藏事通鉴》,中国藏学出版社2008年版,第175页。

祁家灵童乳名拉木登珠，1935年藏历五月五日生于青海湟中县（今平安县）达仔乡（今吉台乡）祁家川红崖庄农户之家，其父曲穷次仁，母名索朗错尼，长兄当采仁波切为塔尔寺的活佛。凯墨·索朗旺堆在《回忆十三世达赖喇嘛转世灵童的寻访认定》一文称，他们在1937年下半年曾两次前往该家探访，发现这座房屋的前面很像热振在圣湖中所看到的幻影。寻访者将十三世达赖生前用过的佛珠、手杖以及小摇鼓等真伪物品让其挑选，该灵童均能准确地挑选出真品，于是"完全相信他们已经找到了达赖喇嘛真正的转世灵童"，并将这一消息报告拉萨。西藏当局指令将这一灵童尽快带回拉萨，以便参加与其他两区候选灵童作最后的鉴别认定。①

国民政府对此事极为关注，针对西藏地方政府封锁寻访实情，又拟将青海灵童秘密送至拉萨的错误举措，1938年4月26日蒙藏委员会呈文行政院："关于达赖喇嘛转世一事，藏方前派纪仓（格乌仓）等赴青寻访，迭经本会转电青海省政府予以便利在案。乃经时年余，该纪仓等对于寻访经过迄无文电报告。达赖早日转世，原为中央及全国人民一致之企盼，惟转世经过必须呈报政府，办理各项手续后方为妥当。若任其自行处理，非特违背中藏历史关系，且恐发生争执纠纷。准电前由，拟请钧院令饬青海省政府严密注意，并婉劝寻访人员，务将经过情形呈报政府，听候核办。在未经呈请办理各种手续以前，严防其秘密迎返西藏。"②马步芳接

---

① ［美］梅·戈尔斯坦著，杜永彬译：《喇嘛王国的覆灭》，时事出版社1994年版，第320~325页。

② 中国藏学研究中心、中国第二历史档案馆合编：《十三世达赖圆寂致祭和第十四世达赖转世坐床档案选编》，中国藏学出版社1991年版，第135页。

第十章　民国时期青海藏族

电后，一面"遵令严密注意纪仓等人的活动"，扣住青海灵童不放，并借机向西藏当局两次勒索保护费40万银元，一面又利用青海地方蒙藏王公和塔尔寺活佛的势力，企图暗中确立拉木登珠为十四世达赖喇嘛，以加强青海当局对藏事的影响。①

西藏地方政府因之向国民政府进行交涉，并一再电请国民政府派大员到西宁督促马步芳护送灵童入藏。1938年12月，蒋介石命令蒙藏委员会委员长吴忠信赴藏会同热振呼图克图主持十四世达赖坐床事宜，并电令马步芳派兵护送入藏，直接批发十万元作为马步芳护送"灵童"入藏费用。

1939年7月15日（农历五月二十日），拉木登珠离青赴藏，全家随行，于10月7日到达拉萨。经国民政府蒙藏委员会委员长吴忠信查看后，1940年2月5日，国民党政府发布命令称："青海灵童拉木登珠慧性湛深，灵异特著，查系十三辈达赖喇嘛转世，应即免于抽签，特准继任为第十四辈达赖喇嘛。"2月22日，在国民政府蒙藏委员会委员长吴忠信主持下，第十四世达赖在拉萨布达拉宫坐床，取名为"吉尊降白阿旺洛桑益喜丹增嘉措师松旺觉聪巴密白布"，简称"丹增嘉措"。②

（二）九世班禅转世灵童之寻访

九世班禅圆寂后，班禅堪布会议厅便派人四出寻访转世灵童，后在青海、西康、西藏各地寻访到九名灵童。经过一系列宗教仪规，于1942年冬在今青海循化县文都乡访得的灵童官保慈丹

---

① 青海省志编纂委员会编：《青海历史纪要》，青海人民出版社1987年版，第412页。

② 《甘肃民国日报》，1940年3月11日第三版。见青海省志编纂委员会编：《青海历史纪要》，青海人民出版社1987年版，第414页。

最终被认定为九世班禅之转世灵童，旋即迎至塔尔寺供养。扎什伦布寺遂于1947年派遣前世班禅之秘书长等前来青海，商量掣签事宜。迄1949年春，堪布会议厅派计晋美赴广州，向国民政府代总统李宗仁请求批准官保慈丹为九世班禅之转世灵童，并请免于掣签。据此，国民党政府于

十世班禅像

1949年6月3日颁布命令，谓"青海灵童官保慈丹，慧性澄圆，灵异素著，查系第九世班禅额尔德尼转世，应即免于掣签，特准继任为第十世班禅额尔德尼"。1949年8月10日，国民政府派蒙藏委员会委员长关吉玉为专使，在塔尔寺主持了第十世班禅的坐床典礼，取法名"班禅额尔德尼·却吉坚赞。"①

---

① 青海省志编纂委员会编：《青海历史纪要》，青海人民出版社1987年版，第515页。黎宗华、李延恺：《安多藏族史略》，青海民族出版社1992年版，第235~236页。

第十章 民国时期青海藏族

第五节 马氏军阀统治的结束与青海藏族的解放

1932年初,蒋介石、汪精卫联合上台执政后,中国社会即表现为国共两党剧烈的军事"围剿"与反"围剿"斗争。1934年10月10日,中央苏区第五次反围剿战争失利后,中共中央率领中央红军(第一方面军)从江西出发,实行战略大转移——长征。在1935年5月至1936年6月长征途中,先后路过了滇西北、西康、川北阿坝、青海果洛和甘肃甘南,在广大藏族群众中展开了广泛的思想宣传和组织工作,建立了藏族民族革命政权和革命武装,发展了党的组织,揭开了藏族地区新民主主义革命运动的序幕。长征播下的革命火种,为后来川、康、甘、青藏族地区民主革命的发展和西藏的和平解放奠定了历史基础。

一、马步芳在青南地区阻截红军

红军长征开始后,蒋介石一路围追堵截,并命令川、康、甘、青地方军阀组织兵力配合堵截红军,青海军阀马步芳也不例外。当时任国民政府军新编第二军军长的青海军阀马步芳接到蒋介石阻击红军不得贻误的命令后,顾虑重重。其一,青南重心果洛尚未完全被当局控制,一旦红军从川康草地进入青南,这一地区的局势将会更加难以控制,甚至会危及马氏军阀对青海全省的统治;其二,青南地区为藏族游牧区,路途遥远,物产寡薄,军粮难敷,加之战线漫长,兵力分散,若与红军交锋,即使侥幸得存,也会被国民党中央军乘虚而入,取而代之。鉴于此,马步芳与僚属反复研究,在决定征拨壮丁、组编民团的同时,编制了一个不触动自己实力,利用地方民团阻截红军的方案,宣称为三大防线，即：由玉树经果洛及川北麦仓、甘肃夏河至临潭为第一线；由兴海大河坝沿黄河经贵德、化隆、循化以迄今兰州市新城为第二线；由湟源福海寺沿湟水经西宁、互助、乐都、民和享堂至今兰州市黑嘴子为三线。蒋介石很快批准了此方案。1936年6月10日，成立了保安处，马步芳自兼处长，划全省为10个保安区。7月初，马步芳依照蒋介石之电令，派人分赴各县督修所谓"甘青边区碉堡封锁线"青海段，先后在西宁、民和、乐都、互助、大通、湟源、贵德、共和等县修筑碉楼237座、庄堡172座、战壕28处。

此时，红一、四方面军正按两河口会议的决议精神，分路开拔北进。7月中旬，红军进抵川北黑水、芦花一带，先头部队进占毛尔盖，使甘青局势骤然紧张。蒋介石为实现在甘青临潭、临夏、夏河、同仁间将红军聚歼的企图，严令马步芳堵截红军。马步芳鉴于红军北上日益迫近青海，为保全自己的地盘，应付紧张局面，于7月下旬自西宁出发到贵德，经与其表兄马元海商谈，议定了仍坚持反共防蒋，基本部队保持原防，青南防务仍尽量利用当地民团的战略部署。遂委任麦仓头人杨俊扎西为麦仓司令，南番（当时对青海南部果洛等地藏族的通称）唐隆古哇为南番司令，令其在青南地区阻击红军。之后，马步芳赴苏呼日麻（今久治县境），与河南亲王衮噶环觉会晤，并与其结为盟兄弟，勉励其死守甘青交界的欧拉至齐克尼玛段的黄河河防。在取道同德返回途中，又组织了当地牧民武装。随后致电蒋介石称："步芳亲赴川青边界之交，布置防务，第一道防线横贯有数千里之长，第二道防线纵横有八百里之多，沿途召集蒙藏王公千百户，谕以严

第十章 民国时期青海藏族

防红军,相机痛袭,防务巩固,堪以告慰。"①

8月初,沙窝会议后,红一、四方面军混编为左、右两路军北进,踏上北上抗日的征程。蒋介石以红军北上甘南情势危急,急调大军堵截。同时,电令马步芳集主力于青海南部,所遗西宁防务,由胡宗南所属杨德亮部补防。马步芳接电后,以胡宗南部抵青将会威胁其统治,乃听从第一〇〇师司令部军法处处长丁元杰之策,连电蒋介石谓:"青海兵力足以应战,已有训练有素的壮丁五十万人,步步设防,可保无虞。甘肃防务紧重,一旦力量削弱,我军侧背亦将受到威胁,实非万全之策。"②另由一〇〇师参谋处长马寿昌拟定一份战斗防御部署,电呈蒋介石,声称已令各部开始行动,青海防务巩固。蒋介石遂复电马步芳,令其"负责全省防务,杨德亮部暂缓入青"。

1935年8月上旬,朱德、张国焘率领红军左路军向阿坝地区开进,先头部队攻占阿坝,逼临青南。马步芳即调麦仓杨俊扎西、南番唐隆古哇等所部民团堵击,被红军击溃,又派青海南部边区警备司令部所属的骑兵第一旅马彪部增援,再次被红军击溃。马步芳遂令青南各部驰援阿坝。9月中旬,红军左路军从阿坝南下,12日,马步芳部进占阿坝。

鉴于青南形势吃紧,为加强反共力量,于9月8日成立青海省保甲厉行委员会,正式颁布《青海编组壮丁队暂行办法》,规定全省18岁以上、50岁以下男丁,每户2人至3人者征拔1人,4人至

---

① 陈秉渊:《马步芳阻击北上抗日红军的始末》,《青海文史资料选辑》,第3辑。
② 陈秉渊:《马步芳阻击北上抗日红军的始末》,《青海文史资料选辑》,第3辑。

7人者征拨2人，7人以上者征拨3人，自备武器马匹，集中训练。将原先10个保安区，扩编为15个保安区，共编组团丁15万余人。

1936年2月下旬，南下川西的红军兵分三路，从天全、芦山、宝兴出发，向道孚、炉霍、甘孜进军，于4月上旬，控制了东起丹巴，西至甘孜，南达瞻化、泰宁，北连玉树、果洛的广大地区，并在此地停留，大力开展群众工作，广泛宣传党的政治主张，积极帮助藏族群众进行生产，为其医治疾病。因而，赢得了当地藏族的信任和支持，也为红二、六军团北进和共同北上抗日，创造了有利条件。4月15日，在甘孜成立了中央博巴政府。其后，又争取德格土司，与之订立了互不侵犯协定。

红军的这些活动，引起了马步芳的惶恐，也使青海南部局势再趋紧张。马步芳为阻截红军北上，令青海南部边区警备司令部第一旅马骙团在玉树结古一带布防，喇平福团在果洛白玉寺一带布防，并与麦仓司令联防，第二旅马元海部驻防同德、同仁、黑错一线，新二军参谋长马德前往临夏，指挥民团在重要关隘凭险固守。4月20日，蒋介石电告马步芳："朱、徐股匪主力现盘据川康边区，今后我军向匪进击，势必转向青甘边区逃窜，希对原有碉线赶速增强，严密防范。"7月2日，红二、四方面军胜利会师，随后共同北上。红四方面军左纵队先遣军及红二方面军全部在北上途中经过班玛县境。其间，红军部队和当地民团发生过一些小规模的战斗，而驻守班玛的喇平福团一部慑于红军声势，退避阿什姜河北岸，隔河防守。阿坝等地民团也为红军所击溃。7月底，红二方面军走出青海境，转向东进。

8月初，红二、四方面军胜利到达班佑、包座地区，并乘胜向甘南进军。为阻止红二、四方面军北上，蒋介石在甘南仓促布防，令马步芳负责临夏防务。马步芳一面急令新二军参谋长马德驰赴临夏，加强对县城及各重要乡镇的防御，一面调青海南部边区警备司令部第一旅等部分兵力和循化、化隆的民团，在化隆甘都紧急整训，以应付甘南危局。9月23日，马步芳赴化隆，在甘都召开军事会议，进行反共部署。此后，马彪所部进驻夏河甘家滩，后在临潭等地与红军激战，为红军击退，临夏防务因之紧张。9月下旬，红军由岷县、漳县等地向通渭、庄浪、会宁、静宁征进，离开甘青边境，甘南战事平息，马步芳阻截红军的反共军事活动暂告一段落。

二、青海藏族支援抗日与争取解放

1937年"七·七"卢沟桥事变发生后，在全国掀起了声势浩大的抗日救亡运动。青海虽远离抗日前线，但包括藏族在内的青海各族人民表现出强烈的忧患意识，纷纷以各种形式宣传抗日、支援抗日。抗战一爆发，返藏受阻在玉树的九世班禅大师即发表汉藏合璧的《告西陲民众书》，发出"前方既有我们数百万忠勇将士杀敌，我们在后方的民众更要努力援助"号召，并以一位佛教大师特有的方式，多次在青海等地各大寺院修建坛城，"虔颂靖国消灾大经，公祈和平"，"追荐抗日阵亡将士"。在九世班禅大师的"宣化"和带动下，青海藏族僧俗人民纷纷加入抗日救亡运动的大潮之中。

1939年5月，青海著名佛学大师喜饶嘉措赴各大寺院巡视和"祭海"时，号召蒙藏僧俗民众团结起来，共赴国难，并撰写《白法螺的声音》等宣传抗日的文章。同年，祁连山33个部落的藏族群众在当地政教领袖顾嘉堪布带领下，举行"追荐抗日阵亡将士暨殉难同胞大会"、"抗日建国宣传大会"，声援抗日战争，与会群众达4万多人。①1942年8月，蒋介石到青海视察时，青海蒙藏王公、千百户及塔尔寺僧众，为支援抗战，捐献军马3 000匹。

在积极支持抗战同时，青海藏族人民与马氏军阀的斗争也一直没有停止。马步芳对果洛、玉树、黄南、海南等地藏族的反抗虽然进行了多次血腥镇压和屠杀，但藏族人民争取权力的反抗却一次比一次强烈。如同德什藏寺在马步芳的残暴统治下，采取了一种若即若离的态度与之分庭抗礼，马步芳因而深感不满。1940年，马步芳了解到该寺竟倾向长期和马氏军阀争夺青南统治权的拉卜楞寺时，更是切齿痛恨，于这年冬天，向该寺限期派征军马50匹，该寺到期未交。马步芳即于翌年2月派营长马维成率兵60多人，进入该寺，施加种种压力，勒令寺院活佛到西宁晋见。活佛深恐马步芳加害于己，只准备派管家纳完卡伽为代表，携带银元、马匹到西宁。但马维成秉承马步芳的旨意，执意要活佛亲自前往，因此使活佛深感惶恐，迫使其采取非常措施。同月12日，乘寺院举行观经（法会）的机会，邀请马维成及其部属60多人到会，并事先在每个官兵背后布置一人，随后一声令下，将马维成等人一一砍死，发泄了多年埋藏在内心的仇恨。事后，活佛即带领该寺僧众1 000余人，迅速转移。马步芳闻知后，派马得胜部前往镇压。但是，藏族人民并没有被吓倒，他们在各地藏族支援下，前赴后继，继续反抗，之后的反压迫斗争如燎原之火，不断蔓延，遍及整个藏族地区，成为推翻马氏军阀统治的重要力量。

青海解放前夕，青海的部分蒙藏知识分子认识到革命形势之

---

① 《新华日报》，1939年12月9日。见黎宗华、李延恺：《安多藏族史略》，青海民族出版社1992年版，第224页。

第十章 民国时期青海藏族

发展方向,主动派人秘密同华北地区的解放军联系,争取早日解放青海。至8月下旬,王震将军率部进入青海时,即得到黄南地区藏族僧俗人民的热烈欢迎与积极支持。9月5日西宁解放后,等待解放的青南玉树、囊谦、称多3县的237位藏族代表又在千户带领下,不远千里,长途跋涉,前来西宁向中国人民解放军一兵团敬献骏马1 000匹和金钱豹、猞猁、水獭等贵重皮张,以示慰问,并要求及早解放青南。另有藏族妇女卓玛、娘毛先、官却吉、冷贝吉等4人,代表化隆等地藏族妇女向解放军表示致敬和慰问。一野总分社从西宁发出电讯说:"本月(9月)十二日,又有大通县广惠寺的活佛习灵佛,互助县朝藏寺的呼图克图朝藏夫,湟中县塔尔寺的西纳囊索慈伐尼,贵德县藏族红教领袖古家赛等二十六人,代表该四县藏民同胞前来西宁欢迎与慰问我军。一兵团司令员王震将军在招待会上,对各代表的盛情表示深切谢意。并希望各代表号召藏民同胞为解放藏族积极支持人民解放军。"

在人民解放军的感召下,1950年下半年解放昌都的战役开始之际,玉树藏族人民便组成200人的运输队,赶着4 000余头驮牛给解放军运送物资,并组织百名民兵驻守玉树巴塘机场,调集50余名民兵巡逻于措格多及查吾拉一带,以防止反动分子进行破坏。另外,玉树人民还于1951年上半年组织150余名民兵与近千名民工,赶着31 000余头驮牛与1 200余匹骡马,运送200余万斤物资,支援人民解放军解放西藏。

由上可见,青海藏族人民包括大部分上层爱国人士,对中国共产党和人民解放军表现出了真诚的拥护和爱戴之情,为青海、西藏的解放做出了不可磨灭的积极贡献。

1949年底,经过青海省军政委员会的努力,在湟中、湟源、民和、乐都、大通、循化、化隆、共和、同仁、门源、都兰等14个县建立了民主政权,其中,都兰、共和两县建立了民族区域联合自治政权。玉树、果洛等边远地区,暂时维持现状,同时派军政特派员襄理政务,推行新政。至此,藏族人民实现了当家做主、管理本民族内部事务的权利。玉树等地区14个单位500多名千百户、寺院呼图克图代表藏族人民纷纷来到西宁,向军政委员会及中国人民解放军致敬,并和各族各界人民联欢,共庆解放。①

从此,青海藏族历史翻开了新的篇章,藏族人民进入了社会主义新时代。

---

① 参见黎宗华、李延恺:《安多藏族史略》,青海民族出版社1992年版,第237~240页;陈光国:《青海藏族史》,青海民族出版社1997年版,第650~658页。